全媒体视域下方言传播研究

周怡帆 著

重庆大学出版社

图书在版编目(CIP)数据

全媒体视域下方言传播研究 / 周怡帆著. -- 重庆 : 重庆大学出版社, 2020.11
ISBN 978-7-5689-2484-9

Ⅰ.①全… Ⅱ.①周… Ⅲ.①方言研究—中国 Ⅳ.①H17

中国版本图书馆 CIP 数据核字(2020)第 226150 号

全媒体视域下方言传播研究
QUANMEITI SHIYU XIA FANGYAN CHUANBO YANJIU
周怡帆 著
责任编辑:唐启秀 赵璐辰 版式设计:唐启秀
责任校对:关德强 责任印制:张 策
*
重庆大学出版社出版发行
出版人:饶帮华
社址:重庆市沙坪坝区大学城西路 21 号
邮编:401331
电话:(023)88617190 88617185(中小学)
传真:(023)88617186 88617166
网址:http://www.cqup.com.cn
邮箱:fxk@ cqup.com.cn (营销中心)
全国新华书店经销
重庆升光电力印务有限公司印刷
*
开本:720mm×1020mm 1/16 印张:17.75 字数:325千
2020 年 11 月第 1 版 2020 年 11 月第 1 次印刷
ISBN 978-7-5689-2484-9 定价:78.00 元

“方言传播学”的一部力作

——《全媒体视域下方言传播研究》序

序言

周怡帆所著《全媒体视域下方言传播研究》即将付梓，我作为导师为之高兴并欣然作序。该书是在作者潜心打造的博士学位论文的基础上吸收通信评审专家和学位答辩专家的意见和建议修改而成的。因此本书出版之际，一要感谢各位专家，二要肯定作者为本书的完成所付出的辛勤劳动，肯定作者对全媒体视域下如何进行方言传播、方言保护提出的全新的认知。本书不同于纯粹的方言本体研究，方言本体研究是汉语方言学学科方向的主打方向，大多数学生的博士学位论文首选晋语的现状或历史的本体研究。只有少数学生根据自己的知识背景选择学科交叉研究方面的论文。在已毕业的博士中，有从刑侦角度对山西方言区的话语识别进行研究的，有从方言学的视角对山西民间曲艺进行研究的。这些论文都是具有一定开创性的研究成果，都是值得鼓励的。周怡帆的

《全媒体视域下方言传播研究》是将方言学与传播学相结合，从传播学的角度谈方言的保护与传承，通过收集近年来大量出现的全媒体方言传播的资料，对全媒体视域下方言传播内涵进行了全面梳理与分类，对方言传播模式进行了探索与分析，从而提出全媒体方言传播的新机制与新范式。这种思路和探索无疑为保护和保存岌岌可危的方言现状、濒临消失的方言文化提供了一剂行之有效的良方。因此，这项研究成果无疑也是具有开创性的，是值得充分肯定的。

选定这个题目，对学生、指导老师都是一种新的尝试。选择汉语方言学的本体研究，或是对方言现状的描写，或是对方言历史的探索，即“索古求今”，对导师来讲是轻车熟路，多数学生都是循着这样一条路子走过来的。可以管这些研究叫“基础理论研究”。如果将方言作为传播的对象，用传播达到方言的传承，使传播与方言聚焦，让方言与传播结缘，让方言进入全媒体的视野，使方言与方言文化彰显其应有的价值。这种研究也是我们方言工作者多年来想做而无从做起的事情。可以管这种研究叫“应用（实用）研究”。“基础理论研究”与“应用（实用）研究”同等重要。周怡帆很聪明，悟性高，也勤奋，充分发挥自己在山西传媒学院工作的优势，全面梳理方言传播现状，分析目前存在的问题，大胆探索创新机制，蹚出了一条从全媒体视域下传播方言、保护方言的路径，大大拓宽了传统方言学科的研究方向。学科的交叉与渗透往往会催生新的学科，形成新的学术增长点，我这里姑且称其为“方言传播学”或“传播方言学”。我孤陋寡闻，除了看到有《传播语言学》[1]的著作外，还没有看到《传播方言学》或《方言传播学》的著作。无论叫“方言传播学”，还是“传播方言学”，均可解释为从传播学的角度研究方言传承、方言保护的学科，如同地理学与方言学的交叉学科叫“方言地理学”“地理方言学”一样，似乎叫“方言地理学”更顺口。所以，我这里大胆提出

[1] 《传播语言学》的著作按出版时间先后有：齐沪扬《传播语言学》，河南人民出版社，2000；童之侠《国际传播语言学》，中国传媒大学出版社，2005；索燕华，纪秀生《传播语言学》，北京师范大学出版社，2010；张玉梅《现代传播语言学》，吉林大学出版社，2013。

要构建《方言传播学》学科，编写《方言传播学》教材，开设《方言传播学》课程，明确《方言传播学》的学科方向。该书已经有了《方言传播学》的雏形，或已向《方言传播学》迈进。这是该书的一个重要创新点。至于哪个词为偏，哪个词为正，学界已不会再在这个问题上争论下去。

我还想指出，该博士学位论文的完成与此书的出版得益于两个大的背景：一是在国家大力提倡语言资源保护和中华优秀传统文化传承的大背景之下；二是在科技迅猛发展、信息传播渠道增多的大背景之下。因而创获频见。

国家大力提倡语言资源保护是由于近年来中国城镇快速发展带来自然村落减少，使用汉语方言的主体人群在迅速递减，诸多濒危方言随着老龄化而迅速消亡。普通话的大力推广与普及以后，学生以及外出打工的青年一代都使用普通话交流，方言的交际作用在退化。方言区会逐渐从北往南成为一个个的官话区。到方言完全消失的那一天，我们就会看到一个毋庸忽视也无法逆转的事实：以方言为表，以文化为里的地方文化随之消失。中华五千年文明甚至远古文明所传承的文化就会因缺失丰富多彩的地方文化而不完整。在这种情况下，国家提出在大力推广普通话的同时要科学地保护好地方方言，要传承好中华优秀传统文化。这个大的背景为方言工作者提供了千载难逢的好机遇，同时也为传媒工作者提供了一个机遇，这就是如何科学、全方位地保护和传承地方方言和地方文化。周怡帆紧紧抓住了这个机遇，通过深入调查、反复思索，提出了以下这些见解。如“方言不仅是民族文化的基因和活化石，还是语言多样性的集中体现，更是语言生态发展的持续动力和重要保障。”“环境和氛围的营造就需要全社会尊重传统文化、尊重方言、爱护方言，容许在非特定场合自由地使用方言。”“只有全社会行动起来，群策群力，积极参与形成合力，才能通过政策引导，激发方言活力，使方言能够更好地生存和发展，进而形成方言保护和传承的长效机制。”“将方言学与传播学相结合，利用跨学科的研究方法实现对全媒体视域下方言传播的研究”等，这些见解无疑是独到的。

今天的科技发展使得信息传播渠道大大拓宽，传播速度大大加快。人们借助互联网技术、数字技术和移动通信技术，通过全媒体，可以将方言迅速而广泛地传播出去，进而实现文化的传承。这种动态过程使得用全媒体传播方言的形态及内容成为可能。全媒体方言传播的内容包括方言电视节目、方言网络节目、方言新闻、方言电影、方言微平台、方言短视频和方言出版物等几大部分。这几部分无论是对方言的传播还是对方言的保护、传承均起到了前所未有的作用。深入研究方言传播的形式、渠道、过程、目标，这肯定是一个良机。有句谚语说得好，“良机只有一次，一旦坐失，就再也得不到了”。欧阳修诗云：“自古天下事，及时难必成。”周怡帆又紧紧抓住了这个良机，围绕这个课题做文章，在这个大的背景下谈方言的保护和地方文化的传承，这是一般方言工作者想做而无暇顾及、要做而无力做到的事情。正如书中所说：“全媒体视域下的保护、传承不是阻止方言的发展演变，更不是要抗拒普通话的日益普及，而是要在普通话日益普及的情况下，调查、抢救不断丢失的方言及其承载的地方文化，用各种媒介手段把它记录下来并且传播出去，在为后人提供可靠文化资料的同时，讲好中国故事，传递传统文化的精神内涵。”这些提法也值得肯定。

可以说，以上两个大背景是成就周怡帆做好这个课题的两大基石。如果没有这两个大的背景，单从认识层面上看，不仅大众不会达到共识，学者、社会也不会迅速达到共识，个人也不会得出“给予方言适度的媒介空间”“为方言搭建轻松的生活空间”“为方言营造和谐的舆论空间”的认知。

因此，在这种背景下讨论方言传播的问题也就顺理成章、水到渠成。这说明，只要选对了题目，认准了方向，哪怕文中有些不到之处，甚至瑕疵，也是可以谅解的。我相信，此书出版后，可以架起传播学与方言学之间的桥梁，可以吸引更多的传播学、方言学以及地方文化研究者来密切关注、深入研究这个问题。

该书在研究方法上还有一个最大的亮点，就是勇于下大功夫做调查统计或充分利用已统计的数据。如方言微平台全网数据:从2018年12月2日至2019年12月2日,在互联网上共采集到106 863条信息。根据传播内容出现频率的高低构成方言传播“词云图”,在此图中出现频率最高的就是“方言”“文化”“保护”和“视频”。截至2019年12月2日,以“方言”为关键词在新浪微博进行检索共有3.15千万条相关微博。语言资源快讯作为传播方言文化公众号的代表之一,粉丝数量有29 804。抖音短视频平台方言相关话题,累计播放次数达到67.4亿。2020年1月20日至2020年2月20日,统计抖音平台方言大喇叭短视频共计149个。正文中共出现统计表19例,图22例。在附录中统计方言节目涉及6个省、2个直辖市、1个自治区。统计1958年至2019年的方言电影共230部。统计方言表情包涉及23个省、4个直辖市、2个自治区和香港特别行政区。值得一提的是,作者为了亲身体验方言传播,还自办“鄉音情怀”公众号,这正如唐代姚合诗云:“采玉上山巅,探珠入水府。”共推送“绘乡情”60篇,“语言保护”56篇,“方言电台”50篇,“方言歌曲”39篇,“方言直通车”38篇,“方言词科普”34篇。外国有一条著名的谚语:“除了上帝,任何人都必须用数据说话。”可见,“数据是一切分析的前提”。数据统计是学术论文最常用、最基本的方法,而作者将此方法发挥到了极致,这些翔实的数据都为该书分析、立论提供了坚实的基础。

总之,该书选题新颖、资料翔实、内容丰富,不乏新见。当然书中肯定还存在着这样那样的问题,如对一些基本概念的提出、界定尚需再酌。该书出版后,如果能再得到方家的指正,作者和我一定是非常欢迎的。

乔全生

2020年5月

于陕西师范大学语言科学研究所

前言

近年来,中国城镇快速发展带来自然村落减少,使用汉语方言的人群在迅速递减,诸多少数民族语言随着族人老龄化而迅速消亡。方言[1]不仅是民族文化的基因和活化石,还是语言多样性的集中体现,更是语言生态发展的持续动力和重要保障。现阶段方言面临的困境,实则是传统文化面临的困境,大众对待方言的态度从"不敢说"到"不愿说"到现在的"不会说",形成当代人虽拥有乡愁却难正乡音的现状。因此,如何能够有效地将方言进行传播、保护和传承值得深思。

△关于方言

"少小离家老大回,乡音无改鬓毛衰"。方言是儿时的呢喃,是长大后的乡音,是母亲的呼唤,是一生的回味。但长期以来,受推广普通话的影响,方言的生态格局在不断萎缩。随着近年来我国提倡保护方言,弘扬传统文化,方言的生存空间又有所提升,因此形成方言与普通话共存共生的局面。但总体来看,在城市化快速发展的今天,普通话的主导地位不可撼动,方言使用受语言政策、大众态度和人口迁移等因素影响,依旧面临生存困境。

部分大众对方言的认知存在误区,对方言的刻板印象停留在方言是粗鄙、土气、没文化和不规范的表征层面,认为在公共场合说方言是不光彩的。没有理性地认识到方言是古、不是土,不知道方言与普通话不同的发音表现其实是历代语音演变的结果。要想消除部分大众对方言的误解,就需要有效地维护和优化语言生态,营造使用方言的良好环境和社会氛围。同样,这种环境和氛围的

[1] 本书的方言如不特殊标出,均指汉语地方方言。

营造就需要全社会尊重传统文化、尊重方言、爱护方言，容许在非特定场合自由地使用方言。只有全社会行动起来，群策群力、积极参与形成合力，才能通过政策引导激发方言活力，使方言能够更好地生存和发展，进而形成方言保护和传承的长效机制。

△关于全媒体

随着信息技术不断革新，单一媒介的内容已无法满足大众需求且大众对信息的需求呈现全天候特征，媒体融合则顺势而生。媒体融合是当前中国一项重要的国家战略选择，20世纪初，媒体融合在中央和地方的少数媒体中出现端倪。从2013年11月开始，媒体融合正式成为重要的国家战略需求。全媒体则是媒介融合带来的连锁反应，从技术、产业、受众、市场、内容风格等诸多元素，改变了媒体业运营以及媒体消费者对待新闻和娱乐的逻辑。全媒体的融合实现了多种文化异步转向，在不同媒介平台上，有诸多关于方言的内容在传播，有积极向上的，也有粗鄙低俗的。因此，在媒介融合大趋势下全媒体带给方言的不仅有机遇也有挑战，需要客观、理性对待。

△关于方言传播

基于对方言现状和全媒体发展的考察，思考当方言遇上全媒体会发生怎样的化学反应，又能通过怎样的手段将具有深刻内涵的方言文化传播出去，起到保护方言和传承传统文化的作用。因此，将语言学与传播学相结合，采用跨学科的研究方法实现对全媒体视域下方言传播的研究，不仅具有重要的理论创新意义，更具备重大的实践指导价值。

方言传播作为语言传播的分支是人类社会的普遍现象。凡是有人存在的地方就会有语言传播，同时语言传播又是人类社会长期发展的结果。方言传播同语言传播一样，其产生和发展都拥有悠久的历史。关于语言诞生的观点认为，语言的起源和工具的演变息息相关。[1] 因此，要想认识方言传播

[1] 威尔伯·施拉姆，威廉·波特.传播学概论[M].李启，周立方，译.北京：中国人民大学出版社，2010：122.

的过程就要认识人类社会的发展过程本身,认识媒介变革经历的过程。用辩证唯物论的观点来看,方言传播伴随人类生产活动和社会实践的发展,人们通过创造新的传播媒介,不断扩展自身的传播能力,使得方言传播范围更加广泛。追溯方言传播的发展历程,有两条逻辑演进路线,分别是方言自身的历史演变和方言借助媒介的发展变革。本书的研究重点则是方言借助媒介传播的发展变革,方言传播是以人为主体,以方言为对象,以媒介为传播渠道的动态传播过程。

方言传播是为了更好地保护方言、保护传统文化,保护好文化基因才能做深入的研究,才能运用全媒体进行传播,实现文化传承这一目标。方言传播对于考察某一地域的历史文化具有不可替代的价值,对于方言保护与传承也有极其重要的意义。无论是方言传播还是方言保护、传承均不是阻止方言的发展演变,更不是要抗拒普通话的日益普及,而是要在普通话日益普及的情况下,调查、抢救不断丢失的方言及其承载的地方文化,用各种媒介手段把它记录下来并且传播出去,在为后人提供可靠文化资料的同时,讲好中国故事,传递传统文化的精神内涵。

本书系统、全面地梳理了全媒体方言传播的形态及内容,包括方言节目、方言电影、方言微平台、方言短视频和方言出版五大部分,通过对全媒体视域下方言传播现状的深入分析,结合方言传播规律,探寻全媒体方言传播模式,对方言传播的新机制与新范式进行了探索,希望为方言文化的传播及保护提供一定的参考价值。

目录

第一章
方言与传播

随着现代化进程不断推进，方言承载的文化印记悄然消失在人们的视野中，随着科学技术不断发展，方言承载的独特情感正在被媒介传播重构。方言与传播的链接便是想让每个人都能拥有留住乡音、记住乡愁的机会。从“乡音难觅”的方言现状起源，到以传播加持的“乡音再现”，再到探寻“乡音回归”的意义价值，不仅有利于增进大众的地域认同和身份认同，还有利于保护与传承语言资源，最终在实现大众情感共鸣的基础上建构整个民族的文化自信。

第一节 “乡音难觅”：方言现状

中华民族源远流长，有着数千年的文明历史，不同地域的方言相互交融、和谐共存，形成多元一体的语言共同体。文化多样性和自然生态多样性对于人类的生存和发展同样重要，而文化多样性最直观的体现则是语言多样性。[1] 从生态角度来看，方言是不可多得的语言样品，从认同角度来讲，方言是不可替代的乡音符号，从传承角度分析，方言是不可再生的文化基因（乔全生，2015）。因此，方言不仅是民族文化的基因和活化石，还是语言多样性的集中体现，更是语言生态发展的持续动力和重要保障。我国汉语方言的多样性体现在种类多样、差异巨大和文化丰厚三方面，而近年来伴随着城镇快速发展，方言所承载的民族历史和传统文化正面临消逝的危险，方言更是严重濒危。方言反映该地域的风俗习惯、价值体系、思维方式等文化风貌，是人们沟通的情感纽带和身份认同，以往方言消亡是缓慢萎缩和渐变消亡，是从量变到质变的过程，而近几年来方言消亡呈现新的代际消亡模式，也称代际替换或代际切换（曹志耘，2016），即父辈使用方言，而子女完全使用普通话，没有过渡和缓冲，方言完全被普通话覆盖。

2015 年国家启动“中国语言资源保护工程”，旨在保护语言多样化，传承中国优秀传统文化，在记录和保护方言的过程中发现诸多现象和问题。贺知章《回乡偶书》描述的“少小离家老大回，乡音无改鬓毛衰”中的“乡音无改”已然变成“望得见山、看得见水，却听不到乡音”的现状。城镇快速发展带来语言接触和语言融合，让我们每个人都处在深度变革当中，大众对待方言的态度从“不敢说”到“不愿说”到现在的“不会说”，形成当代人虽拥有乡愁却难正乡音的现状。因此，正视方言的重要性和文化性的同时不能忽视方言的现状。

[1] 赵世举.语言与国家[M].北京：商务印书馆、党建读物出版社，2014：176.

第一，方言生态不容乐观。方言与普通话是共存共生的状态，但普通话的生态空间要远远超过方言的生态空间，“方言生态”的变化会受到语言政策的调整、大众语言态度的变化、人口迁移和使用语言人数增减的影响。在全球化发展的今天，普通话为主导的地位不可撼动，作为传统文化重要组成部分的方言正在面临被挤压、被威胁和被覆盖的局面。方言的濒危和消亡破坏了语言生态体系固有的平衡，这是对多元文化格局的严峻挑战。

第二，方言认知存在误区。方言被人们视为粗鄙、土气、没文化、不规范、没用处的语言现象，弃之唯恐不及。[1] 部分大众对方言的认知存在误区，同时对讲方言的人形成刻板印象。有人认为方言土且不愿意在公共场合使用方言，有人认为方言使用者是身份和社会地位低下的人，有人认为传授方言影响下一代的成才与发展。诸多观点表明，在很大程度上大众对使用方言并未产生客观理性的认知，这是因为大众观念受推广普通话影响，受外来文化冲击，受周围氛围熏陶产生固有的刻板印象，一旦与方言关联就会产生负面情绪与消极评价。方言不是土而是古，是古音留存，是文化积淀，更是不可恢复的历史记忆（乔全生，2015）。对于大众而言，现阶段这种认知并未在很大程度达成共识。

第三，方言保护刻不容缓。城镇快速发展，自然村落减少，使用方言的人群在快速递减，诸多少数民族语言随着族人老龄化而迅速消亡。据统计，全世界有6 000多种语言，到21世纪末将有90%的语言可能消亡，这也就意味着语言所蕴含的人类文化遗产和优秀传统文化在本世纪末将要损失90%，[2]其消亡速度是动物濒临灭绝速度的二到四倍，而我国是世界上拥有方言最多的国家，其消亡速度不容乐观。因此，方言保护刻不容缓，为留存方言以及方言文化，国家自2008年启动“中国语言资源有声数据库”建设，2015年启动“中国语言资源保护工程”以来，无论是纵向选点覆盖全国各省市，还是横向打造“政府主导、专家实施、社会参与”的模式，方言保护的速度呈指数级上升。

本书基本思路是“逻辑起点—现状分析—问题研究—传播策略”，将语言学与传播学相结合，以全媒体视域为研究范围，方言传播为研究主体，用新方法、新手段、新视角全面审视方言传播的历史与逻辑、建构全媒体方言传播的理论、解构方言传播的图景、探究全媒体方言传播的模式，拟通过对方言传播的全面梳理，历时层面探寻其演变过程，共时层面对比其区别特征，对方言传播的现状、困

---

[1] 曹志耘.方言濒危、文化碎片和方言学者的使命[J].中国语言学报,2014(7).

[2] 李宇明.文化视角下的语言资源保护[N].光明日报,2016-08-07.

境有宏观把握，对创新路径有具体措施。最终对全媒体方言传播进行审视和省思，旨在为保护和传承方言提出新路径、建立新范式。具体研究思路如图 1.1 所示。

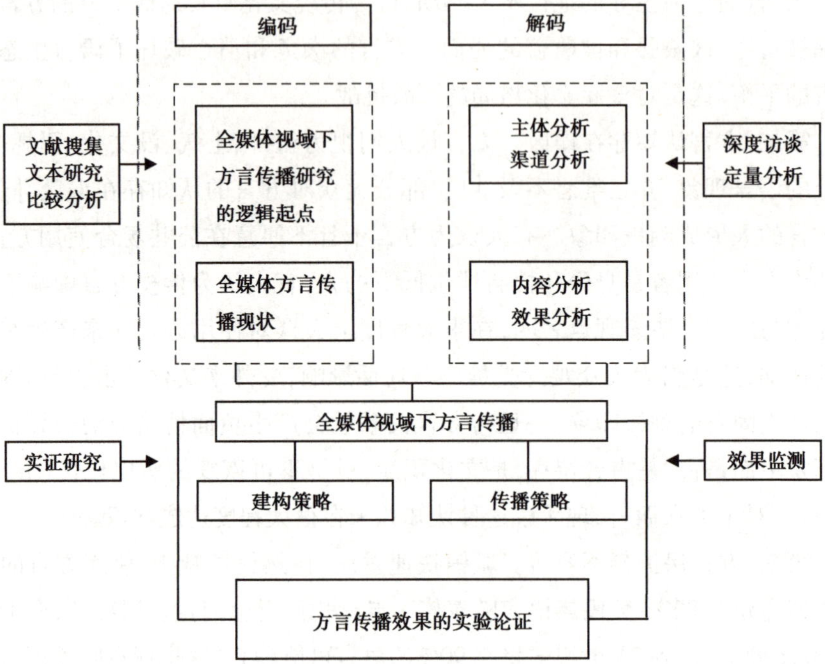

图 1.1 全媒体视域下方言传播研究具体思路图

第二节
“乡音再现”：传播加持

近年来随着媒介技术不断革新，大众获取信息变得更加便捷，与此同时，大众对于获取信息呈现内容需求个性化、时间需求全天候的特征，在繁杂多样的内容中方言借助媒介进行传播，再次出现在大众视野且引发关注、唤起共鸣。关于方言内容的再现与传播同样引起学界的关注，因此，本书对目前国内和国外关于方言传播的研究进行了梳理，旨在发现现阶段方言传播研究的现状及成果。

目前国内关于方言传播的研究有方言扩散、语言融合和方言社会学等方面，针对方言媒介化传播的研究则集中在方言电视节目、方言电影和方言保护几个方面，但关于全媒体视域下方言是如何传播的并未见相关具体论述。因此，就方言传播的已有文献进行查阅分析，包括方言媒介化传播的研究、方言保护与传承的研究和方言扩散的研究。

一、关于方言媒介化传播的研究

关于方言传播的研究，在中国知网以“方言传播”为关键词进行全文检索，相关文献研究起始于1987年，研究成果仅有5篇，从2005年开始增长，其后分别在2007年、2011年和2016年研究数量增加明显，在2017年到峰值，达74篇，具体趋势如图1.2所示。

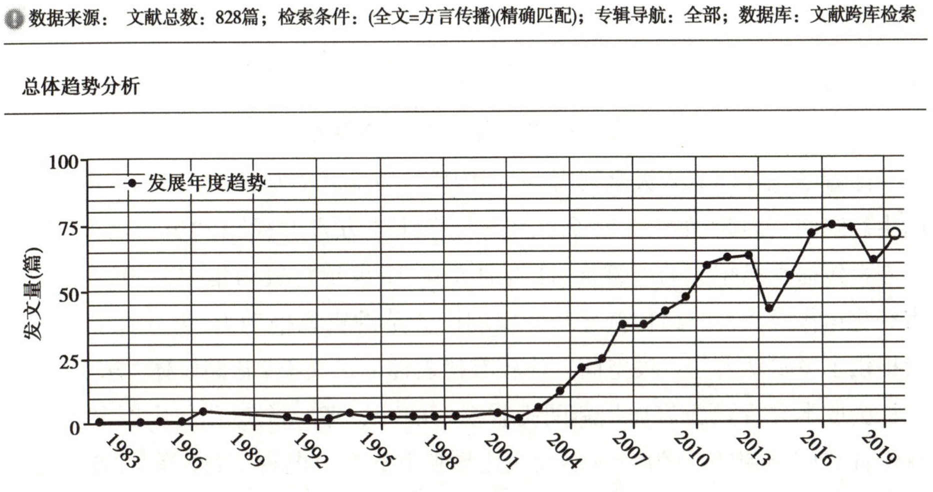

图1.2　“方言传播”知网全文检索趋势图

依据这些论文的具体分析，以方言节目为主题的论文占比最多，其余涵盖方言文化、方言影视剧和方言保护等主题，具体主题分布如图1.3所示（见彩图），在诸多文献中，多数学者认为电视节目对方言传播起到扩散作用，其中具有针对性的个案研究居多，如对《阿六头说新闻》的个案分析等。还有学者从影视剧方言传播的角度切入具体研究。

对方言传播的媒介关联研究主要集中在电视媒介，包括电视方言节目、方言新闻类节目等，新媒体与方言传播的互动关联在文献中也有部分体现，还有将方言与地域文化进行关联研究的论文，具体关联情况如图 1.4 所示，因此，有关方言媒介化传播的研究主要集中在方言电视节目、方言影视剧和方言新媒体。

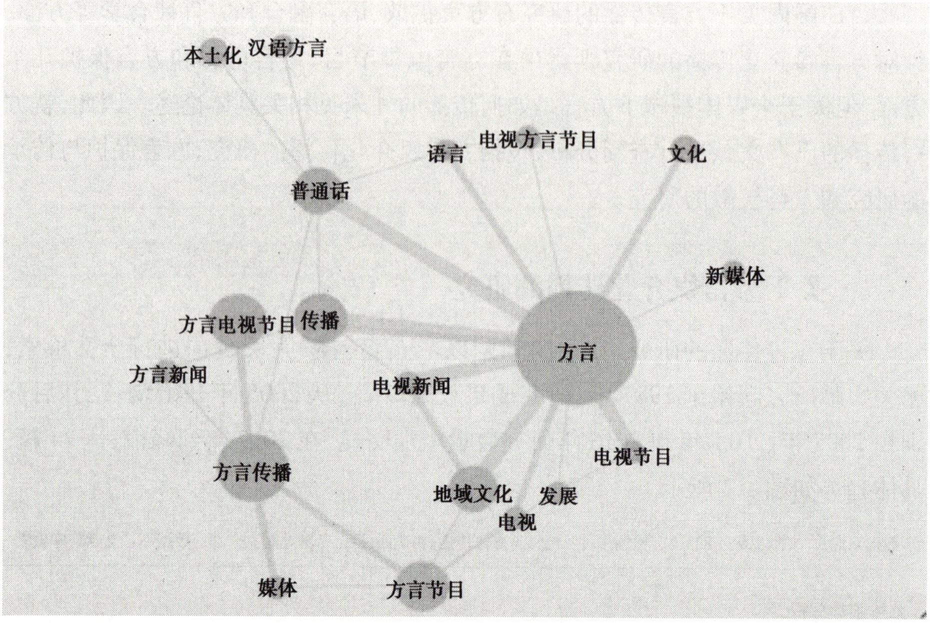

图 1.4　方言传播类文献关联图

随着电视媒体进入大众视野，方言传播打破地域限制，使方言被赋予更广泛的生态空间。因此，如图 1.4 所示，“方言节目”“方言电视”和“方言新闻”成为与方言传播息息相关的关键词，此类研究在 21 世纪初较为集中，2002 年之后，市场化运作成为社会结构变迁与传媒制度变革的重要推动力，为方言节目的发展提供了逻辑动力与发展空间。比较有代表性的论文有《新闻媒体“方言言说”的社会成本分析》《方言播报新闻高收视率的冷思考》《全球化与中国寻求文化身份：以方言电视节目为例》《多元文化景观下的方言电视节目》等，将方言传播与方言节目相关联，分析方言节目的产生背景，研究方言节目的具体内容，思考方言节目的社会效益。

在此期间关于“方言影视剧”的传播研究也开始兴起，尤其是对方言电影的关注，研究内容多集中于地域文化、电影美学、方言喜剧效果以及方言与人物形象的关系等，关注的方言电影导演有贾樟柯、宁浩和顾长卫，如《方言影视的文化解析》《方言电影：文化意识的苏醒与深化》《21 世纪汉语电影中的方言和现代性》《方言：电影创作的活水源头》《寻找电影之美　贾樟柯十年电影之路》《方言电影的语言学分析》《中国电影方言应用研究》《贾樟柯电影中方言的意义与价值分析》等。

随着互联网的发展,新媒体作为新兴传播形态与传统媒体进行融合,方言节目和方言影视剧开始实现跨平台传播,创作出一批优质原创文化类方言节目,如《十三亿分贝》等,因此相关研究也开始显现,代表性论文有《移动社交时代综艺节目的创新探索》《文化记忆崇高仪式与游戏表意论原创文化类节目的美育功能》《方言类网络综艺节目〈十三亿分贝〉的成功之道——以媒介生态位理论为视角》等,还有极少数关注新媒体与方言文化传播的文章,如《新媒体在语言文化传承中的应用》,文章建议语言文化传承应依赖新媒体,通过网络努力构建方言社群,搭建交流平台,强化方言文化的实用功能和情感交流功能,更新其传播形式,促进语言文化传承和传播。

二、关于方言保护与传承的研究

在中国知网以"语言保护"为关键词进行主题检索,共计 857 篇,其中 2013 至 2016 年论文数量增长速度最快,在 2016 年达到峰值 96 篇,其中与"语言保护"和"方言保护"相关联的内容有语言资源、地域文化、普通话推广等,具体关联如图 1.5 所示。

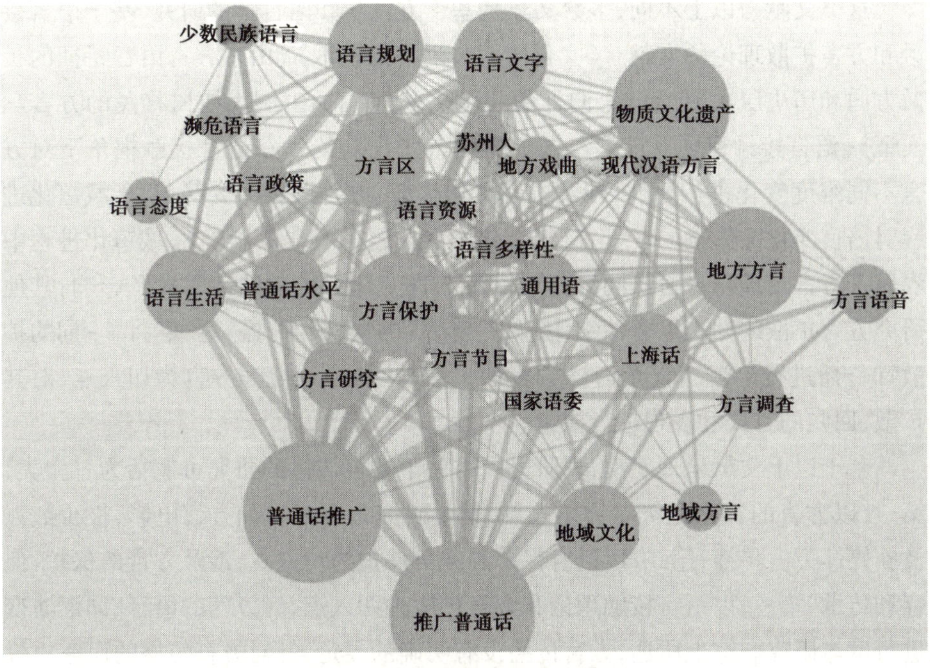

图 1.5　语言保护类文献关联图

国家语委于2008年启动的“中国语言资源有声数据库建设”这一项国家重大语言文字工程，为推进中国语言信息化、推广普通话和社会文化建设服务。2015年，教育部语信司在全国范围内启动中国语言资源保护工程（2015—2020），采用音像图文“四位一体”的方式将方言全方位保存。无论是从国家层面还是社会层面，均意识到保护方言的重要性，因此，2008年之后相关研究开始关注语言保护与传承，2015年关于语言保护研究的文章数量大幅上升，文章主要探讨语言保护的意义、方式方法和路径等，如《汉语方言文化遗产保护的意义与对策》《中国语言资源保护工程的缘起及意义》《中国语言资源保护工程的定位、目标与任务》《古老山西方言，语言演化的“活化石”》《从“遗产”到“资源”：中国当代语言保护观的形成与完善》《跨越鸿沟——寻找语保最有效的方式》《语言资源保护与影视典藏》等。

三、关于方言扩散的研究

方言扩散是语言接触之后形成的传播现象，方言扩散涉及历史移民、城市化推进和人口迁移等，因此，方言扩散也是方言传播的一种体现，在中国知网以“方言扩散”为关键词进行全文检索，检索文献统计215篇，在2016年达到峰值20篇。

这类文献与以上不同，多数文献是基于方言学和语言学的研究，基于语言接触和方言扩散理论的文献有《文化流向与语言的扩散》《山东方言语音特征的扩散方向和历史层次》《晋方言向外的几次扩散》《山西洪洞大槐树移民的方言学实证》《语言接触视域下晋方言语音的几点变化》，均是在语言接触视角下对方言不同维度变化进行研究，涉及方言文化扩散、方言语音演变等；基于城镇化进程对语言变化的影响的文献有《城市化对乡村语言变化的影响》《城镇化进程中农民工方言传播与身份认同研究》，探讨方言变化和扩散的动因以及影响；其他研究方言扩散的切入点更加细化，如《“麻将”的词源和传播》对“麻将”一词的扩散和传播进行论证，《汉语海洋方言的扩散与回归》以海洋方言为切入点，对其扩散、回归的方式和表现进行探究。

基于以上文献梳理发现，现阶段国内关于方言传播的研究可概括为三大类，第一，以方言的媒介化传播为切入点，集中研究方言节目和方言电影，极少数涉及新媒体方言传播；第二，以语言保护和方言保护为切入点，涉及方言的保护、保存和传承；第三，以语言接触理论和方言扩散为切入点，对方言的语音、词汇演变进行本体研究。综上所述，方言传播没有明确的界定，针对方言传播的研究也没有系统且深入的论著，更缺乏将全媒体与方言结合的跨学科前沿论著。因此，探寻全媒体与方言的依存关系，论证方言在全媒体中的融合传播，考察全媒体为方言文化传承提供的内在动力成为本书填补空白的关键所在。

目前国外未见关于全媒体方言传播的研究，但国外语言学的著作诸多，可借鉴国外语言学的理论与方法研究汉语方言。同时国外传播学研究呈现出多元化格局，可借鉴传播学经典理论和方法分析方言在全媒体视域下的传播。此外，在国外也有诸多关于文化理论的研究，可作为本书的参考。

四、关于社会语言学的研究

根据不同的研究对象、研究背景和研究侧重点，社会语言学的分类也不尽相同。语言学的社会语言学研究，其研究对象是日常生活中的言语，核心问题是语言变异，此类以国外学者拉波夫和特鲁吉尔等为代表。[1] 费什曼和弗格森研究社会和语言之间的关联和相互作用，兰伯特和贾尔士研究的重点是全社会或社会团体对使用某种语言变体的评价和态度。由此可以看出，国外学者从宏观和微观两个层面研究社会语言学。

经典的社会语言学论著有苏联语言学家什维策尔的《现代社会语言学：理论·问题·方法》、英国学者特鲁吉尔的《社会语言学：语言与社会导论》、美国学者德克特和维克斯的《社会语言学导论：社会与身份》和美国语言学家拉波夫的《语言变化原理》等。通过研究语言与社会、语言与人等的关系探究语言演变，可为本书提供研究思路。

五、关于传播理论的研究

提及传播理论的研究，不同历史阶段具有相互交错的传播学派和理论，如著名的芝加哥学派、哥伦比亚学派、耶鲁学派和施拉姆学派等，西方传播学经历了多次范式转移，包括经验研究和批判研究路径的争论、传播研究的文化转向、认识论转向等。[2] 传播学与不同学科交叉，形成更多细化的理论种类，比如议程设置理论、文化认同理论等，这对后续研究方言传播提供了基础依据。此外，传播思想史的研究在勾勒了西方传播学理论和思想发展脉络的同时，也为我国学

---

[1] 王春晖.社会语言学研究70年[M].北京：中国社会科学出版社，2019：412.

[2] 唐绪军，朱鸿军.新中国新闻与传播研究70年[M].北京：中国社会科学出版社，2019：141.

者理解传播理论打下基础，其中包括斯蒂文·小约翰的《传播理论》、罗杰斯的《传播学史——一种传记式的方法》、约翰·彼得斯的《交流的无奈——传播思想史》等，可将西方传播学理论与方法进行本土化适应，形成新的研究范畴、研究思路和研究方法。

六、关于文化理论的研究

国外学者关于文化理论研究的经典著作有塞缪尔·P.亨廷顿的《文明的冲突与世界秩序的重建》、丹尼尔·贝尔的《资本主义文化矛盾》、迈克·费瑟斯通的《消费文化与后现代主义》、约翰·汤姆林森的《文化帝国主义》、弗雷德里克·詹姆逊的《后现代主义与文化理论》、罗兰·罗伯森的《全球化：社会理论和全球文化》和约翰·斯道雷的《文化理论与大众文化导论》等。这些著作既承接了经典文化理论的主要关注点，又依据自身认知创作出新的聚焦点和理论发展空间，从不同层面探讨文化主义、结构主义、后结构主义、后现代主义等，通过建构不同的文化场域、社会场域和经济场域形成文化意识形态。

第三节
“乡音回归”：意义价值

方言所承载的文化内涵与价值意义是大众想拥有但又需要寻觅的“乡音回归”，只有这份情怀一直存在，才能引发共鸣产生身份认同。方言传播的研究就是为了唤起大众对乡音的追随，通过对个人的身份认同强化对传统文化的认同，让大众在国家的宏观叙事中能够有参与感，能够被关注、被认可、被呈现，让大众所携带的方言文化基因更大范围地传播。

一、方言传播研究的意义及方法

(一)弥补全媒体方言传播研究的空白

方言研究由来已久,成果斐然。有关方言的研究主要是方言本体的研究,集中于研究方言的语音、词汇和语法等,也包括方言区域的研究,如从整体上探讨某区域方言的语音、词汇和语法的特点,通过各方言的平面比较,归纳该地方言区域特征,探讨其历史演变。关于方言的跨学科研究有与音乐学相结合的《方言学视野下的山西民间音乐》、与司法相结合的《山西方言与普通话进行司法话者识别可用特征音段研究》、与医学相结合的《普通话言语测听单音节词表在山西方言人群中的应用》,但将方言与传播学相结合的论著和应用研究,付诸阙如。因此,本书将以方言传播为研究对象,深入调查方言传播的现状,通过对各种形态方言传播的具体分析,归纳方言传播的特征及问题,提出创新性发展路径,在探讨其历史演变的同时,弥补全媒体方言传播研究的空白。

(二)丰富方言传播的内涵与外延

方言着眼于地理是语言的地方变体,通常不同地域的方言呈现出历史性、丰富性和多变性的特征。本书所探讨的方言的内涵指汉语地方方言,方言的外延则是以作为传播符号和文化符号的方言为能指,以方言所承载的文化意义为所指,依据全媒体视域下媒介形态变革所延伸的新的方言形态和方言内容。

(三)有助于地域文化建构和身份认同

全球化进程中"城市人"的地域性特征正在弱化,把握好普通话与方言之间的平衡,努力实现多元文化和统一意识的和谐,关系到大众的文化认同和情感表达。乔全生教授认为,方言是不可再生的文化基因。方言是地域文化的本源、载体和重要组成部分,地域文化若失去方言则犹如"无源之水,无本之木",必将缺失它的活力。通过方言传播既可建构地域文化,也可增强当地民众对地方的认同感,通过不同媒介使大众形成"文化共同体",相互联系且相互依存。同时,通过方言传播,可满足大众感性需求,在地域认同、文化认同和身份认同方面产生共鸣,从而增强大众的地域文化自信。因此,方言传播在地域文化建构和身份认同的形成和发展过程中是相互促进、相互影响的。

（四）有利于语言资源的保护与传承

山西是方言大省，山西方言在全国方言中独树一帜，具有显著特点，因此以山西方言传播为母本进行范式研究并推广具有独特意义。然而，随着城镇化进程加快、普通话推广和人口迁移，许多方言日渐失去特点并向普通话靠拢，方言的保护和传承迫在眉睫。本书拟通过对方言传播进行全面、系统的研究，利用新媒体将之前方言的被动保存转变为主动保护，利用新技术将方言变为动态的文化元素，以及利用新思想做好语言资源保护传承及服务开发，将方言打造成不可替代的乡音符号，推动方言文化发展。

方言传播研究的意义既有理论意义，也有实践意义，针对方言传播研究的理论意义和实践意义，本书主要采取以下几种研究方法，分别是跨学科研究法、定量分析法、深度访谈法和个案研究法。

本书运用传播学、语言学和社会学多学科的理论、方法和成果从整体上对方言传播进行综合研究，该方法也称“跨学科研究法”。运用跨学科研究法可探究全媒体中方言传播的规律、归纳方言传播的特征、正视方言传播的现状和问题，将各类问题在高度分化中又高度综合，形成一个统一的整体。因此，运用跨学科研究法有利于拓展视野和理论分析。同时，本书通过定量分析法进行数据的统计与分析，对全媒体中方言传播的认识进一步精确化，以便更加科学地揭示全媒体中方言传播的规律，把握其文化本质，厘清全媒体与方言的关系，预测全媒体方言传播的发展趋势。

此外，在全媒体视域下进行方言传播的媒介化研究，需要针对方言传播的具体实际案例进行分析，用到个案研究法。个案研究法也称案例分析法，是针对某一主体进行深入研究和分析的研究方法。个案研究的主体可以是某一个人，也可以是个别团体或机构，还可以是一个事件或者一个过程等。本书选取具有典型性的人物、事件和案例进行深入且全面的分析，以便对个案有充分的理解，继而对问题深入挖掘。针对方言传播实践层面的探究需要运用深度访谈法，这是一种无结构的、直接的、个人的访问，以揭示对某一问题的潜在动机、信念、态度和感情。全媒体视域下方言传播出现新路径新形态，可以通过深度访谈形成口述史，对代表性的人物和内容进行了解和分析，对新事物的产生、发展和传播效果有深入且具体的认知。

二、方言传播研究的价值及创新

(一)方言传播研究的学术及社会价值

1.系统且全面梳理全媒体方言传播形态及内容

本书全方位解构方言传播形态及内容,包括方言节目、方言影视剧、方言微博、方言微信、方言公众号、方言 App、方言短视频等。从细微处入手,进行详尽的调查描写,从宏观处对比各类传播形态下的内容具有的不同特征和传播效果。

2.探寻全媒体方言传播模式以及方言传播共性困境

通过具体调查研究,探寻全媒体方言传播的新模式即语言资源保护模式和参与传播模式,基于内容分析和模式探究总结方言传播的共性困境,即表达困境、身份困境和意识困境,在此模式和困境探究的基础之上为创建全媒体方言传播新机制和新范式奠定基础。

3.唤起大众保护和传承方言的文化自觉

本书关注全媒体视域下方言传播的新变化,通过分析全媒体中方言传播的内容、现状和特征等,论证了现阶段方言的生存困境和现实挑战,诠释了全媒体是怎样为方言提供生长土壤,怎样为方言文化传承和语言资源保护助力,最终唤起大众保护和传承方言的文化自觉。

(二)方言传播研究的创新之处

1.全面梳理方言传播的融媒体呈现

首次全面系统地梳理方言传播的融媒体呈现,解构方言传播图景,包括方言节目传播、方言电影传播、方言微平台传播、方言短视频传播以及方言出版。相较于以往的论著多数只关注到某一方言节目、某一相关影视或某一方言传播现象的具体内容,并没有将方言传播的各项内容进行翔实且全面的考察,因此,本书同时进行方言传播历时层面的史学研究和共时层面的实证探究,真正做到全面系统地梳理方言传播的融媒体呈现并实现本书的基础创新。

2.创新建构方言传播的全媒体理论

首次对全媒体方言传播进行理论建构。从已发表的成果来看,有关方言的研究主要是方言本体的研究,跨学科研究有与音乐学、司法和医学相关的文献,但目前尚未有与传播学相结合的方言研究。本书以方言传播为研究对象,将方言学和传播学相融合,深度挖掘全媒体视域下方言传播的内涵与外延,归纳方言传播的特征及问题等，实现方言传播的理论创新。

3.全力打造方言传播的新孵化模式

首次对全媒体视域下方言传播的模式进行探究，将理论研究进行实际孵化，借助决策力量和推动力量进行语言资源的活态保护和方言传播的全域扩展。以融合用户、内容、新媒体和产业为基础，全力打造方言传播新范式，同时以“山西模式”发展为创新路径进行不同维度的延伸，创建“鄉音情怀”微信公众号、“言途网”方言旅游在线平台和方言文化符号，真正实现“传播+社交+服务”。为方言的活态保护和方言文化的传承奠定基础，提供新思路、新方法和新路径，实现整个语言资源保护和传承的应用创新。

第二章
全媒体与方言传播的联合共生

语言传播是亘古普存的现象，是民族间接触、交流乃至碰撞的方式之一，也是民族间接触、交流乃至碰撞的先导与结果。语言在传播中发展或蜕变，社会在语言传播中争斗与进步。[1] 历史上不同时期、不同地域，语言传播的动因、手段和方式皆不相同，而在新时代，科技革新、媒介发展、人口频繁流动促使语言传播的规模壮大、速度加快和方式增多。

[1] 李宇明.探索语言传播规律——序“世界汉语教育丛书”[J].云南师范大学学报：对外汉语教学与研究版，2007(7).

第一节
方言传播的历史与逻辑演进

方言传播作为语言传播的分支是人类社会的普遍现象，凡是有人存在的地方就会有语言传播，同时语言传播是人类社会长期发展的结果。方言传播同语言传播一样，其产生和发展都拥有悠久的历史。关于语言诞生，有观点认为，语言的起源和工具的演变息息相关，[1]因此，要想认识方言传播的过程就要认识人类社会的发展过程本身，认识媒介变革经历的过程。用辩证唯物论的观点来看，方言传播伴随着人类生产活动和社会实践的发展，人们通过创造新的传播媒介，不断扩展自身的传播能力，使方言传播范围更加广泛。

追溯方言传播的发展历程，有两条逻辑演进路线，分别是方言自身的历史演变和方言借助媒介的发展变革。第一，汉语方言的历史演变异常复杂，不仅有方言自身的分化，还包含其与优势方言的融合，[2]同时方言与共同语既分化又融合的关系也使方言演变处于不同层次的迭代变化中。汉语方言随着语言接触、人口迁徙等进行“分化—融合—演变”的过程就是方言传播自身的逻辑演进。第二，方言传播随着媒介的变革也在不断拓展自己的传播能力，方言传播同样经历口语传播、文字传播、印刷传播和电子传播阶段，这一演进路线的每个阶段互不替代，而是依次叠加的。

若要研究方言传播，基于以上两种逻辑演进路线，本书认为需要对方言传播进行界定，探讨其内涵和外延，并根据方言传播的具体界定进行辩证分析和研究。

---

[1] 威尔伯·施拉姆，威廉·波特.传播学概论[M].李启，周立方，译.北京：中国人民大学出版社，2010：122.

[2] 乔全生.历史层次与方言史研究[J].汉语学报.2014(2).

一、方言传播的内涵和外延

（一）方言新探

方言有悠久的历史，先秦《礼记·王制》中的“五方之民，言语不通”是对方言最早的记载，之后有汉代王充《论衡》所谓的“古今言殊，四方谈异”。语言地理差异是形成方言的首要条件，而造成方言迥异的原因有多方因素，如人口迁移、行政区划、地理位置、交通条件、文化传统等，其中除了方言自身演化之外，人口迁移是形成语言分化的直接原因。正是因为语言分化和演变促使方言的形成，所以方言是相对语言而言的，是语言的支派和变体，包含地域方言和社会方言两大类。[1]

研究地域方言即研究语言在不同地域的变体的历史长、成果多，关于方言的本体研究，涉及不同地域方言的语音、词汇和语法研究。研究社会方言相对于地域方言来说，历史较短、成果较少。社会方言作为语言的社会变体，因方言使用者的年龄性别不同、个人风格不同、职业背景不同、所处阶层和语用环境等不同，使得语音、措辞等不同。[2] 本书所探讨的方言的内涵是汉语地方方言，方言的外延则是以作为传播符号和文化符号的方言为能指，以方言所承载的文化意义为所指，依据全媒体视域下媒介形态变革所延伸的新的方言形态和方言内容。

（二）方言传播的历史划分

方言传播始终伴随着社会文化进程的变化，包括宏观的经济、政治变化，也涵盖个人在社会互动中的语言和心理变化（Weietal，1997）。传统意义的方言传播是以方言为语言形式的主观建构活动，可凭借口语、民歌、文学、影视剧等载体进行，建构的是一种以血缘、亲缘、地缘为纽带的族群关系、老乡关系等强关系。[3] 在全媒体视域下，方言传播悄然成为一种日益变化的社会现象。随着科技快速发展，方言传播与全球化、信息化进程相依相存，相互影响。全媒体的发展会加快方言传播速度、扩大方言传播维度、提高方言传播程度、拓展方言传播

---

[1] 游汝杰.汉语方言学教程[M].上海：上海教育出版社，2016：1-25.

[2] 游汝杰.汉语方言学教程[M].上海：上海教育出版社，2016：2.

[3] 方艳，蔡雨歌，付扬眉.社会建构论视域下的方言传播[J].湖北第二师范学院学报，2015（10）.

的使用空间。

因此,方言传播的历史层次可分为三部分,第一部分即传统意义下的方言传播,包括口语传播和文字传播;第二部分即现实观照下的方言传播,包括印刷传播和电子传播(特指广播和电视);第三部分即互联网加持的方言传播,指新媒体传播。

1.传统意义下的方言传播

方言的口语传播是人类语言传播活动的第一个发展阶段,语言是在人类劳动和社会协作活动中产生的,方言则是不同地域的人所言不同,但方言作为符号的能指和所指是共通的,即意义共通。方言的口语传播即面对面传播,仍然是长期以来人们最常用、最灵活的基本传播手段,口语传播的优势体现在信息传递精准,交流无障碍,但缺陷则是受传播时空的限制,传播内容转瞬即逝。方言的口语传播内容有方言口传文化,如谚语、歌谣、民谣、民歌和日常用语等。

方言口语传播受人口迁移、语言接触、经济贸易往来等影响,历史上的移民运动是语言宏观演变最重要的原因,方言随着传播者移动向外扩张,如晋方言向外的扩散最早可追溯到古晋国,从史实与语言的比较可以发现,有由山西长治向客家话的扩散,有通过洪洞大槐树移民向河南、山东、河北地区的扩散,[1]这些方言扩散是方言传播的一部分,随着传播者的迁移,方言随之融入不同地域产生语言接触,再次进行口语传播。周振鹤、游汝杰认为:"移民史在文化史上应占重要地位,人口的迁徙在促使文化发展的同时,也使语言发生很大的变化。方言是语言逐渐分化的结果,而语言的分化往往是从移民开始的",[2]因此,方言的形成和变化与移民迁徙、民族融合有密切联系,移民可引起方言的融合、转变、并存或消亡等变化即方言演化,而这类方言传播在传播媒介并不发达的古代均以移民口口相传为主,这为方言的向外传播与衍变发展提供了充足的语言环境和空间距离。此外,移民的口语传播是伴随移民运动过程同步进行的,它同方言的形成和发展具有历史同步性,移民方言与迁入地方言间的互动模式体现在并存、融合和替代三方面,这都取决于方言与移民相互影响和相互渗透的互动关系。

商业贸易往来也是方言口口相传的一种重要渠道,如晋商辗转在不同地域之间进行商业贸易,语言则不断地跟随商业贸易进行输入和输出。晋商与移民

---

[1] 乔全生.晋方言向外的几次扩散[J].语文研究,2008(1).

[2] 周振鹤,游汝杰.方言与中国文化[M].上海:上海人民出版社,2015:14.

有着共同的特征即流动性,流动的共性使得方言不自觉地被传播,商贾和移民作为方言传播的主要载体,将当地文化带到迁徙地,并且将方言所涵盖的传统文化、民俗风情和地方艺术都扩展到其他地区,给当地生活带来重要影响,进而促进方言在不同地域的传播和发展。商业贸易往来所携带的语言接触是文化融合的过程,会经过最初的"做客期"到最后的"融合期",造成方言在传播过程中由分化到同化的结果。

方言传播需要媒介,无论是移民还是晋商都是方言传播最活跃的主体,同时随着时间推移移民和晋商在迁入地产生当地归属感,使得方言传播和文化传播形成双向互动的形态。

中国目前发现最早且又成熟的文字系统是19世纪后期出土于河南安阳殷墟的甲骨文。据考察,殷商时代的甲骨文不仅包括记号字、指事字、象形字、会意字,还包括记录发音和词义的形声字。[1] 文字发明具有重要意义,第一,文字打破口语传播内容转瞬即逝的局限,克服因人类记忆有限、经验不足所带来的弊端,能够长久地将信息保存;第二,文字实现信息的远距离传播,不再局限于面对面传播,扩展了信息的空间距离;第三,文字使得人类文化传承不再依赖于传说,而是有据可查、有料可考,让优秀的传统文化实现代际相传。

在印刷术被发明之前,文字的传播依靠手抄传播,而方言的文字传播最早始于汉代扬雄的《方言》。《方言》是世界上第一部研究方言的专著,也是我国第一部比较方言词汇的著作,为汉语史和方言史的研究提供了重要依据,给语言发展的规律和方言性质以很大启示,同时还揭示了西汉时代汉语方言分布的情况,具有重要历史价值。具有代表性的方言文字传播著作还有《汉书》中的《尔雅》,其对训诂的纂集为后代继承文化遗产作出贡献。许慎的《说文解字》概括和归纳了古文字的构成规则,提出"六书说"理论,为后人再造新字提供有力依据。如果没有方言的文字传播,后人则无法看到翔实的材料,更难谈继承文化遗产。

2.现实观照下的方言传播

文字传播已经实现方言远距离、长时间的传播,但并未实现大规模的批量传播,因为当文字传播停留在手抄阶段时,传播效率低、规模小,这就需要出现新的技术来破局,恰逢印刷术应运而生。在蔡伦创造了纸之后,毕昇发明了胶泥活字印刷术,为复制文字信息奠定了基础,直至15世纪40年代,德国人古登堡在此

[1] 郭庆光.传播学教程[M].北京:中国人民大学出版社,2011:25.

基础上创造了金属活字排版印刷，使得文字信息的机械化生产和大量复制成为可能。[1] 印刷术推动了报刊、书籍、杂志等的普及，为方言大规模传播提供了路径。

广播和电视的产生，让方言传播从文字层面上升到声音与图像层面，使大众从文字视觉传达扩充为视听语言传达，更为具体形象地为方言传播提供了广阔空间。方言广播类节目、方言电视节目和方言影视剧等的应运而生，加快了方言传播的速度，拓展了方言传播的广度，挖掘了方言传播的深度，提升了方言传播的丰富度，将方言传播整体推向了一个新阶段，形成了既有效率又有质量的新飞跃，尤其是对既有方言知识的复制和方言文化的传承起到积极推动作用。

3.互联网加持的方言传播

互联网在我国真正开始面向社会大众推广发展是20世纪90年代中期，也是从此时开始，我国掀起了互联网热潮。随着互联网的发展，门户网站、搜索引擎、即时通信、网络社区等网络媒体进入人们视野，随着手机技术和形态的演变，社交媒体抢占市场，表现为人们对微博、微信和客户端的热衷。有了互联网加持之后的方言传播可谓如鱼得水，不再受限于足不出户，不再困扰于转瞬即逝，不再遗憾于单向接收，而是以其超时空性、超时效性、超交互性、超个性化立身。

互联网的超时空性，让方言传播的空间得以拓展，一个承载着传统文化的语言符号可以传播到世界各国被大众熟知。互联网的超时效性，让方言传播的速度实现"秒级传播"，分秒之间制造出现象级文化。互联网的超交互性，让方言传播实现双向互动，强调作为使用者的大众可以参与文化建构、传播和传承，打破广播电视时代被动接收信息的样态。互联网的超个性化，让方言传播实现精准传播，为每一个方言喜好者量身定做具体内容，不再局限于广播电视时代单一形式的内容传播，将图文和声音融为一体，提供多媒体的信息内容，甚至是虚拟信息。麦克卢汉在《理解媒介：论人的延伸》中指出："任何媒介对个人和社会的任何影响都是由新的尺度产生的"，[2] 互联网加持的方言传播用互联网思维引进新尺度，为大众获取文化信息实现新的延伸，改变了对方言传播的既定逻辑。

（三）方言传播的新式逻辑特征

学者罗杰·菲德勒指出，媒介形态变化的基本原则是共同演进和共同生存，

---

[1] 郭庆光.传播学教程[M].北京：中国人民大学出版社，2011：26.

[2] 马歇尔·麦克卢汉.理解媒介：论人的延伸[M].何道宽，译.北京：商务印书馆，2001：33.

任何传播媒介都在不断扩大、复杂的自适应系统内共处和演化。方言传播经历的“口语传播—文字传播—印刷传播—电子传播—互联网传播”过程,是传播媒介在不断扩容的过程,没有此消彼长而是共同演进。因此,方言传播的新式逻辑符合以下几个特征:

1.传播媒介如影随形

以技术作为推动力,媒介形态在不断变革,让方言传播的渠道从传统媒体转向新媒体,从固定范围走向任意位置,从不便携带到如影随形,极大地推进了以媒介作为传播渠道的方言扩张。尤其是以手机媒体为代表的社会化媒体,从以前的“手机是人类的外挂部件”,演变成“人类是手机的巨大外挂部件”,这恰恰说明了人类最基本的需求——获取信息,依赖于手机媒介,手机媒介为方言进行随时随地传播提供了绝对可能。

2.传播内容多元繁杂

新媒介的出现改变了传统的传受关系,传播者和接受者的角色可瞬时转换,单一传播变为多向传播并具有反馈机制,由专业传统媒体垄断的产业生态链也被用户生产内容(UGC)所打破,这一重大变革使得方言传播的内容变得多元繁杂,形成优质内容凸显和空泛内容掺杂的混合局面。

3.传播效果有迹可循

以往方言传播的效果统计困难,尤其是口语、文字和印刷传播,并未有具体数据显示多少大众接收到相关信息并有反馈,即使是在广电时代有收视率作为衡量标准,但统计结果也不尽如人意。在方言传播的新式逻辑下,传播效果有迹可循,每一次发布、每一次阅读、每一次点赞、每一次评论和每一次转发,都是在互联网虚拟空间中的真实痕迹,寻迹分析传播效果,可以看到社会和大众对方言的接受程度。

这三个特征说明方言传播的新式逻辑已将传播模式改写,从而将方言传播的内涵进行不同维度的延伸。方言传播的内涵即以方言为语言形式,不同的传播主体凭借多种媒介进行的一种社会建构活动,是一种主观性的建构活动。方言传播的外延则是建立在内涵基础之上,以作为传播符号和文化符号的方言为能指,以方言所承载的文化意义为所指,依据全媒体视域下媒介形态变革所延伸的新的方言形态和方言内容,通过各个时期的历史层次分析建构新式逻辑,进而实现不同维度的延展。

二、方言传播的性质与功能

方言传播是以人为主体，以方言以及方言文化为内容，以媒体为渠道的动态传播过程。众所周知，任何传播都离不开介质，同时需要有信源和信宿，即信息的传播者和信息的接受者，但两者并不固定，可以相互切换形成互通反馈。人类社会的传播具有共性特征，把握传播的基本特点，才能更好地理解方言传播的性质和属性。

传播是信息共享的过程。共享指将个人所独有的信息转变为多人所有的过程，具有分享、交流和扩散的意思。信息共享则是传播的最终目的，只有实现信息共享，传播才是有意义、有价值的。

传播是社会关系的体现。社会关系是传播的一个本质属性，传播须在一定的地缘关系和社会关系中进行，同时，在传播过程中又通过传授双方的观点和态度等体现出其社会关系以及社会地位。

传播是双向互动的行为。信息的传递在传播者和接受者之间进行，在传播过程中，传播者往往处于主动地位，但这并不意味着接受者只能或必须接受信息内容，接受者可以通过反馈机制来影响传播者。虽然双向互动具有强弱之分，但不同角色的传播者可代表不同意义的符号，在互动过程中再造新知识和再建新关系。

传播是解读符号的活动。传播之所以有效果，是因为传受双方具有共通的意义空间，这个共通的意义空间则需要传受双方对彼此传递的信息进行符号解读，且对于符号的认知和意义拥有共通的理解，这样才不会造成传而不通的现象。方言传播建立在宏观传播基础之上，除共同特征之外还具有与传播不同的根本属性。

（一）方言传播的性质归属

1.方言传播具有历史性

方言传播发生在特定的时间和空间中，因其历经的年代久远而在历时演变过程中的不同日期体现出迥异的语言面貌，甚至可以通过方言语音、词汇和语法的演变，探索社会的发展变化。方言发展演变的过程不是突变型而是渐变型，或者说并不是按照统一时间突变，而是从一个音到另一个音、一类词到另一类词渐变的。方言传播的历史性决定方言同人们生活和社会的关系是十分密切的，不可能巨变和突变，只能是逐渐变化。同时方言传播的历史性还可以通过现在的语音和词汇,论证古音和构拟古音,也可通过传播留存的词汇研究时代背景和社会环境。方言在不同地域的发展具有不平衡性,在有些地方发展快,有些地方则发展慢,因此,用现代方言的调查资料,可研究古汉语和汉语发展史。这恰恰说明方言传播具有历史性,通过传播所留存的内容,可古今对照,可彼此呼应。

2.方言传播具有社会性

方言传播必然是在社会中进行的,无论处于何种语境都依赖于人们长期以来的社会规约,同时根据社会发展而不断变化,以适应人们日益增长的语言需求,人们也根据社会运行和发展的要求进行语言和方言的自我调节。方言传播的社会性还体现在方言使用者之间用语的得体性,即面对不同对象使用不同话语,不同语境选择不同语言风格。在方言语音、词汇和语法中,词汇和社会的联系最直接、最紧密,因为在社会发展过程中产生新事物或新观念时,就会随之产生新词与之相匹配,这样才能满足人们日常交际的需求。在方言传播过程中,跟社会具有紧密联系的基本词汇,发展变化比较缓慢,而跟随时代发展、技术诞生和外来引入等产生的一般词汇,发展变化则比较活跃和迅速,这些一般词汇有可能随着方言传播继续根深蒂固地出现在人们生活中,也可能被滚滚向前的时代所抛弃,无论是根深蒂固还是消失不见,均是社会和人们在方言传播和使用中共同的选择。

3.方言传播具有文化性

文化是人类在长期历史发展中共同创造并赖以生存的物质与精神存在的总和,方言传播的文化性体现在方言是地方文化的重要象征,将地方文化及其历史直接传承下来,还体现在方言是民俗文化的活化石,尤其是口传文化,包括曲艺、民歌、谚语、歇后语、童谣、吉利词和忌讳词等。方言携带中华文化基因,方言传播则在文化环境下发生和发展,将这些人类共同的社会遗产、文化资源发扬光大。通过方言传播的文化性,方言传播者和接受者可实现地域认同,再通过地域认同实现价值共享,从方言传播到地域认同再到价值共享是文化在层层深入、扎根扩散的过程。

(二)方言传播的功能价值

1.认同功能

方言传播的认同功能表现在思想认同、地方认同、行为认同和文化认同等不同方面,语言是国家民族认同的重要组成部分,方言就是地方认同的重要标志,方言传播对传播者产生认同具有重要意义。本尼迪克特·安德森(2011)指出,方言是形成想象的共同体的非常重要的催化剂，媒体传播方言可以形成并固化共同体，方言使用次数、范围和频率的增加都会让方言使用者更加强烈地意识到一个共同体的存在并变得心意相通。[1] 认同功能可分为三个层面理解，第一，在认知层面通过方言传播使传播者与所处地域建构地域共同体，两者相依相存，随即产生思想认同。第二，在情感层面当方言传播者建构起地域共同体之后，便会拥有与之相关的集体记忆进而产生自我认同，自我认同最重要的标志就是方言。同乡人在外地相遇通过方言辨别彼此实现自我认同，人们通过获取共同的方言记忆实现不同民系之间的自我认同，通过对地方文化的持续关注，共享自我认同的方言实现文化传承。第三，在行为层面关于地方共同体所代表的行为规范即特定语境下的行为认同，会进而上升为对某种事物的文化认同。

2.融入功能

方言的地域性特征使方言往往在特定群体中传播，从而形成不同的社会结构和阶层的活动，但方言的融入可随传播者的活动参与社会生活、了解社会文化、创造财富等。方言传播的融入功能具体体现在两方面：一是个体传播者通过方言传播融入异地集体；二是群体传播者通过方言传播集体融入更大的群体。人具有社会属性，在个体社会化的今天需要融入不同的群体，小到一个团体、组织机构，大到一个社会阶层、一个民族、一个国家，但无论融入哪一层面都需要有语言的融入作为铺垫，如有地域性方言为引导，更容易融入不同地域。比如离乡青年因学业或就业留在异地城市，除基本工作能力之外，重要的技能就是掌握当地的方言以实现地域共同体而融入他乡，同时通过当地方言了解风土人情和文化价值。

3.价值功能

从方言传播历来对社会和人们生活产生的影响和意义来看，方言传播的价值功能体现在语言价值、社会价值、文化价值和经济价值。其中方言的语言价值体现在方言中古音的留存、词汇的演变、词义的繁杂等方面，同时可通过方言探寻语言演变的历史层次和规律，可考究方音史、方言史、音韵史等；方言的社会价值在于通过方言大众可实现身份认同、文化认同，同时也可通过方言进行人物身份识别，无论是提升媒介传播效果，还是刑侦破案，挖掘方言社会价值的空间巨大。方言传播的文化价值是指方言传播能够满足人们日益增加的文化需求并产

---

[1] 宗晨亮.乡音宛在：自媒体环境中的方言传播与地方认同研究——以新浪微博账号“上海头条播报”为例[D].上海：上海交通大学，2017.

生积极正面的影响，包括通过方言传播所传递的观念、知识、经验和审美等。方言传播是一个复杂的过程，它既是我国不同民族、不同区域的历史沿革、传统文化、民俗风情和生活方式的传播，也是不同区域人们共同价值观、行为习惯的传播。许多方言节目深度挖掘地方文化，使得地方戏剧、曲艺、民俗等多样文化在进行传播的同时得以保留。方言传播的经济价值则是指通过挖掘方言的深层内涵，创造出具有市场价值且能够引起大众共鸣的产品。2018 年 6 月，宜家入驻哈尔滨，其开业文案就是利用的方言，起到了意想不到的效果，用东北人熟悉的方言词汇引发共鸣，如“嘎嘎配沙发床”“咋整”“这根杆子能嘎哈”等，这种生动且接地气的东北味受广大消费者青睐，从而产生了良好的经济效果。

4.娱乐功能

方言通过媒介进行传播，则具有媒介的功能属性，即娱乐功能，尤其是在影视剧中方言传播的娱乐效果更为突出。各地方言中存在的特有词汇，如被纳入影视剧台词中则会突出具有人物特征的身世背景或成长环境，方言词汇的嵌入会产生出人意料的喜剧效果。电影《让子弹飞》川话版中方言词汇的使用就达到了较好的娱乐效果，比如“瓜娃子”，瓜娃子是四川方言里常用的口头禅，适用于亲近人之间，指“傻瓜”，但语义色彩并不特指贬义或褒义，剧中使用该词则是表达兄弟之间的亲昵。还有“啥子”“晓得”等词汇的使用，既温馨又有趣，还能在观众之间引发共鸣，最终产生理想的娱乐观影效果。

第二节
全媒体方言传播的理论建构

一、全媒体方言传播的界定

全媒体方言传播是建立在方言传播基础之上，大众借助互联网技术、数字技术和移动通信技术，通过全媒体将方言进行迅速而广泛的传播进而实现文化传承的动态过程。随着技术不断革新,单一媒介的内容已无法满足大众需求且大众对信息的需求呈现出全天候特征,媒体融合则顺势而生。媒体融合是当前中国一项重要的国家战略选择,20世纪初媒体融合在中央和地方的少数媒体中出现端倪,从2013年11月开始媒体融合正式成为重要的国家战略需求。党的十八届三中全会通过了《中共中央关于全面深化改革若干重大问题的决定》,使媒体融合首次成为党中央重大决议的重要内容,会议提出整合新闻媒体资源,推动传统媒体和新兴媒体融合发展。2014年8月18日,中央全面深化改革领导小组第四次会议审议通过《关于推动传统媒体和新兴媒体融合发展的指导意见》,标志着媒体融合上升为国家战略。2014年是中国媒体融合年,媒体开始进入融合发展新阶段,习近平总书记为媒体融合提出明确要求,作出具体部署,从工作理念、实现路径、目标任务和总体要求为媒体融合指明方向。2019年1月25日,中共中央政治局围绕"全媒体时代和媒体融合发展"主题开展第十二次集体学习,再次凸显媒体融合工作在当前国家战略中的重要地位,提出推动媒体融合发展,建设全媒体成为我们面临的一项紧迫课题。

全媒体是媒介融合带来的连锁反应,从技术、产业、受众、市场、内容风格和媒体发生联系,改变了媒体业运营以及媒体消费者对待新闻和娱乐的逻辑。同时,全媒体的融合实现了多种文化异步转向,大众通过全媒体即时更新信息,将以往分散的多种文化联结起来实现文化在共通空间下的异步转向。延森提出媒介有三个维度,第一维度是人的身体以及它们在工具中的延伸,第二维度是大众传播媒介对文本的复制、储存和呈现,第三维度则是以数字技术为元技术实现的传播,全媒体将媒介的三个维度融合,既实现人的身体在工具中的延伸,又以数字技术将大众媒介全媒体化。

全媒体从时间跨度上可分为传统媒体和新媒体,传统媒体以报纸、杂志、广播和电视为代表,新媒体则以门户网站、微博、微信和客户端为代表。按照媒体融合发展的水平划分,可分为三个阶段,第一阶段为"你是你,我是我"的阶段,这一阶段媒介以独立的个体存在,即单一媒介向全媒体自主探索,以互联网为工具逐渐实现产业边界消弭。这一阶段侧重于通过所有权层面的融合来实现全媒体形态的覆盖,更形象的说法是不同形态之间的媒体进行物理式叠加;第二阶段是"你中有我,我中有你"的阶段,这一阶段媒介以数字技术作为驱动力进行媒介融合,同时媒介融合上升为国家意志,建立"两微一端",建设融媒体中心,将互联网变量变为互联网增量,实现全媒体的全面推进;第三个阶段则是"你就是我,我就是你"的阶段,这一阶段全媒体建设提效增速,实现习近平总书记提出的从“相加”到“相融”的全方位、深层次融合，实现全媒体这个终极目标和最终形态。

全媒体方言传播具有技术性，以数字技术、互联网技术、移动通信技术三大技术作为方言传播的支撑，向大众提供以方言文化为主的传播内容。全媒体方言传播具有完备性，全媒体传播具有自主传播体系，资源节约、结构合理、差异发展且协同高效，可实现方言文化全方位覆盖、全天候延伸和多领域拓展。全媒体方言传播具有创新性，以往的方言传播受限于单一媒介的属性，而全媒体既可进行一对一的个性化精准传播，又可进行多对多的超时空大众传播，使传播手段和传播内容均具有创新性。

二、全媒体方言传播的动因考察

在方言速变和衰微的趋势下，全媒体方言传播的动因体现在其价值归属层面，把以存古性和封闭性为特征的方言文化进行形象重塑和传播重构。

（一）全媒体凸显方言传播的地域印记

历史上每一种新媒体的出现都扩大了信息传播的地理范围，在以广播、电视为代表的电视媒介诞生之后，大众应知和欲知的信息通过电波传至世界任何地方，但传统媒体受限于各国文化控制，多数传播在本国范围内。新媒体利用数字技术、互联网技术和移动通信技术，使信息传播完全打破地域限制，实现全球范围内随时随地传播。方言作为地域文化的载体，带有鲜明的地域印记，以往的方言传播多数局限于当地或周边区域，很难实现地域全覆盖，而全媒体的加入，使得带有地域特征的方言文化扩散开来。在大众媒体时代，媒介权利相对集中，普通话占有绝对市场，在主流屏幕上方言的地域特征未能显现出来。而在全媒体时代，每一个普通大众都有麦克风，每个人身上携带的地域印记则伴随新媒体传播迅速扩张，抢占一定的语言空间。

全媒体凸显方言传播的地域印记还体现在传受双方的互动性，传统媒体时代，信息传播是单向的，受众不能进行直接反馈，需要通过其他媒介进行延迟反馈，而全媒体时代，传受双方界限消弭，可及时将信息进行反馈。因此，方言所携带的地域基因在通过新媒体进行传播后可随时互动，突破了时空的限制。

（二）全媒体增强方言传播的身份认同

全球化进程下诸多人在他乡学习、工作和生活，所处的社会环境和生存过程都需要融入他乡,融入使得原有的地域标签弱化或隐匿,语言重心转向趋同,所以这样的融入是去地域化的。从新的社会价值维度来审视,全媒体将原本属于某一地域的方言扩散开来,带来的直接影响便是居住在不同地域的异乡人开始通过全媒体寻找自己的乡音依据。通过不同媒介的介入,大众找到原本属于自己的语言归属感,从而获得新的身份认同。尤其是以移动媒体为代表的新媒体,更是打破固有标签,将具有新式身份标签的方言精准传播,从而增强方言传播的身份认同。

(三)全媒体强化方言传播的文化符号

全媒体的突出特征是个性化,换言之就是新媒体的精准定位、定制传播,每个用户的信息终端在网络有固定的 IP 地址,方言传播者可通过计算机技术确定一个或多个用户向其传播特定信息。此外,方言传播者还可根据不同用户的个性化需求提供精准服务,进而实现超越虚拟化的点对点传播。不同地域的用户想获取本地特有的方言资讯和内容,只需用户进行地点定位就可精准推送,将本地的方言内容分包发送。另外,用户对方言内容享有控制和分享的权利,可以通过新媒体特有的功能进行方言文化内容的定制、检索和信息选择。每位方言爱好者都可以享用和传播纯粹个性化的优质内容,这样的精准传播、小众传播可将方言的文化符号再度强化。方言文化符号在全媒体化的过程中,实现意义共通的编码和解码。

(四)全媒体建构方言传播的共享精神

全媒体不仅强化了方言传播的文化符号,同时还建构了方言文化的共享精神。我国的方言文化源远流长,是中华古文化的活化石,是传统文化的重要组成部分,是需要传承的非物质文化遗产。方言文化将历代人们的文化观念、思维方式和生活习惯的差异凸显出来,利用全媒体分享方言文化已成为当下中青年寻迹归属和认同的不可或缺的手段。美国学者尼葛洛庞帝在《数字化生存》中指出,超媒体是超文本的延伸,而全媒体则具有超媒体性,将方言文化转化成数字化信息,使其中所包含的文本、图片、声音和影像非线性地组织和呈现出来。同时,全媒体的超媒体性可使方言文化的接受者对信息传播过程具有平等的控制权,接受者可根据自己的需求选择内容,并将自己解码的含义二次传播和分享,实现方言文化的现实转化和全媒体转化。无论是网络原住民还是网络常驻户,都深谙互联网的精神便是共享精神,因此,利用全媒体可以全面建构方言文化的共享精神。

三、全媒体方言传播的现实挑战

全媒体的运用和发展给方言传播带来新机遇的同时，也带来现实挑战，全媒体的存在就像一把双刃剑，对优秀的传统文化和方言文化起到积极传播作用，但也将部分糟粕观念和失实内容扩散传播。因此，全媒体对方言传播的现实挑战集中在以下几点。

（一）虚拟化消减了方言传播的准确性

全媒体的虚拟化以新媒体的虚拟化为典型，体现在两个层面，第一个层面是传播内容虚拟化，通过新媒体传播的方言内容都转化为数字化信息，即“0”或“1”的不同排列组合，人们可以通过调整比特的排列来修改内容甚至制作虚拟的内容，这就使得原本在传统媒体中的由专业人士（PGC）生产内容扩大至用户生产内容（UGC）。方言文化本具有专业性、知识性和科普性，普通大众和用户并未完全掌握与方言相关的专业语言学知识，在方言内容传播过程中就可能出现纰漏甚至错误。最典型的就是在新媒体中经常出现有关方言的“网言网语”，但无论是从方言用字还是方言读音来讲都不准确，用字不是考本字之后的准确用法，读音也不是经过实地调查后的精确读音，只是使用大众喜闻乐见的“同字”或“谐音”的形式呈现出来。这样未经证实的失实内容一经网络二次传播，则会抵达不同用户产生负面的传播效果，非但没有将优秀的方言文化传播出去，反倒容易使大众对方言文化产生误解。

第二个层面是传播关系的虚拟化。在传统社会中方言传播是已知传播，知道传播者是谁，信源来自哪里，而全媒体时代传播关系呈现虚拟性的特征，传受双方并不知道对方的真实身份，彼此的角色大部分是虚拟的，交流双方的传播内容对彼此都是未知的。以往方言传播的目的在于人与人之间建立关系，进行内容共享和信息交流，而如今虚拟的传播关系极大地改变传统社会的人际关系模型，同时也影响方言文化传播的准确性。虚拟化的特征削减了传播者原本在现实社会中应有的责任感，对网络中传播内容的准确与否缺乏端正负责的态度。

此外，传播关系的虚拟化带来传播内容缺乏准确性的问题也值得重视，方言传播内容尤其是以方言文化为代表的传播内容如缺乏准确性又无从考究，会给大众的方言认知带来困扰和负担。如网友将湖南方言认定为湘语，甚至将其等同于长沙话进行传播，对其他不了解湖南方言的人就是一种误导。湘语是湖南境内的代表性方言，长沙话又是湘语的代表，但并不能将二者等同于湖南方言。湖南方言构成复杂且湖南境内有多种方言分布，包括西南官话、赣语、客家话等，所以如果网友将长沙话认定为湖南方言发表诸多言论，大众又无从考究，无法找到信息来源，会给方言网络舆论生存环境带来负面影响。

（二）自媒体加剧了方言传播的泛娱乐化

波兹曼在他的论著《娱乐至死》中提出："有两种方法可以让文化精神枯萎，一种是奥威尔式的文化成为一个监狱，另一种是赫胥黎式的文化成为一种滑稽戏。"[1]当方言的文化属性变为娱乐属性，与之对应的传统文化则变为娱乐消遣的循环往复，以传统文化为根基的民族文化瑰宝便摇摇欲坠，直至娱乐至死、文化枯竭。从某种意义讲方言文化传播与大众日常生活中泛娱乐化趋势的出现，无疑与全媒体时代媒介形态的外在变化、社会结构的内在转变息息相关。

自媒体是方言传播泛娱乐化的主要场域，以其内容随意性和时间地点任意性为特点，自媒体为方言传播带来的积极效应是使得方言传播内容更加多元化，而消极影响则是带来方言传播的泛娱乐化。任何一个用户都可以通过自媒体传播自制方言内容，其中就包含为博取点击量和流量而没有营养的泛娱乐化内容，甚至是一些低俗内容的方言直播，如在抖音、快手和B站等视频网站中就存在部分泛娱乐化的方言内容传播，用低俗的方言詈语获取点击和流量。泛娱乐化的方言传播会使得大众对方言形成粗鄙、土气、不规范的刻板印象，甚至加深对方言的误解。

（三）刻板印象加重方言传播的消极化

对方言的刻板印象指部分大众对方言的使用存在负面消极性心理，认为使用方言或方言传播都是违背现实规则的行为。全媒体环境下任何大众的微小言论都会被无限放大甚至引发蝴蝶效应，而部分大众对方言的刻板印象和消极抵抗成为方言传播的阻力。改变部分大众对方言的刻板印象需要长时间的影响，同时营造良好的方言舆论环境也能消减部分大众对其的刻板印象，只有让大众对方言产生归属感和认同感才能真正消除刻板印象。

---

[1] 尼尔·波兹曼.娱乐至死[M].章艳，吴燕莛，译.桂林：广西师范大学出版社，2009：132.

第三章
全媒体方言传播图景解构

传播学者拉斯韦尔在《社会传播的结构与功能》中提出的著名“5W”模式，成为早期传播学研究的经典成果之一。“5W”模式的提出首次将传播活动明确表述为由五个环节和要素构成的过程，5 个 W 分别是 Who（谁）、Says what（说了什么）、In which channel（通过什么渠道）、To whom（向谁说）和 With what effect（有什么效果），为人们后续理解传播过程的结构和特性提供了理论依据和具体出发点。[1] 本章依据拉斯韦尔的“5W”模式对全媒体方言传播图景进行全方位解构，以全媒体方言传播内容分析为中心，围绕内容对传播主体、传播对象、传播渠道和传播效果进行研判，进而分析全媒体方言传播的模式、特点以及问题等。

---

[1] 郭庆光.传播学教程[M].北京：中国人民大学出版社，2011：51.

第一节
方言节目的多元与统一

方言作为不可或缺的文化载体正在面临消亡,其承载的文化资源和文化遗产也在被逐渐消磨,而方言类电视节目作为媒介化的表现手段,在政策变化、媒介变革和市场权衡中起起落落,通过分析方言节目的发展变化和价值渐进,可探讨其背后所蕴藏的文化本质。[1]

方言节目,是指以方言为主要语言表达形式制作的视听节目。方言节目发展到今天已经有多种形态,如方言电视连续剧、方言栏目剧、方言新闻节目、方言综艺娱乐节目等,经国家正式批准的方言频道有闽南语、粤语等方言频道。在传媒行业发生重大变革的当下,省级以下电视台的方言节目数量整体下滑,以方言新闻的萧条为著,而融媒体环境下以用户为内容生产主体(UGC)的方言节目兴起,则带来方言节目的复苏,得到更多发展的是方言知识类、方言音乐类等文化类节目。

在以往的方言节目研究中,主体性内容是以具体的电视栏目为文本,分析电视方言节目的特性、成因以及今后改进趋势,也有论文从方言的语言特性、区域文化、全球化身份认同等角度研究方言电视节目的社会影响。总体而言,方言电视节目的内容是"街头巷尾、家长里短",风格是轻松活泼、新奇有趣,但也因此容易"流于庸俗""题材单一""格调低下",因为"俗"所以亲近,但也因此为人诟病,成为其获得美誉的瓶颈。方言电视节目的发展原因主要归结为媒介竞争驱动,省级以下电视台在国家级电视台和省级电视台的挤压下,奉行深度本土化、高度亲民化的差异化竞争策略。在不多的对方言电视节目进行理论性反思的文

[1] 周怡帆,乔全生.方言类电视节目的演进历程与文化思考:活态生存和价值共生[J].现代传播,2019(6).

章中,庄梅茜认为,“大陆方言节目既不是地方主义反抗中央威权的工具,也不是中央与地方之间的政治传送带,而是国家放松管制、地方认同复归、市场逻辑深化与本土媒体行动互相作用的产物”。[1] 郭镇之则认为方言电视的动机是寻求市场成功,特征体现在夸大地域搞笑形象和偏重文化娱乐性,并以一种混杂地域文化的形态出现。

现行的研究主要聚焦在以上所提及的具体内容和节目形态上,随着市场竞争和媒介环境的变革,针对方言节目的研究已不能停留在节目内容本身,应挖掘方言节目背后深藏的价值演进规律,以及媒体与整个社会结构、经济发展的互动关系。当我们开始追问方言节目出现的动因是媒介变革还是市场驱动,是政策驱使还是大众所好时,就应从历时角度对方言节目的产生、发展和变革进行细致梳理。

一、方言节目的演化脉络

纵观方言节目的演化脉络,几乎与中国社会结构转型变迁和中国传媒制度变革同步而行。因此,根据中国传媒制度变革的特征和影响方言节目演变的要素,从历时角度可将方言节目演化分为四个阶段。

(一)分化性社会兴起与方言节目初探(1989—2001 年)

改革开放以来,中国从总体性社会向分化性社会转变,国家的放权加快市场资源和社会资源的不断流动。1992 年,中共中央和国务院《关于加快发展第三产业的决定》明确指出广播电视属于第三产业,这促使了广播电视单位的角色和功能开始变化。[2] 方言的地域性特征决定了方言的使用在特定范围,而电视媒介的出现打破了这一固态,使方言广泛传播的同时被赋予更宽广的生态空间。方言与电视相结合始于 1989 年春节联欢晚会上的山东方言小品《懒汉相亲》,次年东北方言小品《超生游击队》通过春晚广泛传播,因此方言小品借电视媒介被大众所熟知。

方言节目最早进入中国可以追溯至 20 世纪 90 年代,在东南沿海的福建、广

[1] 庄梅茜.方言节目与大陆新时期的地方媒体政治:以《百晓讲新闻》为例[J].传播与社会学刊,2016(7).

[2] 粟孟林.改革开放以来中国传媒制度的演进逻辑及其启示[J].湖南师范大学社会科学学报,2018(4).

东两省兴起，并在几年间迅速扩散至四川、湖南、陕西等，在全国范围得到迅速推广。1994年重庆电视台创办的方言栏目《雾都夜话》成为享誉全国的标志性节目，开创了方言栏目先河，创办二十多年仍保持生命力。1999年方言娱乐元素伴随着《猫和老鼠》云南方言版本进入昆明电视台《开心蒙太奇》栏目中，助推了方言在电视媒体中的热度。

（二）市场价值取舍与方言节目高潮（2002—2005年）

2002年之后，市场化运作成为社会结构变迁与传媒制度变革的重要推动力，为方言节目的发展提供了逻辑动力与发展空间。2002年湖南经济电视台创办的《越策越开心》综艺节目，连年获得全国电视百佳及全国电视节目评比综艺类一等奖的殊荣，自此，方言节目愈加火热，2004—2005年相继在各地呈现井喷之势，形成方言节目的高潮期，如表3.1所示。

表3.1　2004—2005年创办的标志性方言节目

节目名称	创办时间	创办频道	节目类型
阿六头说新闻	2004.1	杭州电视台西湖明珠频道	方言新闻
新闻日日睇	2004.2	广州电视台新闻频道	方言新闻
我和你说	2004.4	杭州电视台生活频道	方言新闻
百晓讲新闻	2004.6	温州电视台经济科教频道	方言新闻
天天山海经	2004.11	苏州广播电视台新闻综合频道	方言新闻
阿福聊斋	2004.12	无锡都市资讯频道	方言新闻
师爷说新闻	2005.1	绍兴电视台公共频道	方言新闻
今日关注	2005.3	广东电视台珠江频道	方言新闻
听我韶韶	2005.3	南京电视台十八频道	方言新闻
老西谝吧	2005.5	山西电视台公共频道	方言新闻
拉呱	2005.10	山东电视台齐鲁频道	方言新闻

两年间开创的11档方言电视节目均为方言新闻类型，内容多为民生新闻、时事评论和社会热点，栏目分布在浙江省、广东省、江苏省、山西省和山东省，其中浙江省方言节目数量最多，有4档。究其原因，中国社会经济快速发展和国家

进一步开放,单一的社会结构逐渐向分层社会结构转变,统一的社会样态向多样化转变,我国浙江省长期是经济发达省份,大众的地方认同、文化认同和自我认同要强于其他省市。“地方认同”作为人地关系理论中的核心概念,[1]将人们的认知层面与地方本身产生联系,成为“自我认同”的一部分。与此同时,多元化的社会转变让大众寻求差异化内容,因此,如何利用本土资源再塑地方电视台辉煌,取决于大众的人口特征、价值观和兴趣偏好。无论是杭州电视台还是绍兴、温州电视台都探索出地方电视台发展的特色路径,便是进行从“广播”到“大众”再到“窄播”的转变,来满足不同观众日益增长的需求和品位,以适应特定社会阶层的需求。因此,地方电视台方言节目的特色发展路径,既满足市场需求和经济效益,又满足不同观众日益增长的多样化需求。

在此期间,根据国家把握意识形态的需要,2004 年 7 月 28 日国内开设首个粤语卫星频道,覆盖全球,为我国进行对外宣传和国家形象建构起到积极作用。随后 2006 年 12 月 8 日,泉州电视台闽南语频道成为全国第一个经国家广电总局批准设立的方言电视频道,该频道在台湾当局推动“去中国化”和“文化台独”的历史背景下开办,对台宣传是它的立台之本(黄晓波,2014)。这两个方言频道的建立,既是国家对外宣传需要,也是省市电视台在竞争背景下突围的需求。

(三)国家政策规定与方言节目低谷(2006—2007 年)

在地方电视台方言节目繁荣发展的同时,2004—2005 年,国家广电总局立足规范语言文字的正确运用,分别在 2004 年 10 月发布《广电总局关于加强译制境外广播电视节目播出管理的通知》,指出方言节目“有违广播电视推广使用普通话的重要任务和使命”,要求“各级广播电视播出机构一律不得播出用地方方言译制的境外广播电视节目。正在播出的用地方方言译制的境外广播电视节目必须立即停播,妥善处理”。2005 年 2 月发布《中国广播电视播音员主持人职业道德准则》,要求电视节目主持人一律使用普通话,“避免滥用方言词语”,随后发布《广电总局关于进一步重申电视剧使用规范语言的通知》,重申“电视剧以普通话为主”的规定。虽未全面禁止方言节目的播出,但在当时也存有“压制方言”的趋势。

此后两年方言节目发展放缓,进入低谷期,直至 2006 年温州电视台开创方

[1] 庄春萍,张建新.地方认同:将“地方”纳入“自我”认同结构[N].中国社会科学报,2012-04-18.

言民生栏目《闲事婆、和事佬》,同年7月云南电视台都市频道开创方言脱口秀节目《大口马牙》,12月宁波电视台都市文体频道开创方言新闻栏目《阿拉讲大道》,2007年重庆电视台开创方言新闻栏目剧《有话好好说》,柳州电视台科教频道开启方言电视栏目《摆古》,成为后续两年发展中有代表性的方言节目。

(四)文化传承需求与方言节目复苏(2008年至今)

随着国家经济迅速发展和城镇化进程加快,公共空间中的方言传播被挤压,许多学者对方言所代表的地域文化的消失表示担忧。郭龙生认为,在语言接触与融合过程中,有些弱势语言在发展过程中活力逐步减弱,功能日益萎缩,甚至出现濒危征兆,因此需要抢救与保护。[1] 乔全生教授认为方言是不可多得的语言样品,是不可恢复的历史记忆,是不可再生的文化基因。方言作为语言的活化石,所代表的文化基因需要传承。曹志耘教授认为在中国社会转型期、经济跨越发展期,我们应当有清醒的认识,关于语言资源、语言遗产、弱势语言和濒危语言应当被保存和保护。[2] 同时,国家层面意识到语言资源的重要性,国家语委于2008年启动了"中国语言资源有声数据库建设",对汉语方言进行科学整理、加工和有效保存。[3] 2015年,教育部和国家语委在全国范围内启动中国语言资源保护工程(2015—2020),采用音像图文"四位一体"的方式将方言全方位保存。此后,我国方言节目进入全面竞争与复苏期,2008年至今的标志性方言节目如表3.2所示。

表3.2 2008年至今创办的标志性方言节目

节目名称	创办时间	创办频道	节目类
攀讲	2008.3	福州电视台生活频道	方言杂志
板路	2008.3	桂林电视台咨询频道	方言民生新闻
生活369	2008.12	常州电视台生活频道	方言新闻
都市新女报	2009	济南电视台都市频道	方言新闻
老白谈天	2009.4	丽水电视台文化休闲频道	方言新闻

[1] 郭龙生.中国现代化进程中的语言生活、语言规划和语言保护[J].中国人民大学学报.2008(4).

[2] 曹志耘.论语言保存[J].语言教学与研究,2009(1).

[3] 黄行.中国语言资源多样性及其创新与保护规划[J].语言学研究,2017(1).

续表

节目名称	创办时间	创办频道	节目类
今日最新闻	2009.10	广东电视台南方卫视	方言新闻
扯扯老空	2010.1	无锡电视台第 5 频道	方言民生新闻
小刚刚刚好	2010.5	成都电视台第 2 频道	方言脱口秀
说东道西	2010.10	大同电视台	电视文化访谈栏目
630 新闻	2012.1	佛山电视台新闻综合频道	方言新闻
剑虹说事	2012.2	晋城电视台公共频道	方言评论
Good morning	2012.8	内蒙古电视台新闻综合频道	方言新闻
新闻六口茶	2013.3	恩施电视台新闻综合频道	方言新闻
神谈二五	2013.9	大理电视台	方言脱口秀
哈喜喜扯磨	2013.10	宁夏电视台公共频道	方言民生新闻
方言达人	2014.7	四川电视台文化旅游频道	语言竞技节目
谁语争锋	2014.10	广东电视台联合 20 个地市	语言竞技节目
快乐三兄弟	2015.1	上海电视台新娱乐频道	方言娱乐节目
多彩中国话	2016.4	湖南经视、湖北综合、河南都市、安徽经视、江西公共、河北经视	语言竞技节目
十三亿分贝	2016.7	爱奇艺	方言歌曲综艺

在此期间，民生新闻类方言节目在 2010 年达到兴盛，其动因是延续第二阶段的市场驱动，为寻求经济效益而抢占市场空间。之后，方言节目不再停滞在民生新闻播报和新闻评论，开始探索新发展路径。国家倡导、学者呼吁加之媒介生态环境的变革，方言节目锁定文化元素，从文化传承方面入手，2014 年由广东电视台牵头联合 20 个地市创办文化类方言节目，通过方言竞技的方式呈现给大众，受到广泛好评。2017 年初中央两办发出了《关于实施中华优秀传统文化传承发展工程的意见》，明确提出在推广普通话的前提下，要“保护传承方言文化”，这个行动纲领为保护传承地方优秀传统文化指明了路径和方向。

为保护和传承优秀文化，寻迹打造了《多彩中国话》和《十三亿分贝》两档不同类型的原创文化类方言节目，尤其是我国首档方言音乐综艺节目《十三亿分贝》的横空出世，以本土方言改编国内外流行歌曲，带来颠覆性视听体验，展现出方言多元包容的魅力，使方言保护与传承这一文化议题引发热议。[1]节目将"方言+音乐"作为卖点，不仅创新了网络方言节目的表现内容与形式，而且为逐步扩展方言节目的影响力及方言文化的传承起到了有力的促进作用。可见，网络原创文化类方言节目大有可为。学术界关于此节目的研究具有针对性，主要从节目本身出发，探索其成功之道，而针对此类型节目的研究则处于探索阶段。

原创文化类方言节目的成功说明文化传承需求迫切，年轻群体喜闻乐见，促使节目有生存力、发展力、竞争力和主导力。2018 年 9 月 19 日，首届世界语言资源保护大会在湖南长沙召开，会议以"语言多样性对于构建人类命运共同体的作用：语言资源保护、应用与推广"为主题展开，在世界范围内重申对语言资源保护问题的重视和关注。此盛会的召开，带来政策支持、媒体关注和大众响应的创新和变革，为今后原创类文化节目的打造奠定坚实基础。

二、方言节目背后的价值演进规律

方言节目经历了初探期、高潮期、低谷期与复苏期，根据其演化脉络探寻方言节目背后的价值演进与发展规律，有助于追根溯源和剖析现状。初探期方言节目刚刚兴起并被大众所认识，低谷期有政策规定要保证意识形态统一，因此方言节目的价值演进规律体现为高潮期和复苏期。

（一）高潮期：以市场价值为主导，跟进民生价值

在方言节目发展的高潮期，其出现和广泛传播最主要的原因是市场竞争激烈、媒介政策的不断变化、媒介与大众的关系重构，使方言节目呈现融合发展的社会趋势。方言节目是构建地方感和地方认同的核心要素，是满足人民精神文化需求的重要支撑。因此，在这一时期方言节目的价值演进遵循以市场价值为主导，跟进民生价值的原则。地方媒体如何在发展过程中击败同级竞争对手，方言因占有地域特色的生态属性独树一帜，既能为地方媒体带来可观的经济收入，又能吸引当地民众为黏性用户，将本土化的文化内容与社会资源相契合，利用方言天然的民生价值和植根于观众心底的共鸣满足地方电视台的诉求，成为地方

[1] 付晓光，马梁英．去粗取精　蓄势发力——2016 年度网络综艺节目发展综述［J］．电视研究，2017(3)．

媒体融合发展的破局之路。

2002 年的《南京零距离》正式打出“民生新闻”的旗号，给 20 世纪 90 年代中期以来就出现的新式新闻形态正式命名，从此全国普遍兴起一股民生新闻的风潮。民生新闻的平民视角、民生内容不仅在表达方式上完全消弭了与普通市民日常表达的界线，而且其对整个电视业态的影响是全面且深刻的。方言在民生内容的表达上占有天然优势，通过方言可以让民生新闻的内容表达更接地气，因此，民生和方言是相互依存和相互呼应的关系。杭州电视台第一档且收视最高的民生新闻栏目就是以方言为主的《阿六头说新闻》。

为更深入地了解市场价值与民生价值的平衡关系，本书选取这一阶段标志性方言民生节目《阿六头说新闻》进行文本分析，文本选自 2018 年 9 月 9 日至 9 月 15 日七天的所有新闻报道并进行主题分类，得出七种主题（表 3.3）。遵循由宏观到微观的分析步骤，首先判定新闻的大致框架和主旨，再检视其属性，从而全面了解代表性栏目价值演进的原则与规律。

表 3.3　2018 年 9 月 9 日至 9 月 15 日《阿六头说新闻》主题统计

主　题	数　目	百分比/%
奇闻轶事	11	20.8
文化新闻	11	20.8
地方治理	4	7.5
政法新闻	9	17.0
生活提醒	9	17.0
时政新闻	4	7.5
维权纠纷	5	9.4
总计	53	100

表 3.3 表明，《阿六头说新闻》作为民生类新闻栏目，报道内容围绕社情民意（奇闻轶事和文化新闻）、地方治理和政法时政展开。首先，《阿六头说新闻》运用本土资源、地缘接近性满足大众理性需求，关注本地发展变化，发现民众身边问题；其次，运用方言播报和评论，满足大众感性需求，在地域认同和文化认同方面产生共鸣。统计七天的新闻节目，以市场价值为主导的板块为奇闻轶事和生活提醒，占比达 37.8%，涵盖商业信息、美食汇总、旅游咨询等；以民生价值跟进

的板块有文化新闻、地方治理和维权纠纷，占比达37.7%，这三个板块是栏目内容的重要支撑，也是大众了解当地实况的有效途径，同时可为大众实时解决身边问题，包括社区问题、公路问题和公共设施问题等。

就节目的市场价值分析，该节目运用故事化手段叙述新闻和"戏剧化"的冲突吸引大众，将方言民生节目与时政新闻区别开来，获取可观收视。主持人运用最地道的吴语进行播报，如在9月13日新闻中"西湖造物节"中高科技产品隆重登场，有VR、全息眼镜等，主持人则用"发靥家伙木佬佬"来表述，"发靥"在杭州话里代表有趣的意思，"木佬佬"则表示很多的意思，增强了新闻的可听性，给大众带来了前所未有的感受。同时就节目的市场和社会效益来看，杭州本地人讲杭州话居大多数，尤其是中老年人日常交流很少说普通话，现阶段电视的受众群体集中在中老年人，而杭州很多的老年人听不懂普通话，在看电视时候无法获取有效信息，需要依赖晚辈翻译。因此，方言的使用成为《阿六头说新闻》的一个有利条件。同时主持人使用本地土语、俗语，其诙谐幽默成为节目的标志特征，为帮助大众获取实时信息提供了适宜的媒介环境，为舆论引导产生良好的市场和社会效益。

就节目的民生价值分析，相较于"硬新闻"，该节目立足挖掘本土资源，利用当地信息聚合的优势文化资源，打造媒体的公共属性，将注意力转向公共空间舆论引导和地方形象建构。地方媒体利用官方给予的有限空间打造媒体的公共属性，实现对公共空间舆论的有效引导，从而产生良好的民生效应。如《阿六头说新闻》节目中开设"七嘴八舌"专栏，为民众提供参与公共问题管理的渠道与平台，邀请民众就社会问题提建议、想办法，搭建以疏为主的舆论空间。表3.3的统计结果表明，以"地方治理"与"政法新闻"为主题的新闻，内容设置既有效引导舆论，又构建本地形象。地方媒体借方言节目不断地加强与民众的互动交流，搭建了植根本土的公共空间，从而产生良好的民生效应。

方言节目的民生价值还体现在使大众产生地方认同，通过方言节目增强了当地民众对城市的认同感和归属感，媒介使民众形成"地域共同体"，相互联系且相互依存。同时民众针对公共事务、社会问题的反馈和互动行为本身也促进基层民主建设，增强公民意识和主人翁意识。把握地方身份认同感所推出的方言节目，无疑是"千台一面"电视节目中的一股清流。[1] 因此，方言节目在高潮

---

[1] 李拓.方言电视节目对观众地方身份认同感影响研究——以山东广播电视台齐鲁频道《拉呱》为例[J].河北科技师范学院学报:社会科学版,2017(3).

期遵循以市场价值为主导，跟进民生价值的原则，其演进逻辑深刻符合媒介市场的规律和发展要求。

(二)复苏期：以文化价值为主导，权衡市场价值

信息传播技术的发展推动社会场景的流动、融合与去中心化，互联网对社会中相对无权者的赋权超越了以往任何一个时代。[1] 在互联网发展的新时代，随着参众意识的觉醒和大众赋权的去中心化，越来越多的原创文化类节目进入大众视野，如具有代表性的《国家宝藏》《中国诗词大会》和《朗读者》。大众可用与自身价值观和审美观相符的评判标准来选择不同节目，因此只有建立在大众情感和价值认同基础之上的节目才更具有生命力和美誉度。

随着国家层面对语言资源的重视、精英人士对方言消亡的忧虑和社会大众对乡音情怀的追随，复苏期的方言节目呈现出多元发展的特征。作为以文化符号的方言为能指进行传播，方言所承载的文化意义便成为不可或缺的所指，因此对于文化价值，我们既可以将它理解为一个传承、保护和延续的过程，同时也可以将它看作被筛选、被揭示、被重新发现和重新架构之后的一个结果。[2] 下文将以新媒体视域下原创文化类方言节目《十三亿分贝》为对象进行分析(见表3.4)，探究其传播是如何以文化价值为主导权衡市场价值的。

表3.4　《十三亿分贝》决赛曲目统计(2016.9.16)

歌　名	地　区	方　言	文化元素
9453	台中	闽南语	方言词+原创
SUPER STAR	郑州	郑州话	豫剧+摇滚
矮呦	重庆	重庆话	方言词+原创
玲珑塔	北京	北京话	相声+曲艺+摇滚
不妨	昆明	昆明话	方言词+原创
UPTOWN FUNK	上海	沪语	方言词+童谣(口传文化)

[1] 喻国明，马慧.互联网时代的新权力范式："关系赋权"——"连接一切"场景下的社会关系的重组权力格局的变迁[J].国际新闻界，2016(10).

[2] 张晶，谷疏博.文化记忆、崇高仪式与游戏表意：论原创文化类节目的美育功能[J].现代传播，2018(9).

续表

歌　名	地　区	方　言	文化元素
遇见	西安	西安话	方言词
贼想你	沈阳	东北话	诙谐+方言词
ROLLING IN THE DEEP	长沙	长沙话	花鼓戏+英语(中西合璧)
LOSER	邵阳	邵阳话	方言词
在人间	西安	西安话	秦腔+方言摇滚

根据表3.4统计,决赛曲目共计11首,代表性方言10种,就决赛方言歌曲进行文化价值分析,体现在身份认同、价值认同和美育认同三个方面。

1.运用方言音韵和词汇建构身份认同

打鱼天团来自河南郑州,所讲方言属中原官话郑开片,所选歌曲《Super star》将传统豫剧和现代摇滚相结合,在歌词中体现出方言音韵特色,如“一皱眉头就心痛”,“一”字的读音唱作一[$iʔ^{5}$],但如今的郑州方言中没有入声,郑州的老中青三代人将“一”都读作一[i^{24}],入声在这里出现,恰恰说明是方言中的上古入声在古老戏曲唱腔中的保留和沿袭。在“为你着了魔”中,“魔”的发音为[mo^{42}],魔字的声调符合郑州方言中的普通话阳平读作降调42的特点,体现出浓郁的河南特色,而这里的特色尤指方言音韵带给人们的特殊地域情结和身份回归。

在语言学中不仅语音可作为区分地域和身份的显著特征,词汇亦可,尤其是具有特色的方言词。在歌曲《矮呦》中就运用了很多接地气的方言词进行创作,增添乡音乡韵的同时建构身份认同,如“嬢嬢”这个词是西南地区对于女性的广泛称呼,相当于普通话的“阿姨”,“老汉”是西南地区对于“父亲”的广泛称呼,“乖”对应普通话的“可爱”,“角”在重庆话中表示“厉害”等意思,“啷个”在重庆话中表示“怎样”的意思,这些词是大众在日常生活中不常见的,但通过方言歌曲传递使得同地域大众产生身份认同。

2.塑造人物特质和精神建构价值认同

一档节目能让大众认可,不仅要有故事化的叙事,还要能深入大众心灵并引起情感共鸣,从而产生价值认同。价值认同是人们对某类价值观念的认可,并产生相应行为的过程,是情感认同的基本内容。而情感认同又是实现价值认同的关键,没有情感认同,就没有真正的价值认同。[1]《十三亿分贝》以方言歌曲为切入点,进行故事化叙事,又以塑造人物特质和精神来达到与大众的情感共鸣,如“重庆幺妹”高林鑫,在现实生活中需要为父亲承担家中重任,但性格活泼开朗、生活态度积极乐观。评委点评一语中的,说这个幺妹是真正的内心快乐,是社会主义核心价值观的充分体现。陕西歌手王建房通过摇滚乐唱尽人生阅历和感悟,但内心追求平静和美好的态度,感动着评委和观众。云南歌手司徒骏文用故土的腔调、熟悉的乡音,为流浪在外的同乡人唱出对家乡的依恋。节目通过塑造不同人物的特质和精神品格,让大众从歌手身上找到自己对故土和乡音的情感依恋,达到精神层面的共鸣,建构起与自身价值观契合的理念,如友善、乐观、勤奋等。

3.挖掘和创新节目内涵建构美育认同

近几年,文化类节目成为各类媒体相互竞争的“法宝”,从题材、内容到传播渠道都在不断创新,探寻新型发展空间。《十三亿分贝》累计播放量超过 3 亿,微博话题数总量突破 20 亿,题材和内容的突破口如上文所述,特征集中于方言与歌曲的结合,传播渠道则选择集时效性和互动性于一体的新媒体,形式则采用创新模式“直播+点播”,海选阶段用直播的方式让大众以“第一视角”切入直播间,通过弹幕进行互动,后续再根据大众喜好进行排位剪辑,供大众点播,这种创新模式抓住年轻大众的审美喜好,为节目传播奠定了良好的基础。

节目内涵则体现在原创和本土的结合,现代流行乐和戏曲、曲艺的融合,方言歌曲具有较强的地域性,有鲜明的语言特色、表达传统和思维习惯,承载着厚重的地域文化,因此在现代流行乐中融入方言、戏曲和曲艺等元素,不失为一种良策。如《在人间》将秦腔元素与摇滚乐融为一体,创造出陕西方言摇滚乐新一系风格。《玲珑塔》则将北京话与相声、快板、摇滚相结合,实现“古曲新唱”,传承曲艺文化,获得大众认可。美育的力量在于通过直接参与审美活动、艺术活动的实践,实现人性的完善,帮助人们走向精神境界的升华与审美的人生。[2] 节目并没有选择具有粉丝效应的流量明星,而是来自祖国四面八方的普通人,这也体现了节目制作者的初心,即透过歌曲看人生百态。《十三亿分贝》实现了跨地域、跨媒介和跨空间的传播,透过节目本身建构大众的美育认同。

大众赋权的时代,民众的参与意识不断觉醒,原创类方言文化节目《十三亿

[1] 李建华.情感认同与价值观认同[N].光明日报,2018-05-28.

[2] 叶朗.美学原理[M].北京:北京大学出版社,2014:411.

分贝》是典型代表，通过这类节目的不断积累和联动，以文化价值为主导，市场价值权衡节目效果，同时唤起大众对语言资源的重新认识和再度审视，对语言保护和方言传承起到积极推进作用。

方言节目的价值演进在不同时期遵循不同的原则，但纵观其发展历程，呈现出由市场价值为主导向文化价值为主导的转变，追根溯源就要从方言节目的文化本质探究。

三、方言节目的文化本质与多元思考

（一）裂变中的活态生存，寻根文化本质

新时代的语言或方言在语音、形态和传播方式方面正在经历着裂变与颠覆，作为符号、形象、意义、价值、身份和自我认同的文化代表，语言的特性体现在其具有工具性和人文性。工具性帮助人们实现日常交际与思维转化，人文性则透过语言解读历史文化与精神文化。美国语言学家萨丕尔认为，语言不能脱离文化而存在。[1] 因此，语言作为文化资源，其工具性和人文性使得文化价值的判断呈现出相对性和动态性，而方言作为文化遗产，其独特性和差异性使得文化价值的判断呈现地域性和传承性。综上所述，方言节目的产生发展是政治价值、社会价值、人文价值和经济价值共同作用的结果，其背后的文化本质则是国家对语言资源保护和传承的社会责任，是媒介精英重构地域认同的多元形态，是大众集体无意识的乡音崇尚，是互联网群体思想抵抗的价值追随。

第一，国家对语言资源保护和传承的社会责任。中国是世界上语言资源十分丰富的国度，有 100 多种语言，每种语言都记载着某民族（部族）的历史、经验及世界观，汉语及其各种方言作为文化信息的载体，承载着数千年社会性遗传积淀下来的厚重文化。但现状是“望得见山，看得见水，却听不到乡音”。据专家预测，21 世纪末 90%的语言将濒危甚至消亡。从社会交际来看，语言濒危或消亡也许并不是严重问题，但从文化角度看，却是一场灾难，因为这些精神财富没有成为现代人类知识的一部分。[2]

以方言为代表的文化基因在不断消逝，方言断层也尤为明显，因此方言消亡已是大势所趋，无法控制。方言作为语言符号的能指在消逝，但方言文化作为所

---

[1] 爱德华·萨丕尔.语言论[M].陆卓元，译.北京：商务印书馆，1985：186.

[2] 李宇明.中国的语言资源理念[N].人民政协报.2019-01-14.

指有保护与传承的存在意义。李宇明认为语言保护有三个层次:“语言保存”“语言卫护”和“语言资源开发利用”。[1] 而国家和媒体通过方言节目进行的语言保护属于“语言卫护”层次,是将“语言活态”延续下去,维持方言活力的重要举措。

以语言资源保护和文化传承为宗旨的方言节目,节目内容不再以简单的方言新闻播报和评论为主,节目形态区别于以往的民生类方言节目,创作初衷注重社会价值导向,传播过程突出优秀文化传承。就方言文化与地名渊源来探究,地名反映着历史的古音痕迹,深深烙上了方言的印记,所保留的多是命名时代的读音层次,呈现历史上某时期、某地区的语音和结构特点。但地名的读音有时会与该字的常用读音不同,因此,地名读音所蕴藏的文化内涵与常用读音规范化的冲突则凸显出来,目前地名异读字的依据可大致分成四类:文白异读、不同的古反切、古音遗留、约定俗成。[2] 现阶段地名用字和读音还没有制定出统一的标准,因此,需要在综合考虑地名承载的文化内涵基础上将其标准化、规范化。此外,作为文化类方言节目,探究地名所反映的结构形式及所表现出的社会、文化、心理因素也不容忽视。这类节目通过有品质的内容,以方言与地名、方言与民俗、方言与戏曲等的关联作为支撑,运用多元的技术手段、抓住文化核心履行语言保护和文化传承的社会责任。

第二,媒介精英重构地域认同的多元形态。美国学者曼纽尔·卡斯特指出,认同是人们意义和经验的来源。认同的建构所运用的材料来自历史、地理、生物、生产与再生产制度、集体记忆以及个人的幻想、权力机器及宗教启示等。[3] 现阶段方言电视节目的挣扎和没落已显现,诸多方言电视节目在市场挤压下改版、缩水甚至停播。尤其是以民生新闻为主的方言节目,在高潮期兴盛后日渐衰退,这与前文提及的整个媒介环境和市场变革的深刻影响有关系,也与大众需求和地域认同有联系。电视媒体在运用大众传播手段反大众传播,也就是指进行地域性的小众传播,与此同时,虽是小众传播但并没有实现精准传播的效果,加之部分节目内容单一乏味,与全球化、工业化和现代化逆行,自然面临淘汰结局。

媒介精英欲通过方言节目重构地域认同,这种地域认同本质上是中心性、向

---

[1] 李宇明.中国语言资源保护的理念与实践[OL].首届世界语言资源保护大会,http://jw.beijing.gov.cn,2018-09-20.

[2] 乔全生.关于地名读音的依据及思考[J].山西师大学报:社会科学版,2019(1).

[3] 曼纽尔·卡斯特.认同的力量[M].夏铸九,王志弘,译.北京:社会科学文献出版社,2003:2-4.

心性的文化认同。网络分众化的时代，媒介精英在网络传播中具有意见领袖潜质，发言权与引导力都强于一般“参众”，而网络传播方式是后现代的，是解构和碎片化的传播，这就必须深挖语言或方言的文化价值，重构“参众”的地域认同。一个事物存在的理由，一是不可替代，二是易得，有用不易得，易得但无用，都不会普及。这就需要媒体人明白语言或方言在人类生活中扮演什么样的角色，是否是必需品，是否可替代，又如何通过不可替代的语言或方言重构地域认同。从文化传播角度来看，媒介作为一种表达观念和传承文化的工具，在塑造文化时方言对重构地域认同发挥了巨大作用。[1] 形态多元的方言节目输出，打破地域歧视和刻板印象，成为知识化、城市化、全球化的文化主动和补充，在共同时间的基础上产生大范围认同，是现代社会的文化根基所在。

第三，大众集体无意识的乡音崇尚。荣格提出集体无意识的假说，用来分析群体心理和群体行为。他明确指出，团体经验发生在比个人经验更低的意识层面上。方言节目背后所潜藏的地域集体无意识是指通过方言建构身份认同、文化保守主义和交流的情景。

大众对自身的价值认同基于地域认同，方言作为地域语言的典型尤为重要，如大众公认为粤语在语言生态中的占位高于其他方言，因此会出现“粤语热”现象，实质则是大众对于广东、香港等地的地域集体无意识行为。大众的集体无意识行为还体现在地域自信或地域自卑的不同层面，地域自信或自卑源于地域歧视，而地域歧视则是社会刻板印象的一种变体，它是由该地域经济水平发展不平衡、文化差异和人们心理变化共同决定。大众或因先入为主的心理，将某一地域或某一群体符号化和标签化，进而延伸为对语言或方言的负面化和污名化。在这种集体无意识和从众行为的影响下，大众会通过对文化类产品的消费体现自身认同和地域认可。拉扎斯菲尔德提出大众传播具有显性功能和隐性功能，大众对方言节目的消费，不仅体现其显性功能，而且在发挥大众传播消费过程中隐性功能的培养作用。方言节目完成大众的身份认同和彰显社会等级的重新分野。[2] 大众从内心集体无意识地进行乡音崇尚，实质是通过方言以及方言节目的形式进行自我认同和追寻他人认同的过程，最终实现价值回归。当以方言文化为代表的文化类节目被广泛认可，其节目背后的文化本质透过乡音崇尚这一现象成为一种普适的、共性的社会思潮，就能够代表社会各地域、各阶层的思想

---

[1] 李庆林.论汉字的媒介特性与汉语文化的新机遇——由麦克卢汉“声觉空间”理论引发的思考[J].现代传播,2018(12).

[2] 隋岩.媒介文化与传播[M].北京:中国广播影视出版社,2015:5.

观点、价值判断和行为倾向。

第四,互联网群体思想抵抗的价值追随。在互联网环境下,关注方言节目的群体不再局限于中老年人,而是融入诸多青年大众,青年人的特质与参与带来方言传播新力量,形成新的传播主体。他们主动且自由,作为互联网群体传播的主体,既是消费者,又是生产者,在互联网上进行方言内容的群体传播。互联网群体传播是以社交媒体为凸显平台的传播新现象,是互联网技术带来的传播主体多元化,是群体进行的非制度化、非中心化、缺乏管理主体的传播行为。[1] 这些新兴互联网群体运用短视频、直播等自媒体方式进行碎片化生产,打破传统方言节目的传播格局,形成方言节目新的异化形态,同时通过自创方言内容,抵抗和解构传统制度化、中心化的传播。

互联网方言传播处在消费主义思潮下,青年人利用互联网的开放性和参与性进行思想抵抗,将方言的地域生态空间转变为流动生态空间,通过有意识地规避主流意识形态,创作冒犯主流和权威的娱乐内容,打破优势意识形态的权威,因此要警惕网络至死和娱乐至死,尤其是对以方言为代表的传统文化的过度消费。青年人对方言的消费不仅体现了运用自媒体的传播方式的变化,同时也是对方言认知和地域认同的社会心理变化,一定程度上是消费主义思潮和后现代思潮的延续。美国学者詹姆斯·W.凯瑞提出传播的"传递观"和传播的"仪式观",传递观中传播一词的原型是出于控制的目的而在地域范围拓展讯息。[2] 新型方言节目消费促进了方言文化的弥散,是方言文化在空间范围内的意义传递。而后现代网络社会对传统理性、权威的反击、抗争和解构,必然伴随着对感性、经验和自我的强调,因此互联网群体欲用对传统方言节目的思想抵抗实现新的价值追随,但应拒绝哗众取宠,谨防言语失范,不能为了形式而形式,为了流量而低俗。要将方言文化核心包裹在创新的形式中,真正通过互动实现传播,通过传播促进传承。

(二)颠覆中的价值回归,传承多元文化

无论是保护语言资源还是保护语言多样化,方言节目都是一种通过媒介传播的有效手段,因此,在文化本质上的思考应该基于其代表的文化景观和文化合力。方言节目文化研究具有多重话语维度,有不同的历史、意义和价值,是一种

---

[1] 隋岩.媒介文化与传播[M].北京:中国广播影视出版社,2015:7-8.

[2] 詹姆斯·W.凯瑞.作为文化的传播[M].丁未,译.北京:华夏出版社,2005:23.

形态的完整体。如何能够在多重话语维度中寻求政治层面、社会层面、文化层面和经济层面的平衡，维系各维度的结合关系是本书所做的文化思考。

传统的“文化工业”以大众文化产品的标准化和程式化为代表，但随着媒介变革的冲击和大众需求的分众化，文化所揭示的共同人性所共享的价值观也逐渐被颠覆。此时，在颠覆的环境中进行文化维度思考，并非要将媒介产品工业化生产，也不是要追寻非主流的个性发展，而是要进行理性的价值回归，进而形成一种保护，保护并传承多元文化，这种保护能够让语言文化健康发展。

政治价值回归。一个国家不能没有根，一个民族不能没有魂。在我国，这“根”与“魂”就是中华优秀传统文化。李蓝认为，不论是从政治还是从文化角度看，汉语方言都是中华传统文化最直接、最重要的载体，方言消失必然会导致中华传统文化基因的流失。[1] 近几年来，全球经济一体化、城市快速化和现代化的发展，导致了大量少数民族语言和方言的衰落、濒危。

在国际层面上，1999 年通过设立国际母语日，促进语言和文化的多样性，让更多人认同语言文化的概念，我国则是最早的缔约国之一，2011 年 6 月正式施行《中华人民共和国非物质文化遗产法》，继承和弘扬中华民族传统文化。2017 年 1 月，中共中央办公厅、国务院办公厅印发了《关于实施中华优秀传统文化传承发展工程的意见》，该《意见》明确提出：“大力推广和规范使用国家通用语言文字，保护传承方言文化。” 足见我国党和政府对科学保护传承各民族语言文字、方言文化的重视。[2] 2019 年 2 月 21 日，正式发布《岳麓宣言》。《岳麓宣言》是联合国教科文组织首个以“保护语言多样性”为主题的重要永久性文件，我国就保护和促进世界语言多样性达成共识。国家对语言方针政策的制定、对传统文化的重视、对语言多样性的保护、对方言节目的支持，都是政治价值回归的表现。方言节目通过对传统文化的输出，增强国家软实力、打造文化强国、树立人民文化自信和共建多元文化共同体则是政治价值回归的根本所在。

社会价值回归。语言或方言的价值实质是社会文化资源的价值，尊重语言多样性，认同语言多样性在交际、传播、文化、情感等方面具有积极作用是社会价值的回归。就社会、团体和个人而言，文化是一种借助内聚力来维护本体身份的连续过程。[3] 这种内聚力则是语言所体现的社会建构和社会认知的功能。传

---

[1] 李永杰.莫让方言成为现代化的牺牲品[N].中国社会科学报,2014-01-18.

[2] 李荣启.语言文化遗产的性质、现状与保护[J].中国文化研究,2018(2).

[3] 丹尼尔·贝尔.资本主义文化矛盾[M].赵一凡,蒲隆,任晓晋,译.北京:生活·读书·新知三联书店.1989:33.

统语言或方言文化所处文化圈层相对封闭,语言接触和冲突并未像现今如此激烈,因此趋同表现更强。现今社会生态的发展将相对封闭和稳定的文化圈层打破,语言或方言文化呈现出多元和创新的特征。但"由于社会发展的速度往往快于文化和语言发展的速度,于是就产生了稳定性和创新性的矛盾"。[1] 所以,社会价值回归的意义在于可通过方言节目寻找文化认同的根源,在现代的文化和传统的回归潮流中找到平衡,将各种共同意义和方向的发现用于社会生态的建构和语言生态的重构。

人文价值回归。人文价值是中国文化传统的根本价值理念,是语言或方言文化价值的核心表征。我国的语言呈现出"多元一体"的文化格局,"多元"是以各民族语言或方言为载体的语言多样性,"一体"则是以主流意识形态为主的国家通用语,这两者并不矛盾,而是和谐统一的。将语言的"多元一体"文化格局通过同心圆模式进一步说明,如图 3.1 所示,同心圆的核心是"一体",同心圆的周围和外围则是"多元","同心圆模式"说明核心向周围扩散,周围向核心趋同,两者相互补充、相互吸收和相互交融。颜色的深浅则代表越向浅色核心靠拢则越趋同,越向深色外围扩散则越具特色,因此外围有两个分支,分别是民族或地域特色文化和外来文化。方言节目可利用"多元一体"同心圆模式,实现其人文价值。人文价值的回归是寻求语言或方言文化的内在超越,在现实中寻找和而不同的文化自觉。

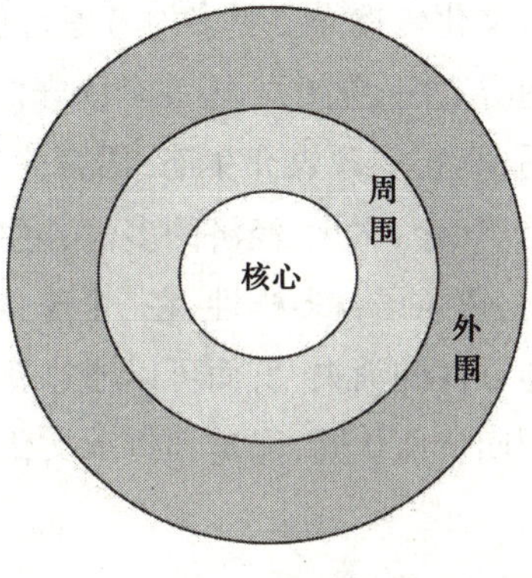

图 3.1　"多元一体"同心圆模式图

经济价值回归。语言或方言的经济价值回归是颠覆传统"文化工业"模式,打破标准化生产与传播的过程。在去个性化的艺术与文化生产面前,在欲望化的艺术与文化传播面前,人的文化与艺术接受也逐渐变异。[2] 在后现代文化氛围中,在极具差异性的互联网环境下,真正能够传播、演化和带来内在经济效益的文化产品,乃是具有政治价值、社会价值和人文价值的新型文化产品。因此,新型文化产品则是在承认文化差异性、认清文化现实和文化历程的基础上,既满足了人类的需要,又创造了新的需要。文化深深地改变人类的先天赋予,其根本

[1] 瞿霭堂,劲松.论文化和语言[J].语言文化研究辑刊,2016(1).
[2] 刘俊.传媒艺术视觉符号的文化批判[J].中外文化与文论,2017(1).

是一种“手段性的现实”,为满足人类需要而存在。[1] 文化产品则通过经济价值的回归,体现特定文化背景、传承地域特色文化、展示文化发展演变的历程和结果,将宝贵的文化遗产进行再创新和再创造。

我们透过方言节目的发展变化、价值演进和文化本质,了解媒介如何在激荡的生态环境下生存,探究大众对自身的地域认同、身份认同和文化认同,深挖节目背后潜藏的国家责任、活态生存和价值共生。方言作为一种具有鲜活现实生命力的文化资源,在自我认同、节目创作和文化传承方面具有极为重要的价值。方言文化传播需要更多地考虑价值判断的相对性和价值转换的可能性,不能一味追寻“多元”,也不能完全固守“唯一”。需要在文化本质和文化意义的基础上调适,真正实现媒介生态、语言生态和社会生态三者的和谐统一,处理好方言与政治、社会、文化、经济的多价共生关系。这就要求我们需以文化为核心和价值导向,尊重语言多样性,在“全球化”和“地方化”之间寻找平衡,全球化并不意味着地方性的消失,反而可以通过新技术、新手段、新形式将创新融入其中,召唤大众回归价值认同,保护和传承文化资源。

第二节 方言电影的固守与转变

中华人民共和国成立七十周年来,影视作品已经逐渐渗透社会生活的方方面面,以其独特的传播方式和传播符号记录时代的变迁和社会的发展,它是人们生活的记录者、参与者和见证者。影视作品所传递的内容和价值观是世界文化、中国文化和地域文化的显现,其中方言影视作品将纪实性与艺术性完美融合,让大众看到了更加贴近实际、贴近生活、贴近群众的影像表现,体会到了影视美学和叙事美感。重要的是,影视作品对于方言的传播起到了不可替代的作用,让人

---

[1] 马林诺夫斯基.文化论[M].费孝通,译.北京:中国民间文艺出版社,1987:90.

们在潜移默化中感受方言、体会方言和学习方言。电视剧《乡村爱情故事》《刘老根》《马大帅》中的东北方言，让大众感受到最具“感染力”的汉语方言；电影《疯狂的石头》《无名之辈》中方言的使用，为影片营造了荒诞性的喜剧效果；电影《可可西里》《秋菊打官司》《小武》等作品，方言配合画面，不仅还原了真实的生活场景，而且塑造了一个个典型的、难以忘怀的人物形象。

方言的使用已然成为影视作品中一个重要的表现元素并且发挥重要功能，而影视作品的影响力和传播力同样助力方言的传播扩散。电影在大众传播领域是一门结合视觉和听觉的现代艺术，方言电影作为方言影视作品的代表，近年来，无论是在数量上还是质量上都备受瞩目。因此，本书以方言电影为样本，关注方言在影视作品中存在的价值意义。

一、何谓“方言电影”与“方言元素”

目前，学界对于方言电影一词尚没有明确定义，大致有两种表述方式，第一种观点认为只要使用了方言的电影都属于方言电影，第二种观点认为电影中人物对白全部或部分使用方言的电影就称为方言电影。结合两种对于方言电影的认知以及方言电影的实际发展情况进行重新表述，以方言作为语言艺术表达手段的电影可称为方言电影，其中方言元素可通过有声语言在电影中呈现，进而成为一种逼真且有效的叙事手段。

2015 年国内出现了多部与方言相关的影视作品，有陈可辛执导的《亲爱的》、有管虎导演的《老炮儿》、有周浩创作的纪录片《大同》等，这些影视作品都有一个共同特征，就是以方言作为全部或部分人物对白。2018 年以《无名之辈》《江湖儿女》《地球最后的夜晚》等作品为代表的方言电影异军突起。尽管从数量上来看，方言电影还不是电影市场的主流，但是其凭借自身所具有的真实感、亲切感，赢得了受众的认同及市场的认可，成为国产优秀电影中不容忽视的一股力量。

现今学术界对于方言电影的研究，主要集中于方言电影的出现对于电影这一视听艺术类型未来发展的意义和价值，而“方言”这一文化元素之所以能在电影中“生根发芽”的根本研究尚缺，以受众需求作为探讨方言电影兴起和发展原因的相关文章也相对匮乏。

方言是人们最习惯、最自然的交际语言，而它作为有声语言中最有特色的一种叙事手段，与电影融合后不仅引起了物理反应，同时还激发了化学变化。一方面，方言给电影添加了各种不同韵律、不同风格的语音面貌，另一方面为电影注入了更丰富的多元化、立体式体验。影视作品通过使用方言元素对电影人物进行深刻细致的刻画,给观众更真实更亲切的感受,同时对中国传统文化和地域文化都有更加准确的表达。

二、方言电影的创作流变

(一)方言电影的初探期:方言元素的本真化参与

20 世纪 60 年代,四川方言喜剧电影《抓壮丁》拉开了方言电影创作的序幕。电影中以风趣、泼辣、诙谐的四川方言作为剧情的推动元素,在四川、重庆地区引发观看热潮。四川方言的使用,在刻画人物性格、推动剧情发展、展现影片主题等方面发挥了无可替代的作用。但是之后一段时间,为人熟知的方言电影数量稀少,并逐渐淡出银幕。

随着改革开放的逐渐深入,20 世纪 80 年代末、90 年代初,社会文化环境发生变化,主流文化、精英文化、大众文化、地域文化和民族文化构成了多元文化共存的局面。在"百花齐放、百家争鸣"的发展态势下,创作者开始越发关注身边小人物的故事,而方言作为最能体现地域中人物形象与特点的表现元素,再次大量出现于影视作品中。

1992 年,由张艺谋所执导的电影《秋菊打官司》引发热议与思考,其中方言元素的运用也成为众多关注焦点中的一部分。女主角在片中使用地道的陕西方言,给人物创作增添真实与亲近感,为影片的成功增色不少。1996 年,张艺谋导演的另一部代表作品《有话好好说》,同样成为街头巷尾的热议话题,电影全片使用普通话进行表述,但一句"安红,我想你"的标准陕西方言的使用成为其最大亮点。在这之后,"第六代"导演代表人物贾樟柯在其作品《小武》中,人物对白使用正宗山西方言,塑造了逼真的、生活化的人物形象,还原了真实的人物生活情境。再加上《股疯》《二嫫》等方言电影的备受关注,方言电影在这一阶段开始兴起。

1999 年,黄建新导演就方言电影的兴起谈道:"近些年来中国电影的喜剧因素开始在各个方面出现,尤其是 80 年代中后期影片中台词的变化,此时,小说中的语言开始影响到电影,影片中的人物语言趋向市俗化。"[1] 这意味着电影中有声语言的表达不再是千篇一律的普通话,而开始寻求本真化发展,方言元素的

---

[1] 陈颖.1990 年代以来方言电影研究[D].南京:南京大学,2012:11.

融入成为初探期的符号与标志。

（二）方言电影的高潮期：方言元素的符号化表达

2000年，《中华人民共和国国家通用语言文字法》经中华人民共和国第九届全国人民代表大会常务委员会第十八次会议通过。其中第二章第十六条规定："戏曲、影视等艺术形式中需要使用方言的地方，可以使用方言。"这一法律的出台，极大地推动了方言电影的快速发展。"方言电影合法身份的获得，让电影创作者可以根据需要在电影中自由地选择使用方言来表达自己，大大突破了原来的束缚，同时也丰富了电影的表现手法，方言在电影中的运用逐渐成为电影叙事中别具一格的修辞手段。"在此环境下方言电影逐渐成为市场上的一抹亮色。

2006年，小成本方言电影《疯狂的石头》上映，由此开启了方言电影的创作热潮。不同方言的"疯狂"表现，让观众深刻了解了此类型电影的魅力。同年，不止一部方言绽放出别样的光彩（见表3.5）。

表3.5 2006年方言电影一览表

电影片名	代表方言
牛贵祥告状	陕西
紫陀螺	陕西
芳香之旅	云南
新街口	东北
三峡好人	湖北
马背上的法庭	云南
血战到底	四川
姨妈的后现代生活	上海
泥鳅也是鱼	山东
疯狂的石头	重庆
鸡犬不宁	河南
江城夏日	武汉
赖小子	山西
天狗	山西
城市的谎言	河南

表3.5显示,2006年共计创作方言电影15部,为方言电影发展增速期,有学者称方言电影迎来了狂欢时代,创作也逐渐趋于成熟。

(三)方言电影的成熟期:方言元素的美学化呈现

2010年,电影《让子弹飞》引发观影热潮,其四川话版本的推出也开启了方言电影的一段崭新历史,2012年方言电影创作达到峰值,年产19部。《唐山大地震》《山河故人》《火锅英雄》《老炮儿》《一个勺子》《路边野餐》等一批优秀方言电影的出现,标志着方言电影已然成为国内电影市场中不可或缺的一种类型,直到2018年,《地球最后的夜晚》《无名之辈》《狗13》《宝贝儿》《江湖儿女》《淡蓝琥珀》《未择之路》《爸,我一定行的》等8部方言电影的问世,预示大众独特审美特征的形成和方言电影成熟期的到来。

方言电影通过方言元素,用普通话中没有的语音、词汇和音调等,赋予人物个性化特征,将地域文化和生活情境紧密相连,塑造方言在电影中独特的美学特征,将大众拉入特定观影空间并与现实进行对比,引发大众对荧幕角色的同理心。2011年张艺谋拍摄的方言电影《金陵十三钗》中大量使用南京方言,包括人物对话、电影插曲等,用南京方言对抗乱世危局,形成鲜明的美学反差。在战火纷飞的年代,电影运用方言巧妙地将柔情似水的江南女子与沉重的国仇家恨题材联结在一起,将"商女亦知亡国恨"的思想内涵突出表现。[1] 片中插曲《秦淮景》由江南民间小调《无锡景》改编而来,词中多处连用"呀",在江南小调和南京方言中常用"呀"表示意犹未尽的感叹,将昔日金陵十里秦淮的繁华景象与现实中南京战火纷飞的满目疮痍形成强烈对比,大众在柔美的江南方音中形成情感共鸣,用独特的方言美学重新审视电影内涵和核心。

三、方言电影的价值意义

本书就方言电影进行全面调查,统计得出1958—2019年共创作方言电影232部,其中在具有代表性的方言电影中四川方言电影占比最多,达到14.2%,共计33部,山西方言电影占比10%位列第二,共计23部,其余有陕西方言电影22部,上海方言电影21部,北京方言21部,东北方言20部[2]。调查统计结果显示,最具典型性的方言电影导演是贾樟柯,其导演作品11部,宁浩导演6部,管

[1] 杨泽林.地域文化视角下的电影方言运用[J].电影评介,2018(3).

[2] 方言电影具体统计结果见附录。

虎导演5部，曹保平导演4部，这四位导演知名度高、作品特色鲜明，所导演的方言电影深受大众喜爱和认可。

国产电影中方言元素的融入打破了普通话独霸银幕的局面，给中国电影注入新活力，构成了中国电影市场特殊的方言美学现象。方言电影所独有的亲和力和凝聚力，更能体现城市中底层人物的生活状态。方言电影最重要的特征就在于运用方言作为人物对白的主要表现形式，使用方言让方言电影充满艺术表现力与感染力，同时散发出独特的魅力。因此，方言电影的价值意义体现在方言元素的运用方面。

（一）方言元素使电影人物形象典型鲜明

电影中方言元素的使用是表达方式与电影观念的协同进步，体现了对草根文化和日常细节关注的同时，也更好地融入了地方民俗、语言特色。[1] 其中一个重要表现就是通过方言这一语言表现手段，促使电影中的人物形象更加典型与鲜明。

电影《有话好好说》中一句“安红，我想你”，成功塑造了一个陕西农民工的朴实形象；影片《无名之辈》中马先勇这一角色的塑造，因为方言的使用更显真实。贾樟柯电影中的小人物，因为方言符号的真实展现，一个个在镜头中被还原呈现。

“方言代表着底层民众日常化和生活化的状态，也是一种最真实和纯自然的状态。方言具有普通话无法表现的真实性、自然性、亲和力，使得电影中的底层人物更加亲切、自然、朴实，贴近生活。当电影中的底层人物操着各自不同的方言展现在银幕之上时，‘一方水土养一方人’的性情与趣味也自然而然地传达给了观众。”[2]《无名之辈》是2018年上映的影片中极具特色的一部，不仅是因荒诞的剧情设置，更因运用方言塑造人物、展现人物成为吸引受众的一抹亮色。影片中演员任素汐饰演的是一名高位截瘫患者，因为在遇到劫匪后情绪激动，所以语言咄咄逼人，西南方言的出现就不显突兀，让观众看到一个病患在面对困难时的真实状态，使马嘉琪这一形象更显真实。电影成败的关键在于影片中是否有鲜活的人物形象，而方言作为重要的对话叙事方式成为其在塑造人物形象时最直接有力的手段。[3]

---

[1] 李林，詹秦川.方言影视创作：语言·文化·生活[J].电影评介.2018(11).

[2] 孙宏吉，路金辉.贾樟柯电影中方言的意义与价值分析[J].当代电影，2016 (6).

[3] 陈颖.1990年代以来方言电影研究[D].南京：南京大学，2012：25.

（二）方言元素还原真实社会生活

真实的社会生活有形、有色、有声，电影画面能再现生活当中的形与色，而声音这一要素的出现，必然能帮助画面还原社会生活。在方言电影中，方言作为声音符号出现成为一种代表性标识，不仅代表人们真实的生活状态，同时折射出其现实状态背后提炼出来的草根文化。

在贾樟柯电影的故乡三部曲《小武》《站台》《任逍遥》中，一直将纪实作为电影的主要风格，以现实主义的手法关注生活、叙述生活、表现生活，影片聚焦于社会上最普通的人群，讲述小人物的生活故事，还原真实生活。电影中的人或事都通过创作理念的实施而变得客观。显然，纪实风格的使用是为了再现真实社会生活。其中，方言的运用对于影片纪实风格的作用尤为明显。目前，方言作为汉语的分支，在使用规模上仍然很广泛，尤其是在日常生活的交流聊天过程中，而电影中出现的本土方言则能够让观众直接感受到社会生活中的真人、真事、真情。

电影《小武》的故事发生在山西省汾阳市，主人公全部由非职业演员扮演，人物对白全部使用方言，一方面真实展现了人物的生活环境和生活状况，另一方面也是对现实生活的真实还原。这部影片之所以能够成功，原因就在于影片的纪实性、真实性。荣获第49届威尼斯电影节金狮奖的影片《秋菊打官司》，讲述了一个西北农村妇女为了被踢伤的丈夫“讨说法”而四处奔波告状的故事。作为一部现实主义题材影片，导演采用朴实的拍摄手法来完成影片创作。其中，影片启用大量群众演员，台词均采用地道的方言，是对现实生活的再创作。可以说，方言是一个地区文化最鲜活的体现和缩影，如果能娴熟地使用方言，传达出方言生动的语言智慧和独特的语言韵味，则极易于让作品产生浓郁的生活气息[1]。

（三）方言元素再现真实地域环境与地域文化

方言来源于地域文化，承载着产生某一类型方言的地域文化和认识成果，也意味着它的使用能够再现真实地域环境和地域文化。

电影《可可西里》于2004年上映，荣获国内外多项大奖。影片根据真实故事改编，主要讲述了主人公为保护可可西里的藏羚羊与生态环境，与盗猎者殊死

[1] 李林，詹秦川.方言影视创作：语言·文化·生活[J].电影评介，2008(11).

搏斗的故事。震撼的画面、朴实的对白、藏民衣食住行的展示，将可可西里人民的生活状态、地域环境特点真实地展现在世人面前，向观众展现了真实的可可西里。方言在影片中的使用也是非常重要的一环，不可缺失。可见，方言的使用对于以展现地域环境与地域文化的影片来说意义重大。对于不同地域的观众来说，方言电影除了提供一个了解其他地区民风民俗、特定文化的窗口之外，更为重要的是通过深刻挖掘环境与人的互动关系，引发非方言地区观众对文化的自我认同，同时产生地域认同，最终建立民族文化的心理认同。[1]

（四）方言元素凸显作者创作风格与意图

电影中方言的使用常常与作者的创作契机与创作意图相关联，成为电影意蕴表达的重要组成部分。[2] 拍摄方言电影的导演以第五代、第六代导演为主，他们具有独特的个人风格，有着自己独特的创作特点，因此也会有自己独特的叙事手法。方言是创作者表达主观意图的重要元素。

在第六代导演中，贾樟柯是个人风格最突出、运用方言次数最多的导演之一。他的电影以个人化的叙述手段讲述自己身边的故事，或曾经有过的生命体验，或正在深刻感受到的生命悲欢。[3] 他的电影大部分将镜头对准山西的小城镇，聚焦小城镇中的小人物，凸显了强烈的纪实风格。他自己也曾经说道："我一直同步记录国民演变的过程，我生活在一个变革的时代，这种变革性要求一个导演很敏感很同步地来判断。"电影《江湖女儿》记录了21世纪初发生在山西大同的故事，纪实风格的使用与表现不可能脱离方言的运用，因为它所要表现的就是那些普通人及其朴实的生活。

（五）方言元素展现特殊艺术效果

在电影作品中，方言的使用天然会产生某种特殊效果，从而使影片具有更强的艺术表现力。《没事偷着乐》中天津方言的使用，将主人公张大民的幽默风趣展露无遗，也让观众忍俊不禁。山西籍导演宁浩的作品《疯狂的石头》是早期方言电影的代表作品之一，这部影片中"人物的语言体现着不同地方的人生状态

[1] 陈颖.1990年代以来方言电影研究[D].南京：南京大学，2012：31.
[2] 郭苗苗，索邦里.方言在影视剧中的美学特征[J].河池学院学报.2008(4).
[3] 金丹元，徐文明.1990年代以来中国电影"方言化"现象解析[J].戏剧艺术，2008(4).

和人生境界",[1]同时传达出非一般的喜剧效果。2018 年上映的电影《无名之辈》中有一句方言台词"你态度好点哈,有点太不尊重人了",虽然"眼镜"非常严肃地说出了这句话,但是却产生了强烈对比,给观众带来忍俊不禁的效果。从一定意义上来说,电影中方言的使用一定程度上增强了影片的喜剧效果。能够产生此种效果的方言包括东北方言、川渝方言、陕西方言、天津方言、北京方言和山西方言等。《疯狂的赛车》中 "你要考研啊""我们是杀手, 职业的""多行不义必自毙"等语句,用陕西方言表述出来更显有趣。川渝方言受众面广、喜剧效果更为突出,在《让子弹飞》《疯狂的石头》等这几部作品中尤为明显,其中《让子弹飞》不仅有普通话版,还有四川话版,从传播效果来看,四川话版更受大众青睐,正所谓方言的使用让原本平淡无奇的对白变得意犹未尽。

四、方言电影的文化透视

方言电影中方言元素的价值意义已凸显,而语言功能折射出的文化透视亦值得关注。本书以方言电影成熟期内 2015 年最受欢迎国产片《老炮儿》为例进行分析,起到抛砖引玉的作用。《老炮儿》由管虎导演,该影片从上映起,片中主演使用的方言元素就成为人们热议的话题,从电影中方言元素入手,就其语言功能进行解读,进而参透方言元素背后的文化归属。[2]

影片以"两代江湖"和"父子恩仇"两条主线勾勒出社会底层老百姓真实的生活样态。这部电影有意思的是不仅它的故事情节跌宕起伏、扣人心弦,人物刻画博人眼球,就连电影中使用的方言元素都巧夺人心,因此一部京味儿十足的片子让全国观众都叫好。《当代电影》主编皇甫宜川表示,电影上映后不少人担心《老炮儿》中的方言可能会阻碍交流,但在实际放映过程中,观众却能感受到方言及地域文化对影片传播效果的提升。

电影名字"老炮儿"就京味儿十足。老炮儿也称"老泡儿",是北京俚语且具有贬义,常指性格暴烈、行为混蛋的混混。现今老炮儿为褒义词,指在某一行业曾经辉煌过的中老年人,至今仍然保持着自尊和技艺,受人尊重。而电影中的老炮儿不仅是一个人,而是一代人的代表,这一代人敢爱敢恨、仗义执言、有底线讲规矩。同时,"老炮儿"是精神、是文化,是在飞速发展的信息化社会中饱含善良

---

[1] 丁玉珍.1990 年代以来国产电影的方言叙事功能研究[D].济南:山东师范大学,2010:11.

[2] 周怡帆.电影《老炮儿》中方言元素的语言功能解读[J].当代电视,2016(12).

的柔情侠骨。

剧中多次出现了生动刻画人物性格的方言元素。一方水土养一方人，一方人有一方音。一个人的性格特征与他的生活环境具有密切关系，而方言正是在特定地域的特定环境中形成的。东北方言带有一种大剌剌的腔调，当地人的性格也显得豪迈、粗放。上海方言混杂了各地口音，甚至包括英语读音，这是各种人群长期混杂交流的结果，因此上海话又叫"上海闲话"，体现了上海人性格中精打细算的缜密。陕西方言"短促紧凑、铿锵有力，爽直拙朴、保守厚道"，这种话语形式正切合于他们性格当中的执拗、厚道、安于现状。[1] 特定的方言文化孕育着特殊的人物性格，并且这种语音特点具有类化功能。在电影的叙事话语中，方言元素能够在很短时间内凸显一个角色的性格特质，使人物形象丰满起来，这在有限的电影时长里可谓最方便、最有力的一种表述方式了。

剧中各个人物特征表现得十分生动形象，在刻画人物性格的时候用到了"炸猫儿"这样一个方言词。炸猫，口语里需加儿化音，有时也说作"炸毛儿"。原意是像猫这样可爱的小动物，有时受到惊吓会忽然一下毛炸开来。在北京方言里形容一个人脾气急，忽然就愤怒了就会说"炸猫"。[2] 剧中六爷为灯罩儿摆平城管，回院子重新修车的过程中，灯罩儿说了一句："晓波哪天回来了，不得跟您炸猫啊？"说明晓波平时性格急。还有六爷家里被来历不明的人弄得一团乱，闷三儿气不过，带着一帮人把小飞的根据地给砸了个干净，当时也用了"你别炸猫，现在可千万要冷静"。在这里添加这么一个方言元素，不仅凸显了人物性格，同时也给观众留有想象空间。

又比如在反映六爷个性的时候，用到了"局气"这么一个方言词。"局气"，亦作"局器"，在北京话里，"气"读成轻声，形容为人说话、办事很守规矩，也形容人性格仗义、豪爽大方。还有"轴"，在北京话里指性格倔强，形容一个人爱钻牛角尖，说话或做事情爱较真儿、不变通，而且不听人劝。剧中六爷得了重病，不开刀会有生命危险，但他坚决不肯住院做手术，所以有"你怎么这么轴呢？让你住院怎么就是不听呢！"这样富有个性的六爷被成功地通过方言元素塑造得活灵活现。

人物对话中"扛雷""麻溜""门儿清"等方言元素能准确表达情绪。扛雷指代别人受过，类似于"背黑锅"。在剧中六爷和闷三儿、灯罩儿商议，小辈闯的祸

---

[1] 贺菊玲.电影《白鹿原》的方言俗语与人物性格[J].西安工业大学学报.2013(5).

[2] 炸猫儿.《老炮儿》里的老北京话，句句都有"规矩"[N].中国日报网，http://www.chinadaily.com.cn，2016-01-19.

得让做长辈的来背。“这群生瓜蛋子,到头来还是得替他们扛雷。”晓波划了车,小飞说到赔钱,六爷说“他门清儿”,意思是他心里非常清楚,也是北京方言的地道用法,非常准确地表达了当时人物在剧中的情绪。

从大众传播效果来看,《老炮儿》获得票房和口碑的双丰收,很重要的一个原因就是在视听语言部分融入了北京方言,这种富有“寻根”味道的乡土文化载体能够有效地为电影追加、弥补、凸显镜头所无法企及的地域风情与生活质感。进一步来看,方言中那些妙趣横生的词汇、语句、语音和语气,通常在普通话中很难找到与之对应的词语,就比如电影里的北京话儿化音和俚语,在剧中所产生的效果是普通话无法比拟的。电影中老炮儿们用浓郁的北京方言作为老北京的标志性符号,而年轻人则使用流利清晰的普通话作为新时代身份的象征,一边是地域文化与故乡情怀,一边是物质和文化极度丰富下的变迁,二者形成鲜明的对比,隐喻时代在变迁、规矩在变化,北京独有的地域文化和性格特点也在一点点被吞噬,就连方言这一承载记忆的载体也在渐渐消逝,不禁通过电影引发更深层次的社会思考。

语言作为交际工具,在大众传播中具有沟通和交流的功能;作为文化的载体具有传承和发扬的功能。方言则是沟通交流时的乡音,是文化传承后的乡愁。自古以来,方言承载着乡愁,而作为大众传播艺术的方言电影更是乡愁记忆的上好载体。

当然也有人认为电影中大量使用方言元素会影响观众理解,会影响票房。就像《老炮儿》大量使用北京方言会不会影响票房的问题,管虎认为被电影以外的因素干扰的话,电影就不够纯净了,他坚信好的电影不仅南北共通,也是国内外共通的。实际上,无论是在威尼斯电影节上,还是全国路演,国外观众以及全国观众给管虎的反馈都非常好。这说明方言元素在语言功能上发挥了很大的作用。

雅格布逊认为,语言像任何符号系统一样,首先是为了交际。他定义了言语事件的六个主要因素,即发话人、受话人、语境、信息、语码、接触。同时他在交际的六个关键因素上建立了一套著名的语言功能框架,即所指功能、诗学功能、情感功能、意动功能、寒暄功能和元语言功能。[1] 在电影《老炮儿》中方言元素也体现了其中的语言功能。

---

[1] 胡壮麟.语言学教程[M].北京:北京大学出版社,2013:8.

（一）通过方言元素体现语言的所指功能

语言的所指功能就是传递信息，影片中六爷通过方言元素传递了各式各样的信息。六爷每天斜腰拉胯提笼遛鸟，平时走街串户，打抱不平。电影一开场六爷就抓小偷现行，一句北京话“你嘛呐？”入画，他认为小偷应该“盗亦有道”，偷了钱应该把身份证还回去。城管执法，六爷过来问道：“怎么茬啊这是？（怎么回事呀？）”他认为城管知法犯法不对，暴力执法不对，传递的信息是公平正义。六爷常常把“局气”“揍性”“裹乱”“你们丫”“讲究”挂在口头，端的是范儿，管的多是闲事儿，但这都契合他常说的两个字——规矩。因此他心中有侠，胸里有江湖，江湖规矩并不仅存在于古代，现代社会的人要有规矩，整个社会更应有规矩。方言不仅传递人物性格信息，还将导演想要传达的社会价值观和人生观的信息表现得淋漓尽致。

（二）通过方言元素发挥语言的情感功能

语言的情感功能指的是通过语言表达态度、感觉和情感。影片通过方言元素传递不同人物之间的情感，如六爷和闷三儿、灯罩儿的兄弟情义，六爷和话匣子的爱情，还有六爷和晓波的父子情。

闷三儿作为六爷的兄弟，第一次跟着六爷去找小飞领晓波的时候，单枪匹马，他的字典里没有怂字，他说日子过得太窝火，进局子舒坦两天。后来看六爷受了欺负，带着人去砸了小飞的店，然后和六爷头碰头喊了句粗口，说咱什么时候受过这委屈，透着一股心酸和委屈。话匣子透着一股北京姑娘的水灵和敢爱敢恨，北京姑娘一般不会对喜欢的人真动气，而是用北京方言挤兑两句，表达自己的情感。

电影中出现了很多北京方言粗口，如“他妈的”之类，严锋表示粗鄙的语言不是老北京传统，从前的老北京人是不爆粗口的。而鲁迅先生1925年在《论“他妈的”》中把“他妈的”定义为“国骂”，说只要在中国过活，便总得听到这类口头禅。游汝杰在《汉语方言学教程》中提到社会方言是语言的社会变体，使用同一种地方方言的人，因职业、阶层、年龄、性别、语用环境、个人风格等不同，语音、措辞、谈吐也会有不同。[1] 在《老炮儿》这部剧情片中出现的所谓“粗口”，是服务于人物性格和特定情境的。冯小刚说这些方言元素并不是“粗口”，而是

[1]　游汝杰.汉语方言学教程[M].上海：上海教育出版社，2004：2.

语气助词，运用这样的方言元素对影片的情绪渲染力起到了很好的助推效果，并发挥了语言的情感功能。

（三）通过方言元素启用语言的寒暄功能

寒暄功能是指通过语言来与人建立交际，也就是语言最重要的人际功能，人们靠它建立并维持社会地位。在人际语法框架中，人际功能所关心的是语境中发话人与受话人的互动关系和发话人对他所说的话、所写的东西抱持的态度。[1] 影片开场，六爷让小偷把人家的身份证给失主寄回去，小偷操着外地口音，新来的不懂地面儿规矩，说不寄又怎样？六爷说，不寄，你走不出这个胡同。就此，影片向观众交代了六爷的底——六爷是这片儿的“顽主”老大。后来六爷早晨出来遛弯，车夫顺口就用地道的北京方言喊“六爷，吃了么您？”无论是谁都得尊称冯小刚饰演的角色一声“六爷”。这就是通过方言元素启用了寒暄功能，从简单的问好中就显示了人际关系的不同等级。

方言是一个地方民俗、习惯、文化和传统的积淀，也是乡土文化的符号。在全媒体时代，大众传播的渠道创新会使得方言电影在传播效果上更胜一筹，以往由意见领袖与专家引领的口碑榜已被颠覆，新媒体承担的新兴渠道成为观众表达观点态度的集合点和聚集处。方言本身蕴含的丰富文化带入电影，使方言元素在大众传播的运用和承载的语言功能方面成为方言电影获好评的重要手段。葛兰西曾说：“如果说每一种语言的确包括有世界观要素和文化要素的话，便可从一个人的语言中估量他的世界观的或大或小的复杂性。”[2] 方言电影不应该把方言仅仅看作地方性语言，或进行纯粹的方言化走向，而应该将方言和中国普适性语言进行文化勾连，这样才能使方言电影成为一个比较持久的、富有活力的概念。

在这个强调多元化的时代，方言电影重新应运而生，以其特殊的审美特征进入了电影创作者与观众的视野。方言电影不仅能够更好地还原现实生活的本原形态，对电影背景的地方特色进行张扬，同时还能带来一种普通话难以企及的幽默效果。[3] 综上所述，方言电影已经成为电影这种艺术品种当中的重要类型，并且具有独特的审美特征，方言电影拉近了普通大众与方言之间的距离，在人物

[1] 胡壮麟.语言学教程[M].北京：北京大学出版社，2013：10.

[2] 安东尼奥·葛兰西.狱中札记[M].曹雷雨，姜丽，张跃，译.北京：中国社会科学出版社，2000：234.

[3] 张大鹏.国产方言电影的审美特征分析[J].电影文学，2015(12).

形象塑造、还原真实社会生活、再现真实地域环境、凸显创作者风格和意图以及展现喜剧效果等方面发挥着不可替代的作用。当然，这是对方言作为电影作品中的一种表现元素而言的。更重要的是，方言电影的广受欢迎，对方言这一极具地域色彩的文化符号的传播极具价值。

方言元素所承载的价值意义是方言电影固然的坚守，而方言元素背后的文化透视则蕴含着方言电影的不断转变。运用好方言元素增加票房的同时，也要关注方言文化通过电影传播的效果，既不能为了票房而无端使用方言，让大众本该有的“代入感”变成“割裂感”，也不能打着方言的符号就说是传播地域文化。方言电影还需在固守和转变中不断前行，为大众的精神文化生活提供营养，为方言文化走向世界浸润滋养。

第三节
方言微平台的融合与创新

传统的方言传播从形态分析，主要表现为以文字和音像为主的传播；从传播载体分析，主要集中在报纸、杂志、广播和电视上的传播；从类型划分分析，可以分为学术类传播和生活类传播。在新媒体环境下，传统方言传播的内容深度和传播广度深受挑战，语言资源的深层结构正在被新媒体重组。因此，以微博、微信和客户端为代表的方言微平台的融合与创新，实现了方言传播的延伸与突破。

习近平总书记在党的十九大报告中指出，文化自信是一个国家、一个民族发展中更基本、更深沉、更持久的力量。语言文字既是文化的主要载体，也是文化的重要内容。《国家中长期语言文字事业改革和发展规划纲要（2012—2020年）》把语言文字事业提升到国家战略的高度，认为语言文字是文化的重要组成部分和鲜明标志，是推动历史发展和社会进步的重要力量。[1] 2017 年 1 月 25

[1]　詹伯慧.把语言作为资源来认识[N].人民日报,2016-06-26.

日，由中共中央办公厅、国务院办公厅印发《关于实施中华优秀传统文化传承发展工程的意见》（以下简称《意见》），《意见》对如何实施中华优秀传统文化传承发展工程做出了具体要求，并指出要保护传承文化遗产，其中阐明要大力推广和规范使用国家通用语言文字，保护传承方言文化。全媒体信息时代，语言文字作为重要的文化资源，其生命力和影响力不仅不应弱化，而且应进一步加强，这就要求我们对语言资源尤其是方言加以保护并开发利用。

中国语言资源包括古今汉语、各地方言和少数民族的语言文字，其核心内涵是以方言和少数民族语言为代表所承载的文化基因。[1] 我国语言资源呈现出丰富性的同时，濒危性也愈加明显，让语言资源"活"起来已成为当务之急，语言的活力在于运用，需拓展以方言为核心的语言资源传播，突破传统形态的方言传播困境，建构以保护和传承方言为目的的传播新范式。

根据中国互联网络信息中心（CNNIC）发布的第44次《中国互联网络发展状况统计报告》，截至2019年6月，我国手机网民规模达8.47亿，同时我国网民使用手机上网的比例高达99.1%。"互联网+移动终端"代表着媒介已打破时间与空间的局限，时刻进行着"秒级传播"。作为新时代的大众，更多人选择使用新媒体主动获取信息，而传统的方言传播形态相对单一，传播载体依赖传统媒体，已不能完全满足大众需求。因此，缺乏新形态和新载体成为方言传播面临的主要困境。习近平总书记提出对传统文化"要有鉴别地对待，有扬弃地继承"，同时建议实现对传统文化的"创造性转化、创新性发展"。[2] 方言是语言演化的"活化石"，承载着我国优秀的传统文化，具有独特的文化认同功能，因此传统文化的创新性发展离不开方言的有效传播。新时代方言的传播需将精准定位和有效互动相结合，借助新技术、新媒体和新理念，在传播文化和传承文明时丰富语言资源的表现形式，同时创新方言的传播空间。

一、方言微平台全网数据呈现

探究方言在微平台的传播内容、传播过程和传播效果，首先需要就方言微平台的全网数据进行宏观把握，对方言在微平台的传播数据进行检测和分析，选择关键词为"方言""方言保护""方言文化"和"方言传播"（四个关键词为"或"的

---

[1] 周怡帆.基于微平台的方言传播创新探究[J].中国出版,2018(12).

[2] 仲呈祥.关于中华优秀传统文化实现创造性转化与创新性发展的思考[J].文化软实力研究,2017(2).

关系),时间跨度从 2018 年 12 月 2 日至 2019 年 12 月 2 日,在互联网上共采集到 106 863 条信息。纵观全网数据(图 3.2,见彩图),11 个媒介平台中方言传播效果由高到低为:微博、微信、客户端、网站、新闻、视频、论坛、报刊、政务、博客、外媒,分别在 2019 年 3 月、4 月和 6 月出现传播高峰期,数据的增长或回落与当时热点方言传播事件有关。2019 年 3 月全网讨论的三个热门话题分别是"四川人说四川话咋了?"(4563)[1]、"#会说四川话 700 一小时#引争议　方言保护何去何从?"(847)和"#阿里成立保护方言小组#"(961);2019 年 4 月热门话题为"#汪涵成阿里方言保护大使#"(1217);2019 年 6 月围绕"苏宁红孩子 X 新丝路 #2019 型秀盛典# 十城晋级开启啦~九大方言文化区,地表最强的红孩子们已经进入新丝路晋级赛"(6410)。3 月、4 月和 6 月三个高峰期的全网峰值分别为 17 205、15 312 和 13 660,其中微博占有量达到首位,具有绝对优势(微博峰值分别为 11147/10595/8871[2]),其次是微信(峰值分别为 1819/1496/1827)和客户端(峰值分别为 2061/1645/1831),两者不相上下。

媒体来源占比如图 3.3 所示,显示了哪些平台传播效果更好,与上文统计数据相一致。

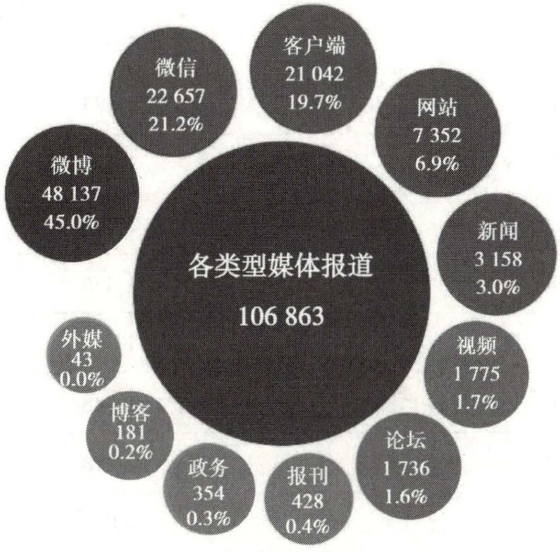

图 3.3　方言传播媒体来源占比

[1]　括号内为话题发文量。

[2]　括号内为 2019 年 3 月、4 月和 6 月的峰值。

在图 3.3 所示的信息中，因地域不同所涉猎的信息数也不同，代表性地域和信息数的对应关系呈现如表 3.6 所示。

表 3.6 方言全网传播地域分析

地域	信息数
广东	31 858
北京	22 485
江苏	6 513
浙江	5 155
四川	4 299
山东	3 847
上海	3 714
河南	3 049
湖北	2 689
安徽	2 527
福建	2 275
湖南	2 137
河北	2 038
江西	1 476
辽宁	1 287
重庆	1 148
山西	1 128
陕西	1 028
广西	1 025

从地域与信息数的关系分析，排名前四的方言关注度极高。排名第一为广东，这与粤语在全国乃至世界范围内的影响力有关，也与广东的经济实力、发达程度和跨文化传播途径有关；排名第二为北京，北京作为我国政治、经济和文化

的中心，对方言保护和方言传播保持关注，在坚持推广普通话、规范语言文字使用的原则上，继续与方言传播多向并行、多元发展；排名第三和第四分别为江苏和浙江，这两个地域以及毗邻的上海市地处我国第一大经济区——长江三角洲，是我国综合实力最强的经济中心，共同点即经济发达且方言多样，无论是政府重视程度，还是大众关注程度均高于其他省市。

在全网 106 863 条信息中，根据传播内容出现频率的高低构成"词云图"，如图 3.4 所示。

图 3.4　全网方言传播词云图

"词云"由美国西北大学的里奇·戈登(Rich Gordon)提出，"词云"就是通过过滤掉大量文本信息，对网络文本中出现频率较高的"关键词"予以视觉上的突出，让大众可以以最直观的方式领略文本的主旨。[1] 首先，词云图围绕核心关键词"方言"展开，从中心向外扩散，越靠近中心则表明出现频率越高，分别是"文化""保护"和"视频"，这三者与"方言"结合可组成"方言文化""方言保护"和"方言视频"，这正是时下大家所关注的方言话题和方言热点。其次，词云图中出现的地域有四川、成都和陕西，出现的人物是汪涵，这表明从地域关联来看四川话是 2019 年度大家关注度极高的方言，从人物关联程度来讲，汪涵与方言的相关性一直保持稳定状态，2015 年汪涵个人斥资 465 万元保护方言引起社会关注，从此与方言结下不解之缘。再次，词云图中出现的与方言相关的新科技，分别是科大讯飞、阿里和天猫精灵，尤其是以科大讯飞为代表的"人工智能+方言"成为新媒体时代方言运用和传播的新样态。因此，形成与方言互动的关联词，如图 3.5 所示，则构成方言传播内容的多维度图景。

[1]　秦州."词云"——网络内容发布新招式[R].人民网.2006-04-07.

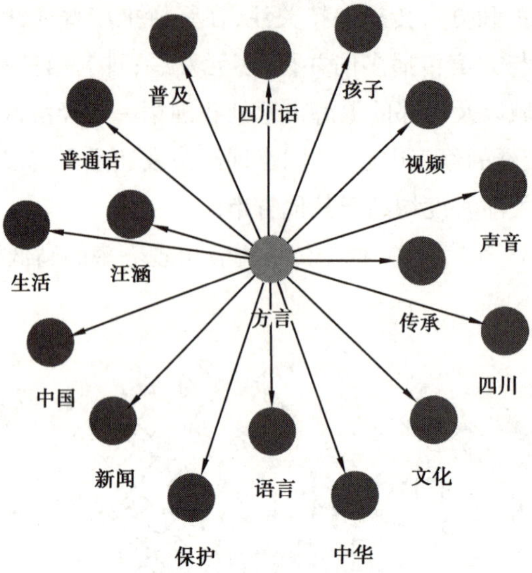

图 3.5 方言传播关联词

综上所述,由深入分析方言微平台全网数据所得,方言传播的媒体来源类型多样,但最具代表性的微平台则是微博、微信和客户端;其地域关联特征明显,与地域文化、经济状况和大众认知相互影响;其传播内容由国家政策、社会热点和团队策划相关。

方言微平台即方言依赖社会化媒体进行传播,在互联网上基于用户社会关系的内容生产与交换平台,包含三个层次,分别是底层的社会化媒体技术、中层的社会化媒体应用与社会化媒体产品和高层的社会化媒体平台。[1] 方言微平台则属于高层的社会化媒体平台,由微博、微信和客户端组成。

2006 年,美国的 Twitter 作为世界上最早的微博出现在大众视野,2009 年我国的新浪微博上线,经过 10 年发展,新浪微博已经在我国微博市场独占鳌头,截至 2018 年底,微博月活跃用户增至 4.62 亿,日活跃用户达 2 亿。微博是基于用户关系的信息分享、传播及获取平台,自身具有便捷性、即时性、原创性、主动性和多样性的特征。微博作为方言传播的微平台,持续推进文化赋能,强化方言的社交性,不断巩固中国传统文化的地位。

微信于 2011 年推出,主打即时通信服务,截至 2019 年,微信月活跃账户数达 11.12 亿,成为我国用户最多的社会化媒体。微信不仅有即时通信的人际交互,还有微信群和朋友圈的群体传播,以及微信公众号的广播式推送。同时,微

[1] 彭兰.社会化媒体理论与实践解析[M].北京:中国人民大学出版社,2015:2.

信改变了传统自上而下的社会等级结构，以基于现实生活网的强人际关系作为依托形成一种新型广泛联系且相互关注的网状社会结构。因此，微信作为方言传播的微平台，形成多维度、立体化的社交网络，用户可以依照自身需求以及个性化特征，进行社交精力的精准划分。

客户端(application)，又称移动客户端或内容阅读客户端，是近年来随着智能手机、平板电脑的兴起而出现的适用于移动媒体终端的新闻资讯平台。客户端按照内容生产主体的不同分为三种，即UGC(用户生产内容)、PGC(专业人士生产内容)和AAC(算法生产内容)。客户端作为方言传播的微平台，具有短小精悍、信息海量、垂直精准和个性互动等特点，能够将方言文化和App相结合，形成不同类型、不同规模和不同特色的方言App。

传统的方言传播定位集中于大众群体，传播渠道依赖传统媒体，内容篇幅会受到版面和节目时长影响不能够充分展现，阻碍其广泛传播。全媒体时代，方言传播在弘扬和传承传统文化方面意义深远，而"两微一端"的出现打破这一僵局成为方言传播的新路径，如图3.6所示，将微博、微信公众号和客户端融合起来，可拓展方言传播的广度、厚度和深度。

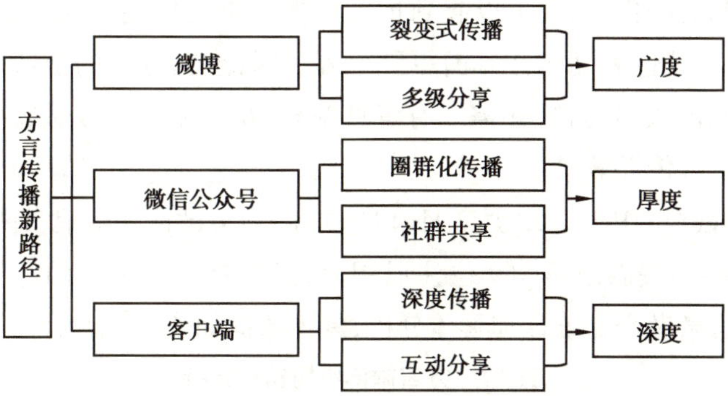

图3.6　方言传播新路径

方言的"两微一端"传播精准定位用户需求，实现传播渠道多元融合，内容展现灵活有效，增强方言传播的趣味性和互动性，助力语言资源精准传播与广泛传播。

二、微博中方言传播的裂变和激增

微博传播最突出的特征是信息传播的碎片化和裂变性。碎片化特征，首先体现在用户使用时间的碎片化，其次是微博内容的碎片化，信息内容有较强的随意性和无组织性。这种碎片化的特征契合了当今人们快节奏的生活规律,更在深层次上反映了后现代的时代特征。而微博的裂变性,既不是传统媒体"一对一式"的线性传播,也不是网络媒体"一对多"式传播,而是一种裂变式传播,其传播速度远高于其他媒介的传播速度和广度,呈现几何级倍速的特征。[1]

美国学者格兰诺维特首次提出"关系力量"的假设,并根据互动频率、感情程度、亲密程度和互惠交换程度四个维度把关系划分为强关系和弱关系。强关系对于维系和强化组织内部联系有重要作用,弱关系则更多存在于不同背景的个体或不同群体组织之间,有利于获得和传递异质的信息和资源。[2] 而微博用户之间则是弱关系属性,微博用户多数是以虚拟网名注册,博主与粉丝之间均是匿名的存在,呈现出"背对脸"的交互方式,传播过程并不会因为对方的身份、社会地位和经济实力受到影响。因此,微博信息传播更具草根性,用户在信息传播过程中地位更加平等。在微博平台实现方言的广泛传播,形成一定舆论影响力,需要依赖意见领袖(大V)、媒介精英和权威官微。意见领袖经过微博个人认证,往往具有几十万粉丝,传播力量不容小觑,这些意见领袖经常引导互联网事件的舆论,控制着舆情的走向,甚至可以制造热点话题。媒介精英则基于现实生活中的社会地位和话语权,往往可以起到扩大传播效果的作用。权威官微则运用自身影响力,在权威性和真实性方面更胜一筹。因此,在方言的微博传播路径中,除去普通大众的大量传播,还需要有意见领袖、媒介精英和权威官微的助力,这样才能扩大方言传播效果。

据统计,截至2019年12月2日,以"方言"为关键词在新浪微博进行检索共有3.15千万条相关微博、8 969位注册用户,经对具有代表性的意见领袖、媒介精英和权威官微做全盘统计和具体分析,具体数据如表3.7所示。

表3.7 方言微博传播属性分析

类型	代表	粉丝数/万人	内容特征	发文量/篇
意见领袖	果子哥哥	397	网络视频配音	731
	邓先森	317	网络视频解说、配音	558
	说方言的王子涛	203	原创搞笑视频创作	3 725

[1] 邱瑞贤."微博元年"中国式爆炸增长启示录[N].广州日报,2010-08-05.

[2] 边燕杰.社会网络与地位获得[M].北京:社会科学文献出版社,2012:14.

续表

类型	代表	粉丝数/万人	内容特征	发文量/篇
媒介精英	罗小刚刚好	94	方言节目主持人/罗小刚新派评书(线上线下)	5 059
	阿六头说新闻	2	民生新闻	4 938
	粤野星踪陈小星	7	南方电视台主持人/与方言比赛和方言保护相关	127
权威官微	光明日报	2 168	#保护方言#、#学人视点#、方言文化	171
	人民日报	10 000	方言相关热门事件	52
	央视新闻	9 400	方言事件以及方言保护	60

据表 3.7 所示,意见领袖、媒介精英和权威官微代表三种不同类型,本书再根据每种类型选取三个典型代表进行分析。

(一)意见领袖:主打方言视频再创作

意见领袖选择三个微博认证大 V @果子哥哥[1]、@邓先森和@说方言的王子涛,三者都围绕方言内容进行传播,但侧重点不同,前两者以配音和解说为主,而王子涛则是以原创搞笑方言视频为主。@果子哥哥是网络视频作者和微博签约艺人,同时在哔哩哔哩也有账号,他用重庆方言为经典影视片段重新配音,作品均为重庆方言,主要作品有《重庆方言版蜡笔小新》《重庆方言版葫芦娃》等,通过微博传播达到娱乐观众的目的。@邓先森是网络视频作者,作品大多数为重庆方言解说,他与果子哥哥均为果子哥哥工作室旗下艺人。他充分发挥重庆方言中的幽默元素,重新解读视频片段,并且以直播形式进行影视方言版解说,有不错的传播效果。@说方言的王子涛与前两者不同,他是微博原创视频作者,作品均为临沂方言的各类段子,经常一人分饰各类角色,在视频中穿插各种山东小调,同时在抖音拥有账号,为抖音红人。

选择方言微博意见领袖中的原创作者@说方言的王子涛,就其置顶微博进行详尽分析,通过智能计算后呈现出其传播路径、关键传播者、引爆点、转发层

[1] @果子哥哥表示这是果子哥哥的微博,后文形式为"@+网名或人名"的均为某人的微博之意。

级、覆盖人数、人物画像、热门转发微博等,以完整呈现此条微博的传播情况。

微博内容为:“班主任灵魂吐槽年轻人存不住钱,全变成肚子里的珍珠奶茶了! #搞笑视频# #方言# #春晚#”(同时配有2分36秒的短视频)

单条微博传播指数为55.27,[1]视频有46.2万次观看,单条微博的转发量为277篇,有效转发为259次,[2]覆盖人次7 467 334人,评论142条,点赞1 043个。这条微博在传播中共形成3个转发层级,经微博反垃圾系统处理后,剩余有效转发数259条,覆盖微博用户5 428 863人,第1层级转发者共转发217次,占总转发数的83.78%,是微博传播的主要力量。该微博于2019年2月5日6:00发布后,于2019年2月达到转发和评论高峰,转发峰值179条、评论峰值79条,此后微博传播速度逐渐降低。该微博的引爆点如图3.7所示(见彩图)。

(二)媒介精英:引领方言节目新输出

媒介精英选择@罗小刚刚好、@阿六头说新闻和@粤野星踪陈小星为代表,三者信源不同,内容侧重点不同,传播方式也不同,如@罗小刚刚好是成都人民广播电台经济频率FM105.6《小刚方言》的节目主持人,在方言广播节目基础上延伸方言传播的多向维度,凭借自己的媒介身份,利用微博平台打造线上线下互动传播,原创《罗小刚新派评书》,让新派川味评述被更多人知晓。同时联合《魔熙先生+》节目,透过主人公罗云熙归乡之旅探寻成都方言背后的智慧,从而引发明星效应,该期内容于2019年11月28日在今日头条、抖音和西瓜视频三大平台同时上线。媒介精英@罗小刚刚好与官微@四川博物馆、明星@罗云熙Leo、节目组@魔熙先生Mr Mossie等形成“微博共同体”,针对共同事件进行异步空间的同步转发。关于《魔熙先生+》节目的方言传播,由四个微博构成的“微博共同体”传播路径如图3.8所示。

@魔熙先生Mr Mossie官方微博于2019年11月28日发布的内容如下:

“#魔熙先生# 方言,一座城市的专属密码,一座城市的独家印迹。无论走到哪里,只要乡音依旧,记忆中的老时光就依然停留在原地。跟随“魔熙先生”一起用四川话认识成都吧~[心][心]@罗云熙Leo @罗小刚刚好 @太乙张真人”(同时配有1分钟的节目介绍)

这条微博的原转发、评论和点赞数分别为3 169/3 331/7 616,而经过@罗云

---

[1] 单条微博传播指数旨在综合评价单条微博传播效果,计算维度包括3个方面,即①基本传播因素:转评赞、阅读量等;②覆盖用户因素:参与传播的独立用户数;③传播深度因素:转发层级,指数越高,说明单条微博的传播效果越好,指数范围为0~100。

[2] 去掉垃圾转发与定向转发后的有效转发数。

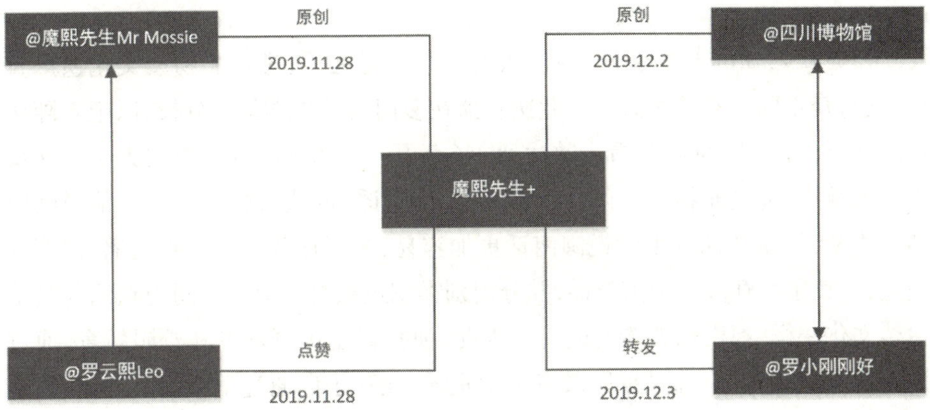

图 3.8　《魔熙先生+》传播路径

熙 Leo 在当日亲自点赞，实现二次传播，转发、评论和点赞数分别上升为 9 656/7 814/29 089。之后，联合@四川博物馆微博的推介（发布时间为 2019 年 12 月 2 日），又一次实现 *N* 次传播，@四川博物馆的微博共收获转发数 292 次（其中有效转发 292 次）、评论数 505 条，点赞数 3 860 个，其中@罗云熙海外 Fan Club 转发微博并成为关键传播用户，该条微博覆盖的微博用户数，包括博主与转发者的粉丝数共计 983 580 人。[1] @罗小刚刚好于 12 月 3 日对@四川博物馆点赞，进行再次传播。四个博主利用微博将节目进行层级转发和显性传播，收获到极佳的传播效果。而媒介精英通过微博成为连接线上线下的桥梁，唤起人们对乡音的渴望，重塑大众对方言的认知，引领方言节目新输出的同时，将方言文化裂变式扩散。

（三）权威官微：探寻方言事件新空间

权威官微选择@光明日报、@人民日报和@央视新闻，三者对方言传播内容的选择角度不同，@光明日报以传播思想文化为核心，创建#致非遗敬匠心#、#文化溯源#、#保护方言#和#学人视点#等话题，将方言传播和方言文化紧密相连，用大众喜闻乐见的方式实现“润物细无声”的传播效果。在#致非遗敬匠心#话题中，发布微博内容：

“#致非遗敬匠心#【想听一听现场版的闽南童谣吗?】闽南童谣是以闽南方言创作和传唱的儿童歌谣，流行于闽南、台湾地区和东南亚华侨华裔居住地。广为流传的《摇啊摇》《拍手歌》就是闽南童谣的代表。想听一听现场版的闽南童谣吗? 5 月 9 日 15:00，和主播一起去了

[1]　数据截至 2019 年 12 月 2 日 23 时。

解闽南童谣吧!"

用大众熟知的童谣引发共鸣,激发大众兴趣之后,进行非物质文化遗产直播,既与众不同又有情感共鸣。此次直播在厦门实验小学集美分校,以记者随访形式进行,时长1小时,观看人数达到246.5万。直播采访到原厦门大学中文系周长楫教授,他是非物质文化遗产项目"闽南童谣"的代表性传承人。他说闽南话很难学,但从童谣入手学说闽南话更加容易,为了让孩子们学唱童谣,他深入民间,搜集了500多首闽南童谣,并分门别类编进教材。他认为闽南童谣与其他口传文化一样,都面临失传的困境。因此,他扎根于田野调查和校园教育,通过田野调查搜集童谣,通过校园教育传承童谣,让孩子们通过学唱闽南童谣、用闽南话背唐诗,真正领悟闽南方言的智慧和魅力。直播最后小学生集体演唱闽南童谣,让大众真切体会到"平平仄仄闽南韵",代际传承实现了"口口相传团仔歌"。最终让大众了解闽南童谣不同的创作背景、具体情境和文化意义,了解闽南童谣是人们智慧的结晶,是时代发展的产物,是难能可贵的非物质文化遗产,需要所有人一起将其记录且传承。

将@人民日报中涉及方言的微博进行统计,共计52条,又对其中10条最具代表性且转发、评论和点赞数最多的微博进行分析,数据呈现如表3.8所示。

表3.8 @人民日报方言传播属性分析[1]

序号	微博内容	发文时间	微博形式	视频时长	转发量	评论量	点赞数
1	撒贝宁脱口秀节目晒方言	2017.10.5	文字+视频	8分50秒	54 871	12 183	117 017
2	用方言向祖国表白	2019.9.15	文字+九宫格图片	无	15 632	8 285	44 844
3	欧洲女孩重庆话八级,学会才知是方言	2019.10.18	文字+视频	1分56秒	10 571	6 006	177 917
4	朱广权和撒贝宁在节目中晒方言	2018.11.29	文字+视频	3分54秒	9 087	3 107	35 537
5	东北话,一种不得不服的方言	2018.10.17	文字+九宫格图片	无	7 574	14 619	25 176

[1] 微博根据转发量由高到低排列。

续表

序号	微博内容	发文时间	微博形式	视频时长	转发量	评论量	点赞数
6	电视剧《西游记》未配音花絮	2018.3.22	文字+视频	2分33秒	7 459	3 642	3 740
7	天津主人用方言训狗	2017.2.12	文字+视频	2分53秒	6 546	9 326	11 617
8	关于汪涵保护方言的报道	2017.5.6	文字+图片	无	5 075	5 133	24 760
9	小学教材中将外婆改为姥姥	2018.6.21	文字+视频	2分10秒	4 504	11 867	4 810
10	接警员遇到魔性方言难理解	2019.10.16	文字+视频	1分15秒	2 470	4 322	22 168

据表3.8所示，@人民日报与方言相关的微博，内容围绕热点事件（2/5/6/7/9）[1]和热门人物（1/3/4/8/10）展开，与@光明日报不同的是其抓住大众随时关注的事件和人物进行方言传播创新，点赞数和转发量最多的是前三条，1和3均和热门人物有关，撒贝宁作为中央电视台主持人拥有众多粉丝，在晒方言过程中提出自己的观点，被大众所认可，起到明星效应；欧洲女孩虽不是名人，但在某视频平台也拥有200万粉丝，可见地域特征和身份特征让她很快成为大众聚焦点。大众普适观和审美观认为，作为外国人的欧洲女孩不仅普通话发音标准，将重庆方言说得淋漓尽致，实属难得，同时欧洲女孩表现出的对中国文化和中国美食的喜爱也圈粉无数。她认为中国语言博大精深，美食丰富多样，更重要的是她说中国是全世界最安全的地方，因此已经定居中国。通过她的行为大众的民族自豪感得到提升，并进一步认可自己的语言资源和方言文化，因此转发和点赞数激增。2019年10月1日是中华人民共和国成立70周年纪念日，第2条微博“向祖国表白”属于热点事件，尤其是用大众最熟悉的乡音表白，更能引发人们的爱国热忱和情感共鸣。同样属于热点事件的5和9，评论量在10条微博中居前列，说明大众对热点事件的参与欲望特别强，也就是想在网络上获得一定话语权。第5条是针对东北话的微博，在大众的长期认知中，东北方言是优势方言，传播感染力极强，随着以赵本山为主的方言小品登上春晚的那一刻，大众对

[1] 括号内数字对应表中序列号。

东北方言的了解也逐渐加深。后续又随着东北二人转的兴起更是在不同地域传播开来,而如今新媒体微博的介入让东北方言风靡全国的同时,甚至成为跨文化传播的语言符号标志,外国人以会说东北话为傲。第 9 条是 2018 年的语言热点事件,2018 年 6 月下旬,沪教版《语文》课本将《打碗碗花》中的“外婆”换成“姥姥”,引起了一场风波,上至中央级党报,下至微博、微信等自媒体,都给予了高度关注。6 月 20 日在微博网友爆料后,诸多平台进行整理报道,后由出版方、《现代汉语词典》编写方、原作者和主管部门分别回应,最后问题集中在讨论称谓更替是方言之争还是赤子情深?讨论的焦点分为两方面:一是关注语言本身,讨论“外婆”是否是方言这一问题;二是关注语言文化,讨论方言背后承载的亲情和乡情。而大众在此事件中的积极参与既是对文化争议、情感归属的探讨,更是大众自我认知和文化认同的观照。

作为中央电视台的官方微博@ 央视新闻,2018 年 5 月 26 日的热门微博内容如下:

“面条像裤带,辣子当主菜”说的就是 biang biang 面。在@ CCTV 时尚大师节目现场,@ 杨幂秒变吃货,一头扎进比脸还大的碗里。设计师把陕西 biang biang 面和方言“嘹咋咧”作为设计元素,呈现在“潮服”上。如此“好吃”又好看,你想穿吗?

微博内容提及方言并用 9 张配图展示设计师融合陕西传统美食和方言元素的设计,单条微博转发 5 315,评论 5 417,点赞 20 376,起到扩大方言文化传播的效果。

分析以微博为微平台的传播效果可知,微博平台的方言传播以微博大 V、媒介精英和权威官微为传播中心,以方言文化为内容支撑,以多级分享为扩散手段,以大数量级粉丝为接收终端,呈现出即时性和广泛性的特征,可实现传受双方的共生共赢。因此,微博成为保护方言和传播方言的有力平台之一。

三、微信中方言传播的依存和互动

众所周知,微信的诞生起点是将用户手机中的联系人和 QQ 中的联系人转化为微信中的朋友,这就表明微信建构的是熟人社交圈,区别于微博所形成的泛社交圈。麦克卢汉认为媒介控制和塑造了人类社会交往、行为的形态,改变了人际关系和人与自身的关系,媒介就是第二自然,它们就是人类千百年来所生存的人造环境。微信兼具封闭和开放交往的双重特性,有“一对一的私密”“多对多的热闹”和“一对多的广播”,同时,微信的“熟人社交”打破了微博的“弱社交+强媒体”和“全民观看式”的模式，形成了拥有社交、媒体、生活服务、企业服务、在线支付等庞大的生态圈。

2018 年底，受到今日头条和抖音两大聚流量 App 的不断追击，微信平台逐渐进行了战略性调整，加强与资讯、短视频、长视频等内容的整合，在传统的社交中心之外结合算法推荐，在微信朋友圈发布中加入“微视拍摄”等推广入口，以此将朋友圈熟人信息分享与短视频信息两种场景“无缝对接”。也就是说此次战略调整有两个关键点：一是引入算法推荐，二是引入视频。这两点调整对方言在微信平台的传播有一定影响。微信最基本的特征就是用户生产内容和基于强人际关系的传播。2019 年 1 月 9 日，微信官方发布《2018 年微信数据报告》，截至 2018 年 9 月，微信月活跃用户数达 10.82 亿，其中 55 岁以上用户达 6 300 万，微信进一步向年长用户渗透；同时，每天有 450 亿次信息发送，有 4.1 亿次音视频呼叫成功。[1]

微信的火热体现了大众对社交的各种需求，而作为方言传播的微平台之一，微信有四类传播模式助力方言多维传播，这四类传播模式分别为：点对点的人际交互、朋友圈的自我呈现、微信群的群体传播和微信公众号的广播式推送。

（一）方言表情包建立人际传播新互动

表情包又称表情符号，1982 年在 BBS 上诞生，为了避免误会卡内基 · 梅隆大学的教师法尔曼打出微笑符号“ :-) ”，随后美式纵向表情符号传到日本，日本人将其创新为横向表情符号，用“^_^”代替“ :-) ”表示心情愉悦。随着互联网技术的发展和移动设备的运用，表情符号也变得更加多元丰富，2011 年苹果 ios5 系统助推 emoji，使得 emoji 表情符号再次风靡全世界。我国使用表情符号最多的场域在即时通信软件 QQ 和微信中，还有贴吧、论坛和微博中也常使用表情符号。随着移动技术的迭代更新，表情符号实现由单一的符号到图片、图片+文字和 GIF 动图的过程，多元的表情符号构成网络文化新景观。在 2016 年“表情包”成为中国媒体十大新词之一。

表情包的火热得益于它构拟了人际传播中最重要的“面对面”模式，当我们身处虚拟互联网中，通过文字交流不能看到彼此的表情形态，不能了解彼此的心理变化，甚至文字的多层含义会造成交流双方的误解，而表情包的使用则正好弥

[1]　唐绪军.中国新媒体发展报告(2019)[M].北京：社会科学文献出版社，2018：185-186.

补这一点，成为与文字互补的辅助语言，通过表情符号更好地满足网络用户的需求，迅速引起网民共鸣，实现表情达意精准化。即时通信软件自带官方表情已经不能满足大众需求，自定义表情功能的推出让大众在不断制作、收藏和使用表情包的同时获得满足。从“使用与满足”理论来看，大众参与表情包的制作满足了他们特定的需求，而方言表情包也随之产生。“利基受众”理论认为，社会中每个人都是不同的，各自拥有不同的兴趣爱好，而拥有同样兴趣爱好的群体便是利基受众。[1] 把传播自己家乡话作为共同兴趣爱好的利基受众，则形成一种亚文化传播，亚文化呈现出抵抗性、风格化和边缘性的特征。方言表情包作为亚文化的表现形式之一，用温和抵抗主流审美，成为大众集体休闲和日常消费的手段，亚文化不等于反文化，其与大众文化互相借鉴，大众文化为亚文化发展提供了基础，亚文化是对大众文化的补充。方言表情包不是被动的消费文化，大众具有主动的参与意识，以方言表情符号的形式来表达一种态度，这种态度是对方言文化的认同，而这种以方言为表情包的文化商品从出现到传播，从传播到引人困惑，从引人困惑到被主流意识形态所收编，以另一种方言文化表情包的方式进行传播，寻找到独有的安放空间。

方言表情包是传播策略，是对语言分寸、语义结构和传播潜力的试探。这种与主流文化不同的自创草根文化成为方言爱好者的共同修辞，同时也是对传统语言传播格局的一种反抗。方言表情包的选择权和实际使用权都在网民手里，无论是追求个性化的年轻用户，还是拥有方言情怀的年老用户，都喜好非整齐划一的方言表情包，这既能满足个体的自由化表达，也能切换表情符号来寻找自我的群体归属和群体安慰。就这样，方言表情包将方言语音“可视化”表达，用表情符号实现跨文化、跨地域传播，成为嫁接不同地域的有效桥梁，同时唤起方言区内部共鸣。

本节就微信中的方言表情包进行全面且系统的统计，根据行政区域划分，将各省市的表情包数量进行统计，并将代表性表情包由高到低排位，[2] 再进行不同地域代表性表情包的阐述分析，意在通过分析看到不同地域方言表情包使用现状，数据呈现如表 3.9 所示。

---

[1] 克里斯·安德森.长尾理论[M].乔江涛，石晓燕，译.北京：中信出版社，2006：201.

[2] 将统计结果中赞赏数前三位的表情包选入，其余统计结果见附录。

表 3.9　微信方言表情包统计表[1]

地域	数量	热门表情包	作者	赞赏数	表情包类型
东北	110	桃子一家东北话	大秀	39 366	图片+文字
		饭桶东北话第二季	饭桶姑娘	4 112	图片+文字
		神经大圣东北话	黄鲁峰	3 840	动图
四川	108	闷墩四川话	李舜	3 284	图片+文字
		四川话怼人教科书	米罗不加米	3 252	图片+文字
		四川话嗨起来	米罗不加米	3 022	图片+文字
江苏	56	常州宁宁头	郑能量	422	图片+文字
		南京大萝卜阿世篇	张英昊	348	图片
		喵八不戒苏州话 2	猪宝宝的牛妈妈	210	动图
上海	41	囡囡上海话	琳榔头	9 776	图片+文字
		彼尔德上海话	郑插插	1 569	图片+文字
		囡囡上海话2.0	琳榔头	640	图片+文字
浙江	35	绍兴话小猴杰森	猫的鞋子	239	图片+文字
		丑猫星球温州话版	翠生生	235	动图
		宁波老话	Diminicky	215	动图(文字)
北京	33	京腔京韵北京话	未命名工作室	1 549	图片+文字
		常小亮北京话	画家常小亮	755	图片+文字
		美男子学说北京话	哥叫美男子	406	图片+文字
河南	30	小白河南话	白朗宁	1 368	图片+文字
		河南方言第一季	突突	1 180	文字
		巡山河南方言篇	IJOY 数码科技工作室	872	动图
陕西	27	小小基陕西方言	陈骏基	1 143	图片+文字
		陕西方言第一弹	嗨梨酱	637	动图(文字)
		唐妞陕西话篇	三脔先生	125	动图
广东	25	彼尔德广东话	郑插插	15 000	动图
		彼尔德广东话续	郑插插	2 347	动图
		小崽子剧场广东话	脏小白	1 565	图片+文字

[1]　微信表情包完整版见附录。

续表

地域	数量	热门表情包	作者	赞赏数	表情包类型
山西	22	陈小醋山西话篇	晋商行传媒	3 277	动图
		陈小醋太原日常篇	晋商行传媒	751	动图
		山西运城话	晋商行传媒	663	动图
重庆	18	阿花的重庆言子儿	月亮君	1 337	动图
		重庆话嘿嘿小夫妻	明明明	1 156	动图
		重庆小白	我与狸奴不出门	284	图片+文字
天津	15	马小猴的天津方言	HELLO 雨旋	107	动图
		最哏天津话 1	神界漫画	83	动图
		凹凸天津话第一集	白朗宁	77	图片+文字
内蒙古	10	哪儿托小姐	张珂薄	72	动图
		憨胖儿	落落	56	动图
		巨虎君内蒙古方言	白球靴	53	动图
福建	9	爆吵双宝福州话	The loud lab	305	图片+文字
		鸭叔福州话	侃鬼	282	图片+文字
		嗷嗷福州话版	星辰文创	104	动图
山东	9	蘑菇贱山东话	李澔喆	394	图片+文字
		兔美和程吉山东话	羽毛球球侠	104	动图
		小白山东话	白朗宁	75	图片+文字
海南	9	椰妹儿海南话课堂	未殿下	162	动图
		王小開海南方言版	埃克斯文化创意	49	图片+文字
		小岛町海南话篇	缓缓小朋友	38	动图
贵州	9	闲画猫贵州方言版	龙三	81	图片+文字
		贵州话群聊天方言	仙仙	20	文字
		贵州贵阳话	暖萌狐	15	动图(文字)
台湾	8	台湾腔蘑菇头	蚊子动漫	4 302	图片+文字
		狍小坑台湾腔	唐小贝	92	图片+文字
		judy 超实用台湾腔	Benny	20	图片+文字
新疆	7	歹猫新疆土话系列	王小猫工作室	1 075	动图
		哦猴新疆话	哦猴	175	动图
		小白新疆话	白朗宁	143	图片+文字

续表

地域	数量	热门表情包	作者	赞赏数	表情包类型
河北	6	噶咕驴保定话版	感光动画	185	动图
		正定方言	乌拉拉	82	文字
		正定方言 2	乌拉拉	46	文字
青海	6	青海炮弹娃	青海网	255	图片+文字
		炮弹娃爱青海话	真之	163	动图
		青海尕罕稀	青海网	135	图片+文字
安徽	6	安徽蚌埠话方言	若茹初见	178	文字
		安徽宿州方言	艳宝	62	动图(文字)
		安徽话常用语	泡椒小丸子	43	文字
湖南	6	湘妹子湖南话	李小风	856	动图
		湖南长沙话	Kellen Shen	277	文字
		湖南话方言日常用语	小吉	20	文字
江西	4	江西话	西门雨	36	图片+文字
		打锣男孩的江西话	吴氏	18	图片+文字
		钱多多江西话版	上头喵	8	动图
湖北	4	湖北恩施话方言	若茹初见	61	文字
		湖北方言表情包	二妮子和王杰子	21	文字+图片
		湖北日常聊天方言	猫十三	12	文字
广西	2	广西贺州土白话	老妖	40	文字+图片
		广西桂柳话	文二	9	文字+图片
甘肃	2	甘肃方言语录	亿源草	3	文字
		甘肃方言第二弹	亿源草	3	动图(文字)
香港	1	香港粤语广东话	仙仙	12	文字
共计	618				

全国具有表情包的省市共 28 个,数量达到 618 个,东北三省和四川省作为方言大省,在微信平台拥有表情包的数量也最多,其次是江苏、上海和浙江,与方言节目一致,地域经济发达,精神文化也随之丰富,大众的地域认同、文化认同和自我认同均高于其他省市。统计的方言表情包类型有:文字型、图片型、文字+图片型和动图型,表格中动图型表情包共 31 个,占代表性表情包数量的

38. 8%,其中单纯文字和单纯图片相对好制作,动图则使传播内容更加生动、传播效果更加精准且获赞数多于其他类型。在诸多表情包中,根据当地文化元素所设计的表情包最具特色,四川最受欢迎的方言表情包“闷墩四川话”就是以“熊猫”为设计的中心元素,山西最受欢迎的方言表情包则是以“陈醋”为设计的文化元素,南京大萝卜阿世篇运用的是南京地域特产,舟山大黄鱼则是融入舟山海洋文化。在统计的所有表情包里,只有山西的“陈小醋”方言表情包辐射全省十一个地级市,呈现出系列化和个性化的特征,实现方言表情包在山西地域全覆盖,具体数据如表 3.10 所示。

表 3.10 山西“陈小醋”方言表情包统计表[1]

序号	表情包名称	数量	赞赏数	语义类型	地域文化元素	累计下载总量	累计发送总量
1	陈小醋山西话篇	24	3 277	日常对话 情绪表达	寻根	423 058	7 535 907
2	陈小醋太原日常篇	24	751	日常对话	晋祠	112 955	1 871 142
3	山西运城话	24	663	日常对话	关公	42 117	617 949
4	山西大同话	24	567	日常对话	云冈石窟	66 763	963 047
5	山西忻州话	24	540	日常对话 情绪表达	五台山	26 452	273 196
6	山西临汾话	24	512	日常对话	洪洞大槐树	54 706	907 608
7	山西长治话	24	424	日常对话	上党红、漂流	33 828	340 181
8	山西阳泉篇	24	342	日常对话	中共第一城	11 429	144 549
9	山西晋城篇	24	337	日常对话 情绪表达	皇城相府	11 402	119 466
10	山西晋中话	24	325	日常对话 情绪表达	古城文化	19 391	198 037
11	山西吕梁话	24	314	日常对话	杏花村	19 505	201 551
12	山西朔州篇	24	30	日常对话	应县木塔	8 372	42 335

[1] 赞赏数的数据截至 2019 年 12 月 12 日,累计下载数和发送数的数据截至 2018 年 7 月 3 日。

“陈小醋”系列方言表情包由山西晋商行文化传媒公司陈睿设计。“陈小醋”以山西醋文化为原型、山西方言为支撑，成为山西本土最具代表性的IP形象，用以宣传山西文化，加大传播深度。本着“说山西方言，讲山西故事”的宗旨，用这个“陈醋瓶子”实现“生活有滋有味”，“陈小醋”的用户使用量超过8 000万次。“陈小醋”方言表情家族里共有5个成员，分别是“陈小醋”“醋老爹”“二醋”“醋小妹”和“旺财狗”，通过这5个家庭成员的日常表述和生活需求将方言融入表情包里，据统计每个地市都设计了24组表情，语义类型涉及日常对话（问候、感谢、道歉、评价等）和情绪表达（喜、怒、哀、乐、愁、惊等），同时表情包背景图还囊括地域文化元素，让用户在下载表情包时，同时了解当地特色文化和旅游资源，以表情包作为宣传山西文化的窗口，实现与用户的精准对接。通过实地调研获取的最新数据显示，在整个表情包下载和传播的过程中，人际传播量十分可观。

“陈小醋”方言表情包在设定交际情景时综合考虑诸要素，使用场景有私聊和群聊，交际对象及关系涉及家人、朋友、同学、同乡和同事等，交际话题囊括学习工作、日常生活和社会热点等，交际时间包括日常一般时间和特殊节日时间。因此，表情包在设计过程中会针对用户需求进行内容的取舍，每个地市的24组表情包也会尽量选择有地域特色的来表达。表情包中的方言表现在两个方面，一是当地特色词汇，二是当地独特语音，这两者在用户使用和传播过程中发现一些问题。

第一，方言特色词汇用字不够规范。山西各方言点中都大量存在以“圪”为前缀的词，包括动词、名词、形容词、象声词以及量词等。“圪”的声母为[k]，在晋语区读为入声，韵母一般为带喉塞音的[əʔ]，在非晋语区韵母一般为[ɯ]或[i]。[1] 在朔州的表情包里“个缠”和“个簇”的“个”应该都是“圪”，“圪”作为晋语区的重要特征，在设计表情包时还是应该对方言文化有所了解。

第二，方言语音用谐音替代不够精准。如用“背兴”代替“败兴”、用“个以”代替“膈应”、用“叠见你”代替“待见你”、用“凹见死啦”代替“熬煎死啦”、用“么问次”代替“没问题”等，虽然看似语音与方言发音相类似，但是语义缺乏逻辑性且容易产生歧义。

第三，方言詈语使用需谨慎。在方言中詈语的产生具有一定生活需求和文化背景，詈语可以清楚地反映人类个体情绪态度的变化，映射出一个民族的群体

[1]　乔全生.晋方言语法研究[M].北京：商务印书馆，2000：2.

文化特征。[1] 山西、陕西和内蒙古少数民族交融地带将当地方言融入日常生活用语,其中就包含不少詈语,例如"货""灰""鬼""寡"等。在设计的方言表情包中就用了其中一些詈语,如"寡比""讨吃货""灰鬼""你个灰猴"等,这些詈语的使用与传播往往带有个人情绪。其中"寡"在山西云中片、忻州片等使用率较高,晋北方言中的"寡"的引申、比喻义最丰富;"货"和"猴"是山西北部方言詈词的后缀,使用这两个词时,责备的语气更重一些;"鬼"作后缀构成的合成词均表示对人的斥骂和厌恶,"灰"的引申义则有"不好""懒""不怎么样"。[2]

这些不仅是山西方言表情包的个体问题,窥一斑而见全豹,这是整个方言表情包使用现状中存在的一些问题,针对现有问题,建议在今后创作方言表情包时,第一,创作要建立在对当地方言文化以及传统民俗了解的基础上,否则就会在表情包中出现有歧义的内容;第二,基于普通大众对国际音标并不熟悉,现阶段用汉字的谐音代替方言语音,虽然这样有助于表情包的广泛传播,但也会造成字词缺乏逻辑没有实质含义,出现只为模拟音而替代的问题。因此,可以选择大众熟悉的拼音字母,既不会造成误解也能方便大众理解;第三,方言詈词的创作一定要谨慎,不能为赢得下载量和流量而生产低俗且缺乏文化内涵的表情包。

总而言之,方言表情包作为方言文化传播的微平台、微手段,有效促进方言文化的人际传播和群体传播,形成围绕方言的交际新互动。

(二)方言微信群:建立群体传播新关系

微信群是微信中多对多的互动场域,以中国特有的"圈子文化"为核心,整合现实群体生活资源形成了同乡群、朋友群、单位群等,多数微信群是现实关系的一种平移,少数微信群基于弱关系形成,但在互动中慢慢转化为强关系圈子。微信群可以打破地缘、亲缘、友缘等方面的局限,在"脱域"的情景下面向"陌生人"社会建立新的群体。微信群聊表现出议题分散、资本渗透、权力控制、话语消费、低俗娱乐,跟真正意义上的集体生活以及公共价值还存在较大差距。而方言微信群则建立在尊重方言文化、喜欢方言传播的友好基础上,打破了地域和人员的限制,其传播可用文字、图片、语音、视频和表情符号。表情符号常出现在用户一对一的人际传播场景中,同时在特定微信群中使用表情符号则会凸显其独特的传播效果。若将方言制作成为表情符号在特定群众中进行传播,可以在交

---

[1] 姜明秀.汉语詈骂语研究[D].长春:吉林大学,2007.

[2] 孙玉卿.山西方言民俗研究·晋北方言与民俗卷[M].北京:九州出版社,2012:75-87.

流出现问题或障碍时使用,以便化解冲突和误解。方言表情符号在微信群中的流通不仅反映其所代表的方言文化受欢迎程度,还代表通过方言表情符号链接起来的弱关系,方言表情符号的流动轨迹,可以使得隐性的关系网逐渐显性化。

微信群存在时间的长短,取决于这个群能否形成一个和谐的生态。在微信群中有两个层次的角色需要重视,一是群主,群主是一个群的核心人物,同时也是该群的发起者,具有一定的话语权力;二是活跃的信息贡献者,一个群的活跃度往往需要信息贡献者不断发言或转发信息,给群不断带来新话题和新热点,或许信息活跃者不能影响群内成员的观点态度和意见走向,但可以让该群保持持续的活跃度。

每一个微信群的建立初衷不同、人员构成不同,因此传播的内容也不同,有两个致力于语言文化研究和方言传播的微信群,分别是"山西语言爱好者之家"和"FY山西语言文化研究群",这两个群是典型的基于思想交流形成的群,群人数分别为110人和45人,群成员构成大多数是高校教师、自媒体创办者和语言文化相关研究生,这两个群平日所发内容均为关于语言文化类和方言传播类的。区别在于,第一个群的内容普适性更强一些,多数为一些大众感兴趣的语言文化文章或链接;第二个群则专业性更强一些,常讨论方言读音、方言词汇使用等。这两个微信群传播内容的不同,是因为"群主"不同,微信群的"群主"在群中发挥的作用,跟他个人的社会身份、影响力、话语表达力以及社会活动力都有直接的关联。同时,方言微信群有潜在的"组织性",需要具体的发起者和管理者进行"照看",群主在吸纳成员的过程中有心理优势和资本优势。用户在"被邀请"的过程中存在着"他人导向",比如将其他人拉入方言群中,则默认此人热爱方言文化且拥有共同兴趣。方言微信群的建立和使用,往往是成员在现实社会中的关照和反映,建群的目的是围绕方言文化进行集体交流,形成交流"对话体",且群内交流没有固定的章程,所以并不是真正意义的"共同体"。用户直接的对话是真实的成员在网络空间的呈现和关系建构,文字背后代表了每一个人的价值、品位和身份以及文化。[1] 其中,方言微信群中的活跃成员往往掌握更多方言文化资源,背后的权力和资本要素体现了方言群的重要特征,用户共同获得方言文化资本以及群体认同,这直接影响用户的社交动力和交往结果,这便是布尔迪厄所说的文化资本、经济资本和社会资本的综合体现。因此,方言微信群可以让群中成员获得归属感,在相互交流的过程中孕育出特定的方言圈子文化,这在

[1] 蒋建国.微信群:议题、身份与控制[J].探索与争鸣,2015(11).

一定程度上隐射着现实社会中人们对方言的态度，也在一定程度上打破现实社会中方言的时空地位、关系结构和生态格局。

方言微信群的优势在各群可针对方言话题展开讨论，将各方观点态度集合其中，也可将有用信息在异质群中不断传播。需要注意的是群众信息均以时间为序进行排列，很难将话题聚合和焦点突出，因此，在利用微信群进行方言传播时，需要传播者自赋权力，不断激活群活力、突出传播重点。通过方言的“圈子文化”建立的新的群体、新的关系和新的交往模式都将方言传播推向新方向，其特定的沟通模式有助于理性、平等地认识方言文化，能从特有的熟人圈中得到更为稳定的培育和生发，进而有可能为公共文化领域提供良好的参与基础，为方言文化的多层传播提供有力路径。

（三）微信公众号：创建大众传播新业态

微信公众号是微信的外扩功能，突破人际传播和群体传播接近于传统的大众传播，但也被微信平台的特点及用户的行为方式所改变。[1] 同时，微信公众号的排名和热门话题在一定程度上可以反映整体用户的阅读状况。2018 年年度微信公众号的新榜指数前三甲分别为人民日报、新华社和央视新闻，三者均是媒体公众号，拥有数量巨大的粉丝，在传播广度上远超其他微信公众号。[2] 由于今日头条等个性化分发客户端的普及，推动了资讯内容市场的下沉，而优质内容仍是刚需，作为传播方言文化载体之一的方言微信公众号，需要有既定的文化逻辑和市场需求。

1.发布优质的方言内容以引发共鸣

共鸣是优质内容和用户之间的共振，通过选取不同方言内容，力求实现与公共关注点的共鸣，尤其是可结合热门话题和热门事件中的方言元素，凸显传承方言文化。统计可知，从 2014 年 3 月 6 日至 2019 年 12 月 14 日，人民日报微信公众号中涉及方言内容的传播共计 120 条，其中诸多内容都与社会热点相关联。如 2018 年 4 月 10 日，人民日报微信公众号推文题为《这就是习近平主席刚刚提到的那首歌》，标题吸睛让大众第一时间打开链接，内容则是关于 2018 年博鳌亚洲论坛中习近平总书记引用了海南经典民歌《久久不见久久见》的歌词，“久久不见久久见，久久见过还想见”，这是一首传统的用海南方言演唱的歌曲，创作

---

[1] 彭兰.社会化媒体：理论与实践解析[M].北京：中国人民大学出版社，2015：291.

[2] 崔保国，徐立军，丁迈.中国传媒产业发展报告（2019）[M].北京：社会科学文献出版社，2019：163.

灵感来自于黎族聚居区的民歌，词曲婉转、深情，是琼州大地广为传唱的经典。[1] 此推文的阅读量超过10万，在网民留言中可以看到大众对方言民歌的喜爱和认同，甚至通过方言民歌产生地域自豪感，以此与大众产生同频共振的情感共鸣，用方言文化唤起地域认同。

2.发布独创的方言内容以赢得竞争

发布大众未见、未知和未思的独家内容，在内容竞争中更显其独特价值。从长远效益来看，独家内容是方言微信公众号品牌的重要支撑。通过板块设计、内容原创和用户互动凸显方言微信公众号的独家性。不同对象的需求不同，独家内容同样需要匹配公众号的用户群体，因此，前期要从性别、年龄层次、职业划分和个体属性等多方面精确了解公众号的用户画像，通过优化传播手段、传播渠道使内容与用户更好地匹配，提高内容价值和传播价值。

3.发布准确的方言内容以获取信任

"准确"作为优质内容的重中之重成为基础标准，没有"准确"则没有优质内容。在"后真相"时代，内容的准确性成为大众信任和认可媒体的前提条件，既要准确反映方言事实，又要对方言内容的含义、起因、价值以及影响等做准确判断与解读。尤其是作为自媒体，想要获取大众认可的前提是发布准确真实的内容，尊重方言文化，准确地将大众感兴趣的内容呈现出来。同时在内容准确的基础上，从形式表现力、技术扩张力、个性表达力和社交传播力等多个层次形成有力支撑。

微信公众号利用其圈群化传播特征在方言传播方面可以进行社群共享，从用户的自然属性、社交圈子、社会阶层和文化属性四个维度探索方言内容垂直化生产，加深其传播厚度与影响力，深化垂直市场，拓展文化传播的张力。据统计具有代表性的语言文化类微信公众号的不同运营主体及定位呈现如下（见表3.11）。

表3.11　语言文化类微信公众号平台简表[2]

名称	运营主体	定位
今日语言学	中国社会科学院语言研究所	理论前沿，普及学术常识

[1] 人民日报.这就是习近平主席刚刚提到的那首歌[N].2018-4-10.

[2] 数据来源于微信手机平台，统计时间截至2018-04-04。

续表

名称	运营主体	定位
语宝	北京语言大学	中国语言资源保护工程相关事宜，传承方言文化
乡音	北京语言大学	方言活动征集与互动
语言资源快讯	暨大语言资源中心	广东省语言资源保护平台
浙江乡音	浙江科技学院	浙江省语言资源保护工程宣传和展示、交流平台
语言文字周报	上海教育出版社	语言类学术知识共享与科普
鄉音情怀	个人	山西省语言资源保护工程宣传和展示平台，山西方言文化传承以及音视频展示
四川语宝	个人	四川语保工程信息发布
乡音苑	个人	江西师范大学方言文化保护与传播
方言与文化	个人	方言调查与音视频展示
汾阳方言	个人	汾阳方言知识科普及音视频教学
语言学微刊	个人	语言学学习与研究
语言研究	个人	语言知识科普
语言文化研究	个人	语言文化信息共享，学术活动
语言学午餐	个人	语言知识科普
语言学通信	个人	会议讲座，教师研修，专著推荐

据表3.11的数据显示，具有代表性的语言文化微信公众号共16个，其中微信公众号运营主体为个人的占比62.5%，其余运营主体包括高校、研究所与出版社。微信公众号作为语言资源与方言文化的方式之一，运营主体呈现出多元化趋势，既有权威机构与院校，如“今日语言学”“语宝”等，也有专业人士，如“鄉音情怀”由山西大学博士团队打造，“方言与文化”由武汉大学阮桂君老师创办，还有语言爱好者，如“汾阳方言”由在香港工作的汾阳人徐占宇进行创作。

分析微信公众号的定位，关于语言保护与方言文化传播的占比43.8%，关于语言知识科普和学术分享的占比56.2%，呈现出定位精准、特色鲜明的特征。其中“鄉音情怀”公众号分设“聆乡音”“诉乡愁”“绘乡情”和“乡音直通车”四大板块，开设“语保人”专栏，新增“方言我知道”科普栏。从晋方言到全国方言，从文字图片到视频制作，将微信公众号的功能全线拓展，“聆乡音”意在通过方言歌曲鉴赏挖掘其背后深厚的文化内涵；“诉乡愁”用创新的电台形式，通过乡音分享故事与大众形成情感共鸣；“绘乡情”借助绘本形式深挖语言文化和传统民俗，从地方曲艺、当地风俗等切入，开辟语言资源新运用；“乡音直通车”则采用短视频方式吸引大众上传分享自己的故事，实现关系传播。“语保人”作为“鄉音情怀”的特色栏目，依托于中国语言资源保护工程山西汉语方言调查项目，为山西语言保护作出贡献的语保人提供一个传播平台，将调查过程、调查内容、调查成果和心得体会通过专栏展现。每到一处则传播一处，传播当地的民俗特色、方言文化和语保实录。为了获取最地道最真实的方言，方言调查所到之处都是县城，调查条件之艰苦，摄录要求极苛刻，让语言保护与精益求精的精神紧紧相连。

2017 年 7 月 13 日，山西方言调查组和摄录组来到忻州市偏关县，在公众号上发表题为《开启偏关点方言摄录之旅》的文章并在当地传播开来，当天“偏关老乡俱乐部”就发文《偏关来了一群特殊的人，这是要干吗?》提及鄉音情怀公众号中发表的内容，并表示对方言保护感兴趣，随着两篇文章的推送，在当地引起关注和热议。2017 年 7 月 17 日，鄉音情怀公众号推送《我们就是来偏关的那群人》作为回应，对偏关的调查和摄录进行跟进，向大众展现方言保护的不易和珍贵。此篇推文获得 849 的阅读量和 42 个点赞，并被当地多个公众号转发，形成又一波方言保护的舆论高潮。又如，2018 年 4 月 10 日，习近平主席应邀出席博鳌亚洲论坛 2018 年年会开幕式，并发表主旨演讲。在演讲开头，引用了海南经典民歌《久久不见久久见》中“久久不见久久见，久久见过还想见”这句歌词。鄉音情怀公众号当晚推出题为《古语新意丨久久不见久久见》的文章，推文将歌曲上传并对闽南方言进行挖掘和背景介绍，当晚文章阅读量 352，在多个方言文化群内进行转发，形成良好的舆论氛围。2018 年 5 月 25 日，一篇题为《山西面食不接受批评》的文章在朋友圈广泛传播，阅读量超过 10 万，5 月 27 日，汾阳方言公众号发表题为《山西面食不接受批评，更不接受错别字》的文章，文中将人们常用的“剔尖”和“抿节”中的“尖、节”追根溯源，从语音演变到文字意象表明正确写法应为“䉾”，该文章阅读量为 3 140，在学术圈引起共鸣，为方言传播起到普及和纠错作用。

语言资源快讯作为传播方言文化公众号的代表之一，粉丝数量有 28 904，其中18岁到25岁用户占比62.49%,26岁到35岁用户占比17.74%,性别比例为女性占比70.28%,广东省用户占比最多,达到55.71%。[1] 创建的系列专题有方言与美食、方言与民俗、方言与歌谣、方言与景点、方言与地名等,还有语言保护、语言传承和学术探论等板块。统计2018年12月1日至2019年12月1日全年数据,全年共有四次传播高潮,分别是2018年12月21日、22日、2019年3月24日和2019年5月6日,其中阅读次数最高为2018年12月22日,共计12 519次,送达人数9 958,分享1 326次,其内容是方言与景点。全年数据传播的渠道构成如图3.9所示[2]:其中朋友圈送达数量最多,达到22万余次,其次是公众号消息和聊天会话。此数据说明微信公众号中优质内容的推广与传播依赖于朋友圈的社群分享和点对点的人际聊天。

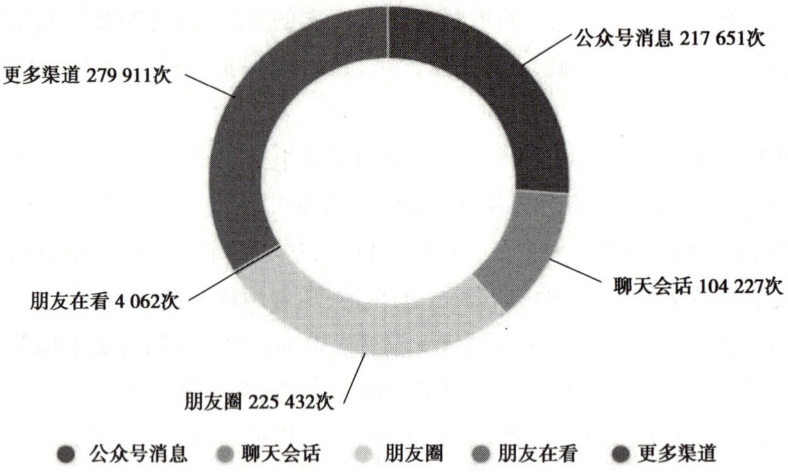

图3.9 语言资源快讯传播渠道构成

方言公众号采用的传播模式沿袭了传播媒体的传播模式,在新媒体盛行的传播方式下,这种“回归”带来了新的可能。新媒体的传播主动权交予用户,让用户一次次选择自己所想所需的内容,但方言公众号则沿袭传统媒体的“给予”方式,用户不用考虑自己的注意力成本,可以依赖公众号推送获取信息,而信息的落点非常明确,就是每一个关注此公众号的用户。在信息超载的时代,用户已被统一的文化元素所充斥,在信息泛滥甚至溢出的情况下,方言微信公众号坚持精选内容,优化服务,将方言承载的文化价值凸显出来,这种“减法”思维很好地

[1] 统计数据截至2019年12月16日。

[2] 图中的更多渠道包括搜一搜、历史消息、看一看精选和其他,数据分别为6 873次、4 149次、2 821次和1 051次。

适应了当下用户的需求。通过对语言资源快讯微信公众号的分析，看得出微信公众号的传播效果不只取决于自身，微信中的四种传播空间实现了无障碍关联，尤其是朋友圈和微信群，对公众号的信息传播具有放大和扩散作用，四者形成合力共同增强方言传播的厚度。

无论是鄉音情怀公众号、语言资源快讯公众号，还是媒体微信公众号，都最大限度地开发利用微信公众号的各功能，实现多媒体呈现。首先是对语音的运用，鄉音情怀公众号中的聆乡音板块将语音功能转变为方言电台，每周推送一次与方言相关的内容，并且结合热门节日、热点话题来制造焦点，比如母亲节想对母亲说什么，七夕节用各地方言讲《牛郎和织女》的故事，实现优质传播。语音亦可作为用户的一种参与手段，如媒体微信公众号《钱江晚报》发布“用微信玩一回‘浙江方言好声优’”的活动，抓住“元芳你怎么看”这句话的大热时机，呼吁网友一起用方言念这段话，获得有效回复300条。[1] 其次是对信息可视化的运用，在小屏移动端的快餐化阅读平台上，碎片化成为现代阅读的显著特征，因此，如果将方言文化、方言民俗和方言特色的传播内容进行可视化设计，其重要价值会比图文表现出来的更容易理解和接受，传播也更为方便。最后是视频的运用，视频内容设计和时间的把握需要有所考虑，对于过长的内容可以分为若干短视频分集呈现，对于冗余的内容要严格剪辑。

四、客户端中方言传播的分享和叙事

客户端中的方言传播特性在于其分享与叙事，分享作为客户端传播的主要动力，成为连接内容和用户之间的桥梁。从社会互动角度看，分享是用户证明自己存在的方式，也是建立与他人交流的重要手段。[2] 客户端层面的分享基于“数字化”传播或复制，成本低、回馈高，而分享的普遍化亦反作用于客户端，提升客户端的社会影响力。叙事作为客户端传播的逻辑建构，区别于微博的裂变式传播和微信的点对点互动，利用客户端平台加深用户对方言内容的理解，同时通过叙事手段可让方言文化挣脱传统传播的束缚，回归方言的本真传播。

移动客户端通过针对不同人群进行量身定位，打造出具有互动性与个性化的移动平台，在方言传播方面增强用户黏性，发挥出深度传播的优势。本书统计的具有代表性语言文化类App的不同类型、特点及下载次数呈现如下（见表3.12）。

---

[1] 潘越飞.我们想放弃微信了！[OL].http://www.huxiu.com,2012-12-28.

[2] 彭兰.“连接”的演进——互联网进化的基本逻辑[J].国际新闻界,2013(12).

表 3.12 语言文化类 App 平台简表[1]

名称	类型	特点	下载次数/万次
古诗词典	工具	诗词同步学，注解清晰	875
西窗烛	工具/娱乐	古典文化，现代传承，一日一赏，诗词接龙	198
古诗词飞花令	娱乐/竞技	飞花令对战	17
方言说	工具	方言特色故事，用户交流	7.1
方言说	工具/交流	方言词典，词条配音	3.3
方言通	工具	方言普通话转换，输出	2.2
方言保护计划	语音识别	“AI（人工智能）+公益”创新保护方言	1
方言学习快译通	工具/翻译	文本翻译，语音识别，情景模式，语速调节	0.8
方言掌上通	学习社区	发音跟读，发音学习	0.8
方言	人际交流	短信，语音，视频通话	0.7
方言中华	阅读	方言正版图书内容阅读	0.7
八哥说方言	娱乐	普通话→方言，搞笑方言音频	0.5
方言趣配音	语言转换	文体→语音，合成配音	0.4
咕咕方言	工具	说，听，语音→方言	0.3
学说上海话——沪语方言	工具	上海方言音频同步，语音教程	0.2
古诗词宝	工具	中小学古诗词，测试	0.2
家乡话	工具/科普/娱乐	语言文化，民俗，配音，社交	0.1
方言中华	工具/阅读	大量方言有声点读	0.1
陕西石泉方言	工具/娱乐	所有数据本地存储，自带题库测试	0.1
上海话听听说说	学习社区	著名学者入驻，可以点读的富媒体电子书	0.1

表 3.12 的数据显示，具有代表性的语言文化类客户端共计 20 个，其中工具类客户端占比 60%，其余类型包括娱乐类与社交类。语言文化类 App 具有较强互动性，能增强用户与平台的黏性，在知识普及、游戏互动以及社交方面起到积

[1] 数据来源于移动手机平台，统计时间截至 2019 年 12 月 4 日。

极作用。作为工具类的语言文化 App 具有较强实用性,如古诗词典 App,下载量高达 875 万人次,该 App 内容丰富,涵盖楚辞、唐诗、宋词、元曲等经典之作;定位精准,针对学生人群打造与教育部专属配套小学、初中和高中语文教材配合使用的内容;个性服务,让学习和课程相结合,分为“文、注、译、赏、作”五大板块,系统会根据用户使用情况智能安排学习和复习。西窗烛 App 则发挥“名句卡片”和“一日一赏”的优势功能,通过与第三方平台合作,为用户搭建一个诗词文化分享平台,极大地增加了用户的黏性。

作为娱乐类方言 App,与微信公众号对比,体现出深度互动与传播的优势,设计者精心设计游戏互动,有方言配音类、方言竞答类、方言交友类等。方言配音类是用户喜闻乐见的一类 App,用户通过为经典名段配音展现自己的母语能力,再链接第三方软件进行分享,实现有效自我传播的同时,将方言文化深度传播。方言竞答类 App 通过听音辨义选择正确选项,用户既能通过游戏了解和学习方言,又可以通过竞答与好友比拼,形成良性互动拓展方言传播深度。方言交友类 App 借助乡音的力量,寻找具有文化价值认同和情感共鸣的朋友,在人际交往中频繁使用方言,真正地让语言“活”起来,伴随着方言交流,人们会创造出方言新词进行传播。

值得关注的是方言保护计划 App,该 App 是科大讯飞“AI(人工智能)+公益”计划的一部分,是一款运用智能语音技术推动方言保存和方言语音学习的 App,让用户可以随时随地学习方言,同时通过“AI+公益”创新方言保护形式,引起大众对方言保护的重视,留下多彩方音,传承方言文化。该 App 有两个板块,即“乡音漫谈”和“方言词会”,通过 App 招募方言发音人,在“乡音漫谈”板块里用方言介绍自己的家乡,表达自己对家乡的情感。“方言词会”则是通过方言发音人,对自己家乡方言的相关条目进行上传,包括天文、地貌、物象、时间、方位、一般动物等,将方言语音上传,供 App 用户分享和学习交流。通过记录方言发音人上传的语音,可作为方言数据库的支撑,供人工智能学习使用,进而进行方言识别。从方言差异来看,中国的方言南北差异太大,哪怕同属于一个大的方言分区,也分歧异出,因此通过人工智能进行方言识别是有一定困难的,需要不断采集相关数据进行扩充,以满足需求。“AI+公益”催生下的方言 App,不仅助力用户学习方言,同时也为方言保护提供支持,为方言留存提供数据,而这些数据来源十分丰富,均取自用户自行生产和自行上传的内容,这些都是方言留存的重要资源,App 上的数据应用方式是对用户和内容的深层分析。

分析以移动客户端为微平台的传播效果可以发现,移动客户端的方言传播深耕社交关系与情感关联，最终形成以方言文化为核心的文化认同和情感归属，利用微平台精准定位，优化内容资源，继续向特色化转型，为方言传播的发展注入新活力。方言传播可利用微平台做好微内容，强调微互动，进行微传播，实现微创新。

第四节 方言短视频的崛起与繁荣

短视频自诞生以来，经过萌芽期、探索期、成长期和成熟期四个发展阶段。[1] 萌芽期的短视频聚焦其概念价值。探索期的短视频则凸显其"短平快"的优势，满足用户碎片化生活下的快餐消费，其形式价值获得认可。内容营销以社交关联、粉丝经济为主力，美拍、微视等短视频平台关联微信实现社交营销。成长期，快手发挥技术优势差异化发展，将内容有趣性和互动性作为算法推荐的多层维度，创新短视频的内容营销策略，赢得用户青睐。2016 年开始，以抖音为代表的短视频平台爆发式增长，使得短视频市场呈现出繁荣景象，而用户从对短视频盲目消费转变为对优质内容的需求，因此，"内容价值"成为短视频成长期持续发展的主要动力。2018 年，短视频逐步进入成熟期，终端和技术的普及促使用户体验得到极大提升，但用户增长随时间推移呈现出缓慢趋势，短视频发展也进行逻辑转向，由粉丝经济主导的流量逻辑转变为把握稳定用户的经营逻辑，因此，短视频平台方和内容方不断向垂直领域细分。

一、短视频中方言传播的延伸与突破

在短视频平台寻求差异化发展，用户需求向异质内容转变的过程中，方言短视频的崛起顺应市场逻辑并获得一定生存空间，短视频有效地链接了用户与内

[1] 唐绪军.中国新媒体发展报告(2019)[M].北京:社会科学文献出版社,2019:32.

容,完成了由单一方言内容传播向方言娱乐化传播的空间转向,实现了方言传播的延伸与突破。

方言短视频成为用户新的“时间杀手”,引领年轻人风潮,从地域分布看,方言短视频在三、四线城市用户渗透率更高。方言短视频以其独特的地域特征成为城镇用户乡音情怀的归属,以抖音短视频用户为例,抖音用户日活跃量达到2亿,日均用户活跃时长达到76分钟,在抖音短视频平台有诸多与方言相关的话题,播放次数排名前10位的如表3.13所示。

表3.13　抖音平台方言短视频话题一览表

序列	方言话题	内容	播放次数/亿次	视频数量/万次
1	一本正经飙方言	原创视频,方言词释义,方言配音	35.2	4.4
2	方言	方言对比、方言大挑战	12.6	1.5
3	请听我的方言调普通话	方言普通话视频	11.8	2.9
4	游戏方言我最秀	游戏方言配音	4.7	0.12
5	你的方言好有戏	各地方言短视频	7.8	1
6	云南方言	各类视频云南方言版	4.4	0.36
7	方言赛诗会	方言读诗	2.6	4.2
8	四川方言	各类四川方言短视频	2.2	0.28
9	陕西方言	陕西方言教学、陕西方言原创视频	1.9	0.43
10	合肥方言	各类合肥方言视频	1.2	0.036

表3.13显示,抖音短视频平台方言相关话题涉猎几个方面,第一,各地方言原创视频集合,如话题1、2、3和5,均是用户生产内容(UGC),用户自己创作方言短视频,有原创方言趣味视频、方言配音、各地方言词释义等,累计播放次数达到67.4亿,可见“短视频+方言”的垂直精细化传播,成为短视频竞争成功关键所在。第二,方言挑战类短视频,如话题3、4和7,这类短视频加入挑战元素,唤起用户参与意识。话题#方言赛诗会#是抖音联合联合国教科文组织《世界语言地图》项目全球官方合作伙伴“全球说”(Talkmate),为庆祝联合国“2019年本土语言年”而共同发起的系列语言多样性推广活动。通过用户参与挑战,用方言读

诗,保护传承方言文化。第三,某地专属方言短视频,如话题6、8、9和10,以地域划分,具有可识别特征,将方言、地域和娱乐元素相结合,融合成搞笑类短视频。据调查,在抖音用户中,喜欢搞笑类题材的人数占比最高,除搞笑类题材之外,受喜欢的还有技能展示类、日常生活类和教程类等。究其原因,在于人们在快节奏、碎片化的生活中需要轻松愉快的内容,用来填充生活间隙,这样既能放松身心又能消遣时间。方言短视频作为全场景媒介,创作准入门槛低,可发挥创作空间大,碎片化时间内表现力强,可展现个人在日常生活中最真实、最朴实、最自然的语言状态,无论是原创视频还是影视配音,都满足用户对短视频娱乐和减压功能的需求。

在播放次数最多的方言话题#一本正经飙方言#中,典型特征是上文所述的UGC模式,用户生产内容能获得高点赞、高分享和高评论有两大关键因素,其一是用户自身具有众多粉丝,也就是说用户是社交媒体达人,其二是用户上传的内容原创居多,能满足大众对碎片化时间消遣的高需求。如微博达人"@ nG家的猫"拥有粉丝将近520万,抖音粉丝达204.8万,在微博盛行时期2015至2016年间,上传原创视频235部,其中有96部涉及武汉方言,[1]而在抖音平台上发起的#抖音爱抖练习生#、#方言还能唱英文歌?#、#一本正经飙方言#等方言话题,深受大众喜爱。"@ nG家的猫"利用短视频传播方言,建构大众的地方认同,增强大众的地方感,在#抖音爱抖练习生#中"奇怪的武汉人又来了"系列,对武汉人的特性进行总结,如"武汉人喜欢聊天""武汉嫂子的特性"[2]"武汉人娱乐方式"等,其中原创视频中提及很多武汉特有的方言词,"讲胃口"在武汉话中代表讲义气,但是又拥有更深层次的社交含义,表示对方绝对不能反驳说话者,一定要听话的含义,形象生动地表现了武汉人的豪情和热情。通过武汉话与普通话对比的强烈反差,让大众对武汉话感兴趣,形成鲜明的地方感,这时的"地方感"已不再是对周围有边界的地区的认知,而是社会关系与理解的网络中的联结势态。[3] 方言短视频通过用户自己上传原创内容,搭建移动场景,让用户观看、评论和分享的同时将方言文化即时地传播到世界各地。方言短视频的传播有助于消除地域刻板印象,促进地域认同,带来方言文化传播的发展机遇。

---

[1] 黄骏.社会化媒体时代的移动场景与新型方言交往——以方言短视频为例[J].现代视听,2018(7).

[2] 武汉人称"大妈"为"嫂子"。

[3] 蒂姆·克雷斯维尔.地方:记忆、想象与认同[M].王志宏,译.台北:群学出版社,2006:113.

方言短视频不仅表现用户生活常态下的语言样态，同时在“方言赛诗会”和“游戏方言我最秀”中用户也将方言作为独有优势参与创作和展现，在“陕西方言”中则出现教程类方言短视频，让用户通过方言短视频就某地方言特有字、词或语音进行教学，寓教于乐的同时，将方言文化传播扩散，让更多用户关注和了解不同地域的语言文化和传统民俗。近年来，以抖音为主要平台的短视频内容制作呈现出更加细分化、垂直化的特征，特别是在加入更多专业用户生产内容PUGC（Professional User Generated Content）和专业生产内容PGC（Professional Generated Content）后，内容制作显示出更高的专业水准，增强了用户深度参与的体验，重构了全媒体视频的生态链。

由于短视频细分内容专业化和影响力逐步扩大，一些方言短视频的创作和传播则在一定程度上引发社会效应，如在哔哩哔哩（Bilibili）平台的传播。Bilibili 简称 B 站，现为国内领先的年轻人文化社区，是热衷于互动分享、二次创造和文化传播的青年人的聚集地。B 站的特色是“弹幕”，弹幕悬浮于视频上方，是用户对视频内容观点和态度的集合，是超越时空限制建立的共时性关系，建构了虚拟的部落式观影氛围。经过统计可知，在 B 站上传的具有代表性的方言短视频共计 108 个，从播放数、点赞数、收藏数、分享数、弹幕数和硬币数五个维度进行考量，将播放数排位前 20 的视频呈现如表 3.14 所示。[1]

表 3.14　B 站代表性方言短视频一览表

序号	视频名称	播放数	点赞数	收藏数	分享数	弹幕数	硬币数
1	小猪佩奇重庆话版	651.6	8	16.6	23.7	2.9	10.1
2	学习了摸仙堡的方言	627.6	21.2	147 995	6.3	0.6	10.9
3	这就是目前世界上最沙雕的 FPS 游戏	364.5	6.2	2.7	0.34	1.3	6.1
4	各国方言大比拼，遇到中国方言的时候，瞬间被秒成渣	364.3	2	4.1	0.6	1.5	0.2
5	游戏喷子线下见面会	354.2	10.4	4.4	4.2	0.3	4.2
6	【B 站全明星方言合唱】一话一世界	345.9	16.9	24.4	5.8	8.9	25.8

[1]　数据统计更新时间为 2019 年 12 月 20 日，统计单位为万，完整表格见附录。

续表

序号	视频名称	播放数	点赞数	收藏数	分享数	弹幕数	硬币数
7	史上最最欠揍的电话推销员	327.9	36.3	9.8	2.1	2.4	20.5
8	中国方言十级学者撒贝宁与何炅同台唠嗑,场面一度无法控制	322.5	3	2.9	0.6	1.9	0.9
9	papi 的办公室玩耍——粤语音调说普通话	316.6	3.9	1.2	1.1	1.3	2.5
10	哪里的话最好听?中国南北 36 种方言大比拼	289.5	5.8	11.9	2.4	27.9	6
11	自从这群歪果仁被中国方言虐到怀疑人生以后……	285.1	1.9	1.3	0.6	4.4	2.1
12	四川方言版小埋你方不方!?	269.7	1.1	5.8	5.1	8	9.1
13	如果动物成精后开口说四川话会发生什么?!	259.8	8.3	5.3	3.9	0.6	5.2
14	【前方高能】电影 vs 现实,配上方言简直笑哭	258.1	24.7	8.5	0.7	0.4	17.5
15	【26 地方言】Let it go	253.3	3	8.2	1.5	9.2	2.7
16	《紫禁之巅》重庆话版 第二弹之就在雨中尬舞吧	250.8	8.9	6.6	7.2	0.7	7.7
17	【前方高能】史上最奇葩劫匪,不抢钱只抢工作,还拿了个全场最佳	245.3	25.9	10.5	0.7	0.3	23.6
18	【游乐王子 & 占星魔仙】摸仙堡方言口胡后续篇	229.5	5.3	6.1	5.8	0.4	2.6
19	【前方高能】电影 vs 现实(第二弹),配上方言简直笑哭	202.8	17.6	5.3	0.5	0.2	10.4
20	【前方高能】不要问我的酒量,手指大海的方向	193.7	17	7.6	2.2	0.4	14.7

从 B 站方言短视频的五个维度进行分析,可观察方言短视频的网络文化现象,可分析用户的网络文化行为,可窥见方言短视频作为网络文化产品是如何在

市场中占有一席之地并保持生命活力的。方言短视频的五个维度呈现出大众对视频喜好程度的不同，播放数是最低的指标，点赞数和收藏数则表明大众对视频喜爱程度增加，而分享和弹幕则体现大众互动参与的过程，最后硬币数以“打赏”“送礼”等虚拟的方式充分开发出来，打赏次数和金额的多少决定了用户在平台中的等级，他们以此种物化的符号意义来建构自己在直播场域中的身份和地位。[1] 众所周知，网络文化的发展基于诸多力量的推动，但新媒体对于网络文化的形成和发展具有最为显著的影响。在日益多元的新媒体平台的影响下，网络文化发生了一些重要转向，以B站方言短视频为例，主要表现为以下几点：

第一，从技术精英文化向大众文化的扩张。网络发展的初始期，无论是内容生产还是技术监控均是技术精英的专利，网络文化呈现的特征是精英化和小众化。网络内容也是围绕技术展开，以谋求技术发展而进行交流和分享，建造网络乌托邦是当时的目的。随着技术的普及和新媒体的不断发展，各个社会阶层的用户都进入互联网，从此互联网不再是技术精英的天地，成了大众获取信息、消费和娱乐的场所，尤其是社会化媒体的应用，让人人都成为自媒体，拥有“麦克风”权力后，大众参与意识愈加凸显。B站作为青年人传播文化的集结地，以短视频的形式将技术、知识等进行转化，获得流量、赢得利益。因此，各种人群的推动将网络文化推向一种大众文化。

第二，从同质文化向异质文化的转向。B站的主流文化是动漫二次元，之前B站中随处可见动漫二次元的创作和延伸，而近年来B站成为异质文化的发源地，诸多网络新词、网络文化事件均缘起于B站，这是因为B站的使用群体年轻化，“年轻”在代表活力的同时更多地代表多元文化。在年轻群体中，只要是有趣、有用、有内涵的内容均是受欢迎的，在年轻人心里没有过多的刻板印象也没有过多的地域歧视，这与“80后”“90后”甚至是“00后”的成长环境息息相关。同时，在B站中，兴趣相投的人可相互关注，形成新型社交关系，同时也就将不同网络人群以兴趣细分，在这样的基础上发展出不同色彩的群体文化或亚文化，网络文化的异质性也日益明显。在表3.14中，用方言为主流影视作品配音，则是对主流文化的亚文化表达，播放数量达到651万的《小猪佩奇重庆话版》，之所以火爆的原因就在于抓住年轻群体追求异化的心理，既与众不同又有趣有内涵，该视频获得的点赞数和弹幕数均排前列。又如“电影VS现实，配上方言简直笑

---

[1] 严三九.沉浸、隐喻与群体强化——网络直播的新景观与文化反思[J].学术界，2019(11).

哭”“26 地方言 let it go”，前文具体阐述过方言对电影创作的意义和价值，表中短视频则是用方言对原版电影配音，是用户在普适的大众文化中寻求异质文化的表达方式。把《冰雪奇缘》的英文主题歌“Let it go”翻译成中文歌词，并用 26 种方言演绎，在 B 站火热传播是由于 26 种方言覆盖面广，弹幕中都是各地用户前来报到和刷屏的信息，每到用户自己归属方言时便上传弹幕表示互动，此时 B 站短视频所提供的场景已不再是单纯的互联网空间和环境，而是用户在此环境中的行为模式及互动模式。

第三，从虚拟世界文化向现实世界文化的延伸。互联网发展的初始期，网络的虚拟性表现突出，以数字技术建构的网络文化倾向于虚拟世界文化，与现实世界具有一定差距。现如今用户通过新媒体参与网络文化的建构，深入互动后形成的网络文化已经成为现实世界文化的一部分，或者说是现实世界文化在网络空间的延伸，通过用户的每一次点击，获取其行为、需求等数据，可以发现用户基于现实的生活惯性，这种生活惯性是现实文化的组成部分，也是在网络文化中行为走向的基本依据。尤其是针对点赞、收藏和分享三个指数，所代表的喜爱程度和心理归属均不同，点赞是“已阅”和“喜爱”的结合，是三个维度中最浅层的指数；收藏是“喜爱”和“私有”的结合，是三个维度中中层的指数，表明用户愿意将视频作为私有产品保存于互联网平台，有待二次观看；分享则是“喜爱”和“推广”的结合，是三个维度中最高层的指数，表明用户不仅自己喜欢，还希望更多人可以看到此视频。从社会互动角度看，分享是人们证明自己存在的方式，也是与他人互动的重要手段。[1] B 站中方言短视频的分享是一种利他行为，同时分享行为呈现出普遍化的特征，分享的结果则提升内容和平台的社会影响力。

第四，从“戏谑化”内容向“内涵式”内容变迁。短视频的繁荣填补了人们的碎片化时间，利用人们的认知盈余将分享变为发展动力。从短视频的兴起到发展，内容也在不断变迁，起初短视频的内容以恶搞娱乐化为主，是一种解构式的戏谑，形成与主流文化相抵抗的泛娱乐化内容。现阶段，人们的需求已从简单的娱乐化表征上升到追求内在的精神享受，方言短视频的内容也从恶搞粗鄙的泛娱乐化转变为有内涵的民俗普及和文化传播。

二、短视频中方言传播的集中和扩散

2020 年春节期间，新冠肺炎疫情爆发成为重大突发公共卫生事件，国家建

---

[1]　彭兰.社会化媒体理论与实践解析[M].北京：中国人民大学出版社，2015：19.

构应急管理体系，启动重大突发公共卫生事件一级响应。全国上下一盘棋，各省市县均制订应对方案严防死守。在基层防疫工作过程中，一些负责任的村长[1]使用传统"大喇叭"的方式用本地方言向村民传递防疫信息。网友们将这些方言大喇叭录制并上传至短视频平台，迅速引发大众热议，特殊时期的方言传播形成一种合力，既是大众对疫情的关切，也是对故土乡音的眷恋。因此，突发公共事件中"方言大喇叭"的内容通过短视频集中呈现、扩散传播，表现出大众抗击疫情的决心与力量。

2020 年 1 月 20 日至 2020 年 2 月 20 日，通过统计得出抖音平台方言大喇叭短视频共计 149 个，具体情况如表 3.15 所示。

表 3.15　抖音平台方言大喇叭短视频一览表

序号	方言	标题	地区	点赞数	评论量
1	河南方言	村干部这口才太好了，最严厉的语气说出最关切的话	河南	34 000	2 017
2		"赶紧爬回家"	河南	609 000	111
3		都来，"听信阳村长"开个会！	河南信阳	23 000	1 189
4		漯河乡村大喇叭河南话"喊麦"防疫：漏大脸、呲大牙！	河南漯河	25 000	102
5		你 S 了不要紧，不要把嫩家人都带走！	河南焦作	3 145	235
6		息县村干部硬核喊话	河南信阳	1 169	22
7		村长怒斥无良物业	河南	18 000	1 805
8		河南灵宝金渠物业的大喇叭	河南灵宝	4 918	39
9		豫剧硬核宣传来了，加油汝阳！河南！加油中国	河南汝阳	199	20
10		村口大喇叭花样广播，听听是啥	河南	1 475	75
11		遂平县硬核大喇叭	河南驻马店	1 016	17
12		村干部为恁操碎了心	河南	189	6
13		"疫情防控，不漏农村"硬核村头大喇叭	河南许昌	200	4
14		信阳版村长喊话来咯！	河南信阳	1 148	30
15		村长又双叒叕硬核广播	河南	286	44

[1]　本书"村长"即"村主任"，只是因为引用、叙述方便，保留说法。

续表

序号	方言	标题	地区	点赞数	评论量
16	山东方言	山东防疫大喇叭	山东	1 137 000	57 000
17		“感觉隔着屏幕都被他熊了一顿”	山东德州	197 000	133
18		“你窜了叫俺挨熊 你知道包”	山东德州	21 000	35
19		“再有请客的 治你”	山东泰安	109 000	100
20		工作需要，俺村五十年前的老广播员光荣上岗	山东烟台	12 000	1 580
21		喊话广场舞大妈：回家关上门，想咋飞翔就咋飞翔	山东菏泽	27 000	3 591
22		村长的硬核大喇叭告诉我们什么是硬核爱情	山东菏泽	8 399	457
23		山东枣庄薛城硬核喊话	山东枣庄	298	47
24		村支书硬核大喇叭 不是 pian 俊的时候　别 pian 多了	山东济宁	2 688	10
25		农村老太太抗 E 宣传冲在前，女声大喇叭又响了，竟然那么多人能听懂	山东烟台	3 300	269
26		滕州大宗村硬核书记给他点个赞吧	山东枣庄	130	8
27		齐河县赵官镇崔桥村硬核广播	山东德州	389	1
28		我们村大队禁止正月十五上坟送灯的苦口婆心	山东烟台	615	291
29	云南方言	永胜方言防疫广播来了，你听得懂吗？	云南丽江	2 553	243
30		云南曲靖防疫大喇叭	云南曲靖	3 679	362
31		云南大喇叭	云南红河州	351	17
32		云南弥勒：老村长大声喊话(2)	云南弥勒	2 474	32
33		云南弥勒：大声喊话，喊不消翁在一处	云南弥勒	645	7
34		绥江本土方言硬核喊话	云南昭通	554	97
35		注意啦！网红“村长”硬核大喇叭为曲靖警方喊话啦！	云南曲靖	373	10

续表

序号	方言	标题	地区	点赞数	评论量
36	云南方言	老村长开始喊话了 听啦点	云南红河州	34	10
37		宁蒗防疫宣传小广播来了	云南丽江	1 432	87
38		砚山稼依硬核村长大喇叭防疫宣传	云南文山	297	5
39		还不起床肿脖子噶	云南曲靖	141	27
40		鹤庆黄坪村大喇叭	云南大理	302	2
41	湖北方言	湖北潜江硬核防疫宣传	湖北潜江	3 806	687
42		别个传染给你	湖北恩施	136	30
43		社区广播苦口婆心劝居民不要出门	湖北武汉	361	115
44		宜昌远安茅坪场镇硬核喇叭	湖北宜昌	4 267	28
45		湖北潜江硬核防疫宣传完整版到位了	湖北潜江	56	24
46		疫情当前,弥渡响起硬核大喇叭	湖北武汉	5 177	41
47		茅坪场滴大喇叭发话哒!	湖北宜昌	3 358	22
48		宜昌方言版来了!家里待起,家里待起,家里待起!	湖北宜昌	665	8
49		村广播又开始了,赶快搬个小板凳	湖北随州	445	43
50		宣传真的很硬核	湖北蕲州	213	22
51		紧紧依靠人民群众,坚决打赢疫情防控阻击战	湖北恩施	240	12
52	江西方言	生命重于泰山,疫情就是命令,防疫就是责任。	江西宜春	5 745	28
53		元宵莫送灯噢!!方言大叔跟你说!!	江西九江	113	3
54		萍乡硬核喊话	江西萍乡	5 402	45
55		比打战还厉害	江西上饶	7 024	31
56		硬核广播　一定重视	江西樟树	386	31
57		村口大喇叭广播乡村防疫啦	江西南昌	32	25
58		家门口超市的硬核广播	江西宜春	78	32
59		江西金溪农村大喇叭	江西抚州	393	13

续表

序号	方言	标题	地区	点赞数	评论量
60	安徽方言	硬核村长广播	安徽宿州	727	93
61		肥东村干部的硬核大喇叭又来了，各位村民听好了	安徽合肥	17 000	111
62		别天天看河南的了，咱安徽也有	安徽宿州	182	40
63		饿不死就管了	安徽淮北	56	11
64		快来听听村里大喇叭吆喝的啥，都好好听听！	安徽寿光	781	22
65		五沟镇硬核喊话	安徽淮北	852	42
66		厉害了，加油……我大杨楼一定要平安哦	安徽萧县	31	6
67		“接地气”，我们唯一的女书记“大喇叭”喊话了	安徽淮北	218	32
68	河北方言	河北邢台威县大喇叭	河北邢台	1 998	19
69		现在都是硬核广播！看看我大唐山的广播怎么样？	河北唐山	106	28
70		河北大喇叭	河北	53	8
71		任县辛留寨社区移动大喇叭广播	河北邢台	442	8
72		全网村长之声大 PK	河北保定	227	20
73		正宗涞普	河北保定	137	16
74		廊坊安次北史家务乡村硬核大喇叭，还是咱村的话又有哏又有理	河北廊坊	267	26
75		你们干什么呢，不要命了？	河北邢台	181	30

续表

序号	方言	标题	地区	点赞数	评论量
76	浙江方言	浙江防疫大喇叭	浙江衢州	1 080	69
77		来听听我们砀山版的防疫硬核大喇叭	浙江杭州	807	26
78		村长劝学,在家要学习,过个母慈子孝的好假期	浙江丽水	592	135
79		继续窝家里	浙江衢州	9	7
80		乐清虹桥村干部硬核喊话	浙江温州	256	11
81		浙江缙云硬核喇叭喊话	浙江丽水	481	75
82		浙江缙云人情味硬核式劝退	浙江丽水	707	169
83		硬核大喇叭临平版	浙江杭州	42	9
84	广东方言	广东村长防疫广播让人笑破肚皮	广东茂名	4 942	23
85		我们是在和病毒打战,打输了就是你过的最后一个年	广东陆丰	1 021	226
86		电白各村硬核防疫情	广东茂名	42 000	106
87		电白硬核疫情防控 2	广东茂名	1 609	14
88		咱沙湾的硬核喊话来了	广东广州	50	2
89		富林“崖子”话宣传新型冠状病毒肺炎防护知识	广东云浮	230	2
90		中山村委会大妈开麦当主播	广东中山	778	14
91		珠海各村方言硬核喊话呼吁防疫	广东珠海	622	12
92	江苏方言	江苏徐州大喇叭硬核寻找武汉返乡人员	江苏徐州	14 000	106
93		太狠了！赣榆方言版硬核大喇叭喊话又来了,句句在理!	江苏连云港	1 515	131
94		太狠了！赣榆方言版硬核大喇叭花式喊话又来了!	江苏连云港	959	55
95		洪泽硬核宣传,不孬不孬!	江苏淮安	621	68
96		江苏睢宁大喇叭硬核喊话:你一天到晚美的桃似的,你转什么转	江苏徐州	294	12
97		金沙某小区硬核防疫广播	江苏南通	115	18
98		防疫期间扬州村干部硬核方言喊话	江苏扬州	23	3

续表

序号	方言	标题	地区	点赞数	评论量
99	新疆方言	新疆羊肉串味宣传 真“硬核”	新疆阿克苏	70 000	107
100		新疆喀什硬核村长隔空喊话	新疆喀什	6 942	52
101		新疆版硬核喊话劝归家	新疆石河子	3 924	66
102		麦盖提硬核来了	新疆麦盖提	1 330	9
103		亲戚不走明年走，听村长的，不要对自己太自信了	新疆昌吉	1 961	20
104	山西方言	看我们大同的城管够不够硬核	山西大同	4 277	332
105		村里的干部都是深藏不露的啊	山西阳泉	116	2
106		沁源民警硬核喊话	山西长治	4 090	24
107		山西长治村广播	山西长治	5 032	495
108	湖南方言	长沙村长硬核喊话	湖南长沙	306	41
109		浏阳各乡镇街道喊麦集结，你 pick 谁?	湖南长沙	3 098	76
110		超硬核邵阳乡村广播来了	湖南邵阳	4 672	23
111		村支书“土味喊话”拉起乡村防疫警戒线	湖南衡阳	485	16
112	福建方言	福州话版村干部大喇叭喊话，谁不遵守！	福建福州	3 741	47
113		全村一起坐月子	福建宁德	87	9
114		不好好戴口罩？咱女警可要 3D 环绕魔音来喊你了	福建宁德	266	12
115	甘肃方言	张掖话大喇叭硬核喊话	甘肃张掖	447	10
116		甘肃静宁一村长	甘肃静宁	498	66
117		甘肃渭源：接地气的疫情宣传	甘肃渭源	276	46
118	广西方言	来了来了，你们最喜欢的乡音又来了，听话哦	广西钦州	397	89
119		广西普通话硬核大喇叭	广西百色	9 241	751

续表

序号	方言	标题	地区	点赞数	评论量
120	贵州方言	贵州防疫大喇叭	贵州威宁	141 000	169
121		大水乡硬核喊话第三部来袭,给大家布置家庭作业	贵州毕节	2 553	28
122		村支书硬核大喇叭“甩得不得过牙齿一 se”	贵州毕节	69	11
123	内蒙古方言	赶紧回家,别和我一样在外面瞎个窜	内蒙古乌兰察布	527	53
124		呼市后生“硬核”喊话	内蒙古呼和浩特	188	120
125		村长老胡请来兴安盟乌兰牧骑想给你唱一曲	内蒙古	83	1
126		蒙古族硬核村长大喇叭喊话了	新疆巴音郭楞蒙古自治州	5 384	19
127	陕西方言	村长说的这些你记住了吗	陕西	3 164	30
128		公安临潼分局代王派出所民警的“硬核”防疫宣传	陕西西安	788	20
129		延川在行动	陕西延安	527	1
130	四川方言	待在家里就是为国家做贡献	四川乐山	43	4
131		搞防疫宣传没点才华怎么行	四川绵阳	514	4
132		威远防疫硬核喊话	四川内江	631	56
133	黑龙江方言	“硬核”防控疫情　我在空中看着你呢	黑龙江双鸭山	42 000	79
134		用智慧的大脑管住勤劳的双腿	黑龙江双鸭山	77	10
135		小区大喇叭硬核喊话	黑龙江佳木斯	572	3
136	东北方言	东北“硬核”暖心说教	东北	9 017	48
137		我送你离开千里之外	东北	91	3
138		可都长点心吧	东北	2 098	9

续表

序号	方言	标题	地区	点赞数	评论量
139	辽宁方言	沈阳铁西硬核大喇叭	辽宁沈阳	19 000	112
140		大三家镇塘坊村	辽宁北票	695	24
141	吉林方言	东北硬核防疫通知	吉林长春	1 622	171
142		东北硬核防疫通知(二)	吉林长春	660	67
143	闽南方言	来自你闽南儿媳妇的温馨提示	福建漳州	4 737	22
144		福建人的闽南语劝说就很温柔可爱	福建	417	5
145	全国各地方言集锦	硬核大喇叭合集	全国各地	2 293	10
146		各地大喇叭喊话大 PK	全国各地	973	12
147	天津方言	厉害了我们的村长	天津芦台	448	26
148	纳西族语言	纳普硬核防疫广播来了	云南丽江	2 506	380

从数量上看,河南、山东和云南的方言大喇叭最多,其中河南方言大喇叭最具特色,多数用豫剧改词编曲进行宣传,而且河南大喇叭是防疫前线最具感染力的方言。福建漳州大喇叭借助“渔鼓”形式,用闽南方言宣传本次防疫信息,东北大喇叭则用对仗押韵的方式给大家传递防疫信息,起到积极的传播作用。

本书选取贵州毕节市织金县的大喇叭为代表,可以体现出方言传播的特色,具体内容如下:

“上坪寨嘞老乡们,请大家听好:肺炎疫情来势凶,劝你要待在家中。无事你都到处窜,亲戚朋友咋个看。你走他家他心慌,他来你家你紧张。人际关系本复杂,病毒不知哪里夹。吃平打伙你高兴,明天你就得毛病。吃喝玩乐去赌博,叫你一个你都打不脱。如果病毒来你来喘,人人看你都心烦。刀都架在脖子上,一天你还到处逛。你不怕死我怕死,大家都要讲羞耻。虽然开门把你引,整个心脏是跳不停。不好撵你回家去,你还无耻谈感情。广播宣传千百遍,你是聋子听不见。管好自家小朋友,千万不要到处走。青年男女要听清,珍惜大把好光阴。黄泉路上无老少,骨肉分离才知道。爹妈养你不容易,保命才能增志气。随你长得好漂亮,染上病毒不一样。随你长得像朵花,染上病毒你苦荞粑。老年人要听说,没事不要到处踔。闲来抽根叶子烟,福如东海你成仙。以烂为烂你到处踔,病毒不会让你活。你已到了几十岁,之个道理应该会。教子教孙教道理,榜样你得先树起。乡亲们要听讲,国家政策大家响,大家一心讲团结,病毒哪点都不得。党和政府不害你,保住性命顾自己。科学预防不怠慢,坚决打赢阻击战。”

全文内容朴实,其中“嘞”是“的”、“咋个”是“怎样”、“随”是“任凭、无论”、“苦荞粑”喻指苦命的人、“踔”是“来到、去到”,方言的传播让大家感受亲切的同时,掌握到疫情信息。方言大喇叭不仅当地群众关注,上传到短视频平台也成为用户茶余饭后的谈资,甚至成为地道的方言调查语料。有用户在看过各地方言大喇叭之后做出如下总结,很形象地描述了疫情期间各地方言大喇叭的特征。

"山东河南二人组,疫情宣传有一手。
新疆云南少民多,各种语言齐登场。
东北河北不落后,押韵搞笑有一套。
福建口音最温柔,娶回家来错不了。
江苏江西只有量,缺乏特色难记住。
川渝这次拉了胯,方言排头换人了。
湖北言语最严厉,重点地区难免滴。
发挥特色很重要,疫情宣传才能好。"

突发公共事件中短时间爆发大量方言短视频的原因如下:首先,因为防疫宣传需要,各省地市县尤其是以农村为主要力量的方言大喇叭传播形成一种防疫新手段;其次,各地网友将本地方言内容上传至平台增强了传播效果,形成各地之间的方言大喇叭大比拼,用户在探究方言大喇叭哪家强;最后,方言短视频的集中爆发是防疫力量的综合呈现,是政府坚决打赢防疫阻击战的信心,是大家众志成城抗击疫情的决心。

第五节 方言出版的嬗变与革新

"出版"一词在《出版词典》里的定义是:选择某种精神劳动成果(文字、图像作品等),利用一定的物质载体进行复制以利传播的行为。[1] 方言出版物从形态来看,主要表现为以文字和音像为主的出版物。从传播载体来看,主要表现为纸质出版物和数字化出版物。从类型划分来看,可以分为四类:辞书类出版物、

[1] 丁如筠,等.出版词典[M].上海:上海辞书出版社,1992.

教育类出版物、语言学术出版物和语文报刊。[1]

辞书类出版物作为方言出版的组成部分是重要的工具书，也是我国出版领域的基础工程，是关系到国家语言文字标准化、规范化、通用化的关键所在。[2]《古代汉语词典》《汉语方言大词典》《辞海》等辞书类出版物填补了古今现代汉语辞书的空白，具有良好的社会效果；方言资源的教育类出版物包括国内不同层次学生使用的教材与相关读本，此外针对方言教学出版的教材，还包括近几年来为保护传承方言与传统文化所出版发行的选读本。这些教育类出版物为我国国民语文知识获得与对外教学交流起到积极作用。语言资源存在多元性，我国诸多优秀传统文化以方言为依存，因此，有上海金汇方言教材《傷傣话：世界上元音最多的语言》《学说上海话》《绍兴优秀方言谚语》等读本为传承方言与传统文化助力；语言学术出版物多数是以语言学视角进行专项研究的成果展现，这类出版物呈现内容专业性强但传播范围受限的特点，多数在语言学者间使用；语文报刊与语言学术出版物互为补充，语言报刊多数面对普通大众传播，内容普及性较强，能够帮助大众认知纠正一些惯有问题。《咬文嚼字》由上海文化出版社出版，主要内容为纠正媒体艺人、名家作品中的错别字。自 1995 年创刊至今因内容颇具特色，深受大众喜爱，成为汉语文化品质的“捍卫者”。

全媒体环境下，传统方言出版的生态环境在内容广度和传播深度方面深受挑战，方言资源的深层结构正在被新媒体重组，而出版的本质是传播文化和传承文明，利用新媒体进行出版既可以丰富方言资源的表现形式，又可以创新出版路径。

新媒体出版是现今出版行业的重要手段。“互联网+”已经成为国家战略布局，传统出版业在新媒体的冲击和影响之下，已转型步入数字化时代，打通传统出版与新媒体出版的壁垒并进行了有效融合。新媒体出版借助其超媒体性、交互性与个性化的特征改变了传统出版行业的生态格局，在占有重要地位之余，逐步演变为出版行业的重要手段。

方言资源借力新媒体进行立体化出版。传统出版业的语言资源内容多数以文字和图片的形式出现，内容呈现手段单一，不能满足大众日益增长的物质文化需求。方言资源借助新媒体可充分发挥其自身的独特性，利用文字、图片、声音

[1] 王巍，高传智.语言出版业：概念、特征及数字技术环境下的发展策略探析[J].语言文字应用，2014(3).

[2] 贺宏志，陈鹏.语言产业引论[M].北京：语文出版社，2013：127.

与视频相结合的方式,打造“四位一体”的新型出版模式。

新媒体助力方言资源精准传播与广泛传播。传统的方言出版物在营销方面存在局限性,多依赖于实体书店与广告,同时会受到图书本身性质、版权和时间等条件的影响,阻碍其广泛传播。新媒体的介入则打破这一僵局,让出版方式更加多元,营销方式更加灵活,精准定位用户群体让语言资源的出版更加立体与全面,实现精准传播和广泛传播。

“移动终端+互联网”代表着媒介已打破时间与空间的局限,时刻进行着“秒级传播”。作为新时代的大众,更多人选择使用新媒体主动获取信息,而传统方言出版物的内容困于学理、形态拘于纸本、定位囿于大众,整个传播过程处于被动状态。缺乏精准定位和有效互动成为当前方言出版面临的主要困境。新时代语言资源的传播与传承需要秉承借助新媒体、新技术。利用新媒体进行方言出版,不仅在传播文化和传承文明时丰富了方言文化的表现形式,同时也创新了方言文化的出版路径。

一、EP 同步构建纸电融合新平台

EP 同步是指纸电同步的战略,是在纸电融合环境下出版形式与格局的创新。2014 年商务印书馆与亚马逊纸电同步的战略合作拉开了我国纸电融合的序幕,管理平台资源,变革排版方式,调整生产过程,融合终端应用,推进 EP 同步实现。2017 年,中国语言资源保护工程代表性成果《中国语言文化典藏》正式出版发行,这是高水平、标志性的精品成果,符合国家保护传承方言文化的精神,在语言资源出版历史上具有划时代意义。丛书现有 20 卷,涵盖官话、晋语、吴语、徽语、闽语、湘语等汉语方言和怀集“标话”等少数民族语言,具有创新与存史并重、学术性与普及性相结合的特点。[1]

《中国语言文化典藏》中的语言文化指用语言形式所表达的具有地方特色的文化现象,丛书将语言文化所涵盖的内涵用纸电融合的方式展现出来,项目前期专门编写出版《中国方言文化典藏调查手册》,制定专用方言文化调查表,包括 9 大类 36 小类,共 800 多个调查条目(见表 3.16)。[2] 所有条目在实地调查

[1] 中华人民共和国教育部.留下乡音,记住乡愁,透视历史,传承文化——“中国语言资源保护工程”标志性成果《中国语言文化典藏》(20 卷)出版[R].http://www.moe.edu.cn,2017-12-18.

[2] 曹志耘.方言濒危、文化碎片和方言学者的使命[J].中国语言学报,2014(7).

基础之上进行录音和拍摄保存，体现作者的原创性与规范性，在抢救方言文化的同时，进行创新性融合传播。

表 3.16　方言文化调查条目分类

	一	二	三	四	五	六
壹　房屋建筑	住宅	其他建筑	建筑活动			
贰　日常用具	炊具	卧具	桌椅板凳	其他用具		
叁　服饰	衣裤	鞋帽	首饰等			
肆　饮食	主食	副食	菜肴			
伍　农工百艺	农事	农具	手工艺	商业	其他行业	
陆　日常活动	起居	娱乐	信奉			
柒　婚育丧葬	婚事	生育	丧事			
捌　节日	春节	元宵节	清明节	端午节	中秋节	其他节日
玖　说唱表演	口彩禁忌	骂人话	俗语谚语	歌谣	曲艺戏剧	故事吟诵

该丛书将音像图文四位一体、多元融合，结合移动终端二维码实现 EP 同步，构建出纸电融合新平台，对语言资源方言文化内容的传播起到积极作用。阅读时用户可通过扫描各分卷图书里的二维码，访问相关地方特色的条目，内容涵盖视听语言多种形态，全方位、立体化地为用户呈现语言样态。与此同时，纸电融合微平台还可借助人工智能技术进行语音和图像识别，拓展语言资源内涵，丰富方言文化底蕴。EP 同步的出版方式融合线上和线下同步阅读，丰富阅读内容的同时拓展传播方式，贯通内容传播与交互传播，增强图书与读者的互动性，对方言文化保护和传播的创新性发展起到积极推动作用。

二、大数据与 AR[1] 建立跨域沉浸新互动

《大数据时代》译者周涛提出“跨域关联”，大数据带来的前所未有的巨大价值和深刻洞见，并不来自单一或内部数据集量的变化，而是不同领域数据集之间

[1] AR 为英文 Augmented Reality 的缩写，是一种将虚拟信息与真实世界巧妙融合的增强现实技术。

深度的交叉关联,从而形成了“跨域关联”。[1] 新型方言出版需要大数据进行精准分析,实现“跨域关联”,不能仅将新媒体视为传播的延伸,对纸本内容进行数字化展示需具备大数据思维,把数据分析变为连接用户和内容的纽带,才能使海量语言资源的内容转化为新生产力。

大数据将人与物、物与物关联,新技术则给内容提供更优势的供给,运用 AR 技术可以将传统的方言传播转化为参与式传播与沉浸式传播,用户以方言文化作为共同属性出发,建立共有社交情景,在人与信息之间进行价值转换,直至形成关系闭环。因此,结合大数据和以 AR 为代表的前沿技术可分析得出方言出版机制的渐进层次(见图 3.10),为方言出版拓展新维度、提出新范式提供有效依据。

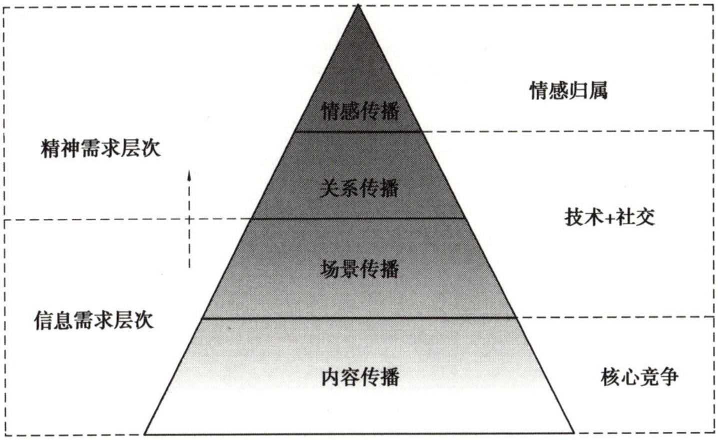

图 3.10　方言出版机制渐进层次

新型方言出版是一个逐渐升级融合的过程,在坚持以“内容为王”作为核心竞争力,满足用户的基本信息需求之外,借助新媒体技术打造场景传播,利用新媒体社交圈群搭建关系传播,逐步升级满足用户的高级精神需求,让用户主动从态度和行为决定选择意向,最终达到情感传播、实现情感归属。当认同感和仪式感同时生成,方言出版的效果便日益显现,大众需求也日益得到满足。

本章从方言节目、方言电影、方言微平台、方言短视频和方言出版五个维度对全媒体方言传播图景进行细致描写和解构,媒介属性和媒介形态决定了方言传播在不同平台的特征、规律、困境和模式均不同。传统电视媒介的时间和空间都是固定的,方言节目的发展空间有限,因此,制作和播出的方言节目以民生新

[1] 李德团,雷晓艳.大数据出版:内涵及其实践运用[J].编辑之友,2016(4).

闻为主，竞赛类、知识类、娱乐类节目为辅，而网络平台播出的方言节目则以自制的娱乐节目为主，形成多元并举的传播格局；方言电影从初入大众视野，到如今百花齐放，其建构身份认同和传播地域文化的特征日益显著，呈现日益繁荣的现状，但如何在电影中用好方言元素则需要继续深思；建立在新媒体技术发展之上的方言微平台传播，通过两微一端实现方言传播的裂变与激增、依存和互动、分享与叙事；方言短视频的崛起与繁荣，表层效果乐观，实则鱼龙混杂，需要再抛开繁茂的数据、真正抓取互联网痕迹，创作优质的方言内容；方言出版已不再停留在单一纸本，而通过互联网技术与大数据、AR 相结合，形成跨域式沉浸新互动的出版模式。

第四章
全媒体方言传播的模式

方言节目、方言电影、方言微平台、方言短视频和方言出版共同构成全媒体方言传播的全景图式，建立在全媒体平台之上，方言传播无论是其形式还是内容都呈现多元纷繁的特征。通过解构全媒体方言传播图景，了解方言传播内容构成、形式变化、不同特征和价值规律，但想对全媒体方言传播进一步挖掘就需要在内容分析基础上对传播的模式进行探究。全媒体方言传播的模式是把握传播的基本结构和过程，描述参与要素、环节以及相关变量的关系。传播本身是从传播者到接受者的信息传递的过程。在传播学发展的不同阶段，出现了不同传播模式：1948年拉斯韦尔提出著名的“5W”模式，对大众传播研究起到推动作用；同时期拉扎斯菲尔德提出两级传播模式，强调意见领袖的作用；50年代后美国传播学者施拉姆提出施拉姆模式，揭示了人际传播中符号互动的作用，提出信息反馈机制，表明传播是双向循环的过程；后续美国传播学者韦斯特利和麦克莱恩提出韦斯特利-麦克莱恩模式，此模式突出信息的重要性，同时强调把关人在传播过程中起到的重要作用；70年代中期，美国传播学者R.E.希伯特提出波纹中心模式，此模式强调大众传播与社会、文化相关联，呈现出传播过程的复杂性和动态性。

方言在新媒体平台的传播理论模式相对薄弱，学术界认可并被广泛采用的新媒体理论模型主要有：创新扩散理论、模型技术接纳模型和计划行为理论模型。不管是传统的传播模式还是新媒体的传播模式均具有构造功能,能够揭示方言传播过程中各主体的次序以及相互关系,让大众直观了解方言传播受哪些因素影响。一方面,模式具有解释和揭示规律、价值的功能,有助于其他人对事物本质的认知和探索。另一方面,模式具有启发和预测的功能,其他人根据模式进行分析时,关注不同侧重点则会受到一定启发,同时还可以根据模式对有可能发生的事件进行预判。因此,对全媒体方言传播的模式进行表述可分为两大类:一类是建立在拉斯韦尔模式基础上的表征传播过程及机构的模式;另一类是表征传播要素关系的模式,前者就方言传播的本质进行整体把握,后者对方言传播的影响、效果、受众和媒介模式进行细化。

本章则依据近年来方言的整体现状和方言传播的现实表征,探寻其传播模式。基于此前的实践和经验总结,方言传播的模式既不同于语言学的研究模式,也不同于传播学的认知模式,而是从方言传播的决策力量与推动力量两方面建构。把握方言传播整体的决策力量在于国家层面政策的建构,而对方言传播的影响及效果的推动力量则在于媒介和精英的建构。

第一节
方言传播的决策力量：语言资源保护模式

近几十年来，由于普通话的推广、人口的多向流动，语言统一化趋势越来越强，方言磨损的速度和程度惊人。语言既是一种文化，又是文化的重要载体，方言是地方文化的重要载体，并反映地方文化的特性，如果一种地方方言濒危，那么以方言为载体的民歌、曲艺、音乐、故事等多类文学艺术形式都将岌岌可危，难以传承。方言资源属于地方文化生态，自然生态需要平衡。文化生态也需要平衡。某种动物的消失，将是生物链的缺失；某种方言的消失，将是文化链的缺失。保护方言多样性、文化多样性与保护生物多样性同等重要。

方言濒危已从语言问题上升到社会问题，方言濒危伴随着方言文化的流逝和方言特色的消失，因此，我们必须加大力度保护和抢救方言资源。语言资源保护的含义是维护语言生态、保持语言活力，使语言健康生存发展，同时包含记录保存。[1] 我国对濒危语言的关注始于语言学界，在 21 世纪初我国学者针对濒危语言和方言进行调查研究，开展学术活动进行研究内容和最新思想的交流，并将研究成果出版发行。一系列关于濒危语言和方言的研究引发政府的关注，有人大代表和政协委员持续提出有关保护濒危语言和传承方言文化的提案和建议。同时期，大众也开始回归对乡音的追随，甚至伴随着方言的消失，大众的焦虑感和危机感与日俱增。

在各方推动下，教育部、国家语委在 2008 年率先开启“中国语言资源有声数据库建设”项目，作为先行项目，有声数据库有效地保护和保存了各地方言。为了追赶方言消逝的速度，全面保护方言文化和抢救民族语言，教育部、国家语委于 2015 年又启动了“中国语言资源保护工程”（简称“语保工程”），语保工程是

[1] 曹志耘.中国语保的理念及其实践[J].语言文字应用，2019(4).

全国性、大规模的语言方言调查,也是目前世界上最大规模的语言资源保护项目。[1] 截至2018年年底,已完成调查点数1 491个,涵盖了我国约122种少数民族语言、十大汉语方言及其下辖的近100个方言片,预计至2019年工程一期建设收官之际,将完成约1 700个调查点的调查建设工作,汇聚工程调查数据的中国语言资源采录展示平台将全面投入使用。[2]

作为在政府层面实施的重大工程,山西省被列为国家语保工程汉语方言调查首批省份,正式开启山西汉语方言的保护计划。山西省作为语保工程的先行官、工作机制的试验田、打造精品的排头兵,创造出属于山西语保的“山西模式”。山西模式具有典型性、代表性和突出性,因此,下文将以山西模式为范式进行分析,共同探讨语言资源保护模式。

山西方言的保护路径经历了三个不同的阶段,从单一的纸本记录到多角度的调查保存再到全方位的联动保护,这既是山西方言保护的不同阶段,也是方言保护的不同维度,只有多维度、多层次相结合才能最大限度地保护方言文化。

一、方言保护路径之单一的纸本记录

关于山西方言的调查与保护,追溯起来已有上百年的历史。早在20世纪初,瑞典汉学家高本汉来山西开展汉语方言调查工作,他运用现代科学的方法对山西方言音韵进行了调查,共调查了山西晋语6个方言点,分别是大同、太原、兴县、文水、太谷和晋城,此外还调查了内蒙古晋语、呼和浩特和河南怀庆晋语。高本汉称这些方言是一支“古怪”的汉语方言。在其专著《中国音韵学研究》中用了山西7个方言点的材料,有6个点记音近3 000字。20世纪50年代,山西省开展了方言普查,出版了油印本《山西方言语音概况》。80至90年代,出版了41本方言志,为山西方言历史研究和共时研究提供了参考。90年代以来,侯精一等主编了《山西方言调查研究报告》。21世纪初,乔全生主编的“山西方言重点研究丛书”,从语音、词汇、语法、例句材料四方面对山西省50个县市的方言进行了调查记录。

2007年乔全生通过国家社科基金重点项目“晋方言语音百年来的演变”的研究,发现早在百年前,太原方言蟹摄的演变模式与现代完全不同。百年前太原

---

[1] 田立新,易军.中国语言资源保护工程的建设成效及深化发展[J].语言文字应用,2019(4).

[2] 王莉宁.中国语保国际化的途径和经验[J].语言文字应用,2019(4).

方言蟹摄的演变模式与左权、怀仁等相同，而现代这种演变模式已经被北方官话方言覆盖，变得与北京话基本一致。再比如现代晋城方言，古知庄章精（洪）四组均读 tʂ、tʂʰ、ʂ 舌尖后音。从精组洪音声母读 tʂ、tʂʰ、ʂ 来看，这是一种非常值得关注的变化。可是从高本汉百年前的调查记录来看，晋城方言是精组洪音与知庄章一样读 ts、tsʰ、s，这也是现代长治片方言的共性特征，与太原方言类似。可是现代晋城方言这四组声母又完全变成了卷舌声母。这充分说明，这不是一种简单的演变，因为由舌尖前声母变成舌尖后声母不是一种正常的变化，而是一种替换，甚至可以说是一种“矫枉过正”现象。

乔全生在高本汉调查的基础上，进一步全面调查了山西方言古鼻音声母带有同部位浊塞音的分布和现代读音状况，指出这种现象与唐五代西北方言有密切关系[1]。山西方言古全浊声母清化的模式有“一律不送气”“一律送气”“平声送气仄声不送气”“平声不送气仄声送气”等四种类型，这些类型都丰富了汉语方言古全浊声母清化的演变模式。

晋语语音共时调查以及与其他方言尤其是非官话南方方言的比较使得晋语语音的历时研究得以深入开展，走在了全国其他汉语方言的前列。2008 年乔全生出版《晋方言语音史研究》，在利用大量历史文献的基础上，结合现代晋语的丰富资料，对晋语语音的历史进行全面的探索，取得了一系列令人瞩目的成果。第一次提出现代晋方言是唐五代西北方言的直系后裔，汾河片方言是宋西北方言的延续等重要的学术观点。这不仅对今后晋语语音的研究具有重要的意义，而且对北方方言的研究也具有重要的意义。

伯希和早就指出，辽金跟其他非汉族的人入主中国，中国北半部发生了纷扰，在语言上发生了“重新汉化”（resinisation）的现象。鲁国尧先生（1992、1993）提出了“颜之推谜题”——“南染吴越、北杂夷虏”[2]。无论是伯希和提出的“重新汉化”，还是鲁国尧先生提出的“颜之推谜题”，都需要对北方方言进行比较深入的研究，尤其是对北方汉语方言与阿尔泰语系语言过渡地带方言交融的历史进行深入的研究。乔全生的《晋方言语音史研究》的研究对象晋方言恰是北方阿尔泰语系语言和北方汉语方言过渡地带的晋方言。提出现代晋方言是唐五代西北方言的直系后裔，汾河片方言是宋西北方言的延续都是具有重要意义的学术观点。而且更为重要的是，无论是唐五代西北方言还是宋西北方言都是母语

[1] 乔全生.现代晋方言与唐五代西北方言的亲缘关系[J].中国语文，2004(3).

[2] 鲁国尧.鲁国尧语言学论文集[M].南京：江苏教育出版社，2003：162.

为非汉语的北方少数民族所操的汉语方言。由于受到母语的音韵系统的影响，这些汉语方言与其他汉语方言相比具有独特的特点。这些独特的特点又与这些少数民族的母语有着千丝万缕的关系。比如，宕江摄没有韵尾，或与果摄合并，或与假摄合并等。从这个角度看，《晋方言语音史研究》拉开了北方汉语方言与阿尔泰语系语言交融史研究的序幕，吸引着学者投身于这项研究。

通过这项研究，学术界了解到近代以来普通话的推广对晋语特征的侵蚀非常严重。晋语早期的诸多特征都处于逐渐的消融过程之中。比如鼻音声母带有同部位的浊塞音，塞擦音声母擦音成分较重等特征在现代晋语中几乎消失殆尽。核心晋语的语音特征在边缘晋语也曾存在，但由于受到普通话的影响，也几近消失[1]。这又充分证明，近代以来汉语的变化出现了前所未有的状况。同时也从某种程度上说明了晋语成为汉语北方方言中的一支"濒危方言"。保护"语言多样性"是语言学事业的一部分，有效保护方言对我们的国家安全、语言认同、民族文化的传承都具有重要的意义。

2019 年乔全生、王为民出版《晋方言语音百年来的演变》，该书以高本汉记录的 7 个晋方言点材料为基础，讨论它们的语音特征及其形成过程。在综合考察的基础上，探究晋方言区域性特征的形成、扩散和磨损，总结晋方言这 7 个点语音百年来演变的规律。

以往的方言保护多出于语言学的目的，关注的是语言学的视角，将方言看作语言学的资源，多用于语言研究。[2] 对语言的调查主要集中在语音、词汇和语法，兼收一些地方文化形式。语言学视角下的方言保护方式，一般是用国际音标把一种方言的语音、词汇、语法全面记录下来，兼与中古汉语、普通话进行比较。或编写方言学术专著，或编写方言词典，或编写学普通话读本，质量高且有深度，但面对方言文化严重流失的紧迫局势，单一的纸本记录远远不够。因此，纸本记录作为方言保护的支撑力量，可以从专业角度做深度分析和研究，加强方言保护的纵深性。

二、方言保护路径之多角度的调查保存

自 2015 年国家启动中国语言资源保护工程后，此工程定位为国家工程，兼具社会化和科学性，以政府为主导、专家全面实施、社会大众广泛参与为方法。

---

[1] 乔全生.晋方言古全浊声母的演变[J].山西大学学报,2005(3).

[2] 李宇明.文化视角下的语言资源保护[N].光明日报,2016-08-07.

山西方言的保存和保护，建立在国家大力支持的基础之上，组建精明敬业的专业团队，争取各地县市全方位联动，拥有这些坚强后盾和可靠保障才能更好地保护山西方言。运用现代化的技术手段保存、保护、传承具有山西地方特色的方言文化，探索出一条实现路径成为我们的当务之急。

（一）创新山西方言保护模式

2015 年山西省作为语保工程的试点省份，连续四年承担并完成了山西省 57 个方言点的纸本调查工作（所调查的内容比语保要求更多），摄录了 57 个方言点的音视频资料。近十年来山西大学语言科学研究所已调查 117 个县市区镇方言，出版山西方言重点研究丛书 60 部。山西语言保护工程形成以“领导专家互信制、首席专家负责制、重大项目管理制、摄录团队独立制、课题成员互助制”为特色的山西模式。如图 4.1 所示。

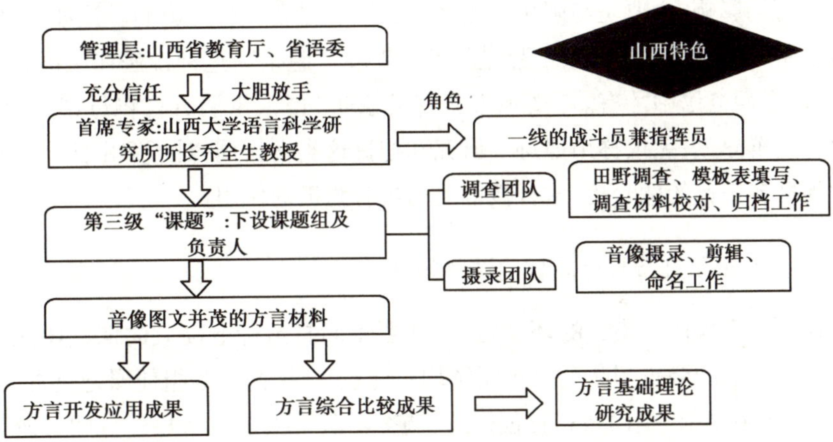

图 4.1　山西方言保护模式

在方言保护管理模式的环节之中，要充分发挥首席专家“一锤定音”的作用，形成领导、专家、负责人三级互动机制。领导再接再厉强管理，专家尽职尽责保质量，负责人一心一意出精品，营造出了领导与专家互信、专家与负责人互促、负责人与负责人互帮的良好氛围。在方言调查过程中特别强调核准音系的重要性，这是保证质量的重要举措。首席专家必须亲莅现场、去调查一线核实音系，到现场听音，能够全神贯注、不厌其烦地听发音、看口型，反复比字，确定音系。到现场听音，既能准确地把握音准，也能体会到调查的艰辛与甘苦。同时在挖掘当地历史文化内涵方面，首席专家可以起到把关作用。

在语言调查摄录工作当中，语保的每个环节的重点要求和体现是不同的，乔全生教授指出“音系描写要准确,体现出的是水平;材料整理要一致,体现的是态度;音像摄录要规范,体现出的是技术;语保工程要高质,体现出的是使命。”[1]这四者不是彼此割裂的,是互为条件、互相关联的。

(二)挖掘丰富多彩方言现象

在语保工作中,首席专家和调查团队时常要带着研究的目光去调查,在深入实地调查方言的过程中,要多留意诸多有价值的方言现象,以便以后做深入研究。山西晋中、晋南方言将“水”读成 fu/fei/sui/shui 等形式,读 sui/shui 明显是受了普通话的影响,读 fei 是受南部古政治中心长安话影响,读 fu 才是当地最土的读音,据考,这个读音在元代已有记载。[2] 长治方言的声母、韵母、声调与 30 年前的材料已有不同,这是调查研究该方言历史音变的绝好材料。

西北地区曾是少数民族大量聚居之地,山西方言在历史上还受到历代其他民族语言的影响,主要是与阿尔泰语系语言产生融合和相互影响。比如,晋南有的方言将“嫡亲”说成“节儿”“胞儿”,即“节亲”“胞亲”,这种说法在汉语文献中找不到,在西夏语中才有。[3]文水方言将父亲叫“哥”,洪洞方言将母亲叫“姐”,这分别是鲜卑人、羌人称谓遗迹。研究和挖掘这类文化词,对了解山西乃至整个西北地区各民族的融合史,语言接触史均具有积极的作用。

(三)创建和打造专业高效的课题团队

在山西方言保护模式的环节之中,还要不断打造专业高效的课题团队。山西汉语方言点的调查团队和摄录团队均由专业教师、博士等担任课题负责人,另“摄录团队独立制”是山西省首创模式,调查团队与摄录团队权责分明又密切配合,才能高质量地完成调查摄录工作。

1.调查团队必须深入田野调查,确保方言准确性

在方言调查实践中,音系的准确定位是难点所在,必须严格把关。因此,为确保方言准确性首先必须挑选合适的发音人,与以往田野调查不同的是,语保工程要通过音视频记录保存方言,发音人既要方言地道、吐字清晰,还需要五官端正、性格外向、有表现力,这样才能保证摄录方言是真实准确的。

---

[1] 2019 年 5 月 7 日,乔全生教授作为山西省语保工程首席专家在中国语言资源保护工程 2019 年度工作会议上的发言。

[2][3] 乔全生,李小萍.古老山西方言,语言演化的“活化石”[N].光明日报,2016-04-03.

山西方言某些韵母的实际音值和声调很难把握，尤其是描写方言音值时，必须反复辨识才能区分其中的细微差别，一定要精准定音。语保工程规定需调查1 000个常用字、1 200个词汇和50个语法句子，[1]但这对于一个方言的详细面貌描写来讲是远远不够的，还需要利用《方言调查字表》《儿化表》《两字组连续变调表》等进一步完善语音系统；通过对三十多类词汇进行分析，系统把握其词汇面貌；还要通过语法例句、语料等离析方言的语法面貌。只有把整体的语音、词汇、语法系统摸清楚之后，才能够清晰无误地展示该方言的全貌。

2.摄录团队必须严格进行音像记录，确保方言真实性

在方言保护摄录中，把握技术标准是难点所在，必须严格把关。首先，背景噪声不超过-48分贝。这就要求必须有合适的摄录场地，建议首选当地电视台，电视台的灯光、布景一般都符合语保工程要求，值得注意的是其摄录环境噪声是否超过背景噪声的要求。如噪声超标，需软件和硬件同时补救，在使用场地内布置软装，通过话筒降低噪声或通过调整摄入音量等方法来达到降低噪声的目的。若经过补救仍无法满足要求，建议挑选当地的录音棚或收音效果好的房间，注意房间大小与回音等情况。其次，摄录参数符合标准。摄录规范对录音设备、录制参数、录音音量进行了统一规定，系列的技术指标和严格把关对摄录工作提出了更高要求，必须精确细致。除硬性参数满足要求外，要时刻进行软性把关，如发音人的音量高低、坐姿控制等，都需要随时调控。要保证发音人左右居中，上下适中，不能有影响质量且明显的面部动作。最终确保做到四个一致，即电子版、音频材料、视频材料和纸质版均保持一致，保证方言记录和保存的准确性。

三、方言保护路径之全方位联动保护

方言资源保护不能止步于纸本记录与田野调查，需要在保护保存方言的同时有所传承。全媒体时代，通过运用新媒体进行广泛传播，提高社会各阶层对方言的认知和运用，在数字化保护保存的同时，运用新形态进行传承。山西方言资源保护呈现出新形态、新方法、新路径的态势。在语保过程中，为留住乡音、追逐乡愁采用全方位联动的创新之举，如图4.2所示。

---

[1] 王莉宁.中国语言资源保护工程的实施策略与方法[J].语言文字应用，2015(4)：18-26.

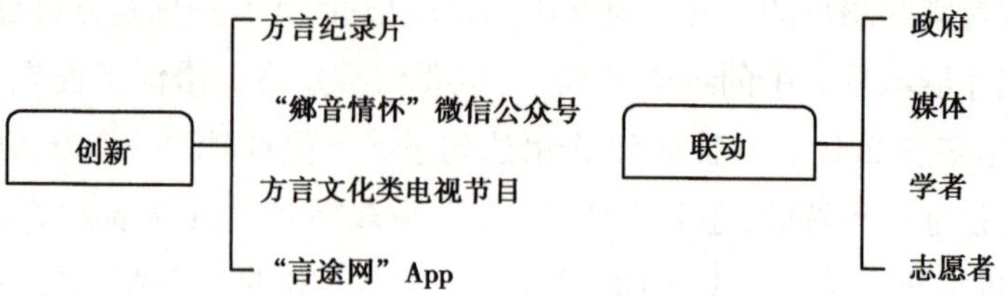

图 4.2　山西方言保护创新联动

（一）拍摄方言纪录片

2016 年，以山西省忻州市定襄县、神池县和宁武县为试点结合语保工程进行纪录片的拍摄，向省内其他地区推广，实现更多方言点的全覆盖。纪录片选取定襄县、神池县和宁武县为地域代表，拍摄主线为方言流逝—唤起方言保护意识—保护方言—传承方言文化。本片分为三个篇章：第一篇定襄篇寻找遗失乡音，通过对比山西省忻州地区新生代与老年人方言使用情况的不同，表现出新生代对于方言使用的生疏、当前忻州地区乃至全国的方言留存状况不佳的现状；第二篇神池篇唤起温暖乡音，起承上启下的作用，通过记录当地国家级非物质文化遗产传承人对方言的使用习惯和情感依赖，唤起大家保护方言的意识；第三篇宁武篇追逐乡愁情怀，通过前两个篇章的积淀，体现出保护方言迫在眉睫，说明保护方言的意义和重要性，引出中国语言资源保护工程，最终升华主题。

此方言纪录片以方言点为代表，以“点—线—面”的方式进行串联，选取与方言相关的人、物、事进行拍摄，逻辑环环相扣，内容紧紧相依，情感层层递进。在挖掘方言、民俗的同时，挖掘人物元素，最终达到山西方言点全覆盖。

（二）创建“鄉音情怀”微信公众号

微信公众号作为大众传播媒介，兼具人际传播和大众传播的效能，在传播效果和互动效果方面起着积极作用。2016 年 11 月，随着山西省语保工程的深入实施，开创“鄉音情怀”微信公众号，为保护山西方言助力。公众号分设“聆乡音”“诉乡愁”“绘乡情”和“乡音直通车”等板块，开设“语保人”专栏，新增“方言我知道”科普栏，推送文章已达 296 篇。“鄉音情怀”作为宣传和传播山西语保工程的官方微信公众号，开设专栏并利用新媒体的优势进行传播，让大众关心乡音的同时，了解和关注语言保护工程。公众号推送语保内容统计如表 4.1 所示。

表 4.1　“鄉音情怀”公众号中语保相关推文统计表

序号	内　容	发布日期	阅读量
1	乡音的方向,家的方向	2016.11.17	231
2	“中国语言资源保护工程·山西汉语方言调查”项目顺利通过预验收	2017.01.01	145
3	“中国语言资源重大语言文化保护工程·山西汉语方言调查”顺利验收	2017.01.23	473
4	守住乡音	2017.03.07	139
5	乡音,最美妙的音符	2017.04.17	144
6	2017 年山西语保工程启动暨培训会顺利召开	2017.04.22	283
7	语言保护丨蒋文华	2017.05.21	424
8	语言保护丨高晓慧	2017.05.28	387
9	语言保护丨徐冬雪	2017.06.04	315
10	语保丨出发工作前的专业培训	2017.06.16	390
11	开启偏关点方言摄录之旅	2017.07.13	348
12	我们就是来偏关的那群人	2017.07.17	849
13	语言保护 丨 郭晓瑞	2017.07.24	305
14	河曲方言	2017.07.27	1 056
15	方言保护,任重道远	2017.08.03	414
16	我们在河曲县摄录方言,也 get 了一大波风情	2017.08.06	683
17	田野记丨繁峙方言	2017.08.09	141
18	语保之乐,吾心之鉴	2017.08.12	311
19	摄录篇丨繁峙之行	2017.08.13	429
20	语言保护丨马启红	2017.08.17	258
21	语保人丨刘洋	2017.09.17	146
22	宿舍方言	2017.09.21	111
23	“中国语言资源保护工程·山西汉语方言调查”项目顺利通过国家中期检查	2017.10.09	124

续表

序号	内　容	发布日期	阅读量
24	我们是谁	2017.11.02	74
25	摄录篇|邀你同行	2017.11.06	182
26	“2017·中国语言资源保护工程·山西汉语方言调查”项目顺利通过预验收	2017.11.20	298
27	汾阳方言	2018.05.29	226
28	山西语保验收告捷——守初心,新出发!	2018.02.13	302
29	教育部办公厅关于部署中国语言资源保护工程 2018 年度汉语方言调查工作的通知	2018.04.03	32
30	网络热词	2018.04.27	68
31	中国语言资源集(分省)编写出版试点工作启动会在上海召开	2018.05.25	47
32	交口方言调查	2018.06.01	676
33	乔全生教授在山西大学 2018 届本科生毕业典礼上的讲话	2018.06.28	5 208
34	山西大学与韩国国立全北大学联合举办“廿一世纪东丝绸之路　中原汉文化与方言研究之新探”国际学术研讨会	2018.06.30	149
35	馈赠	2018.07.29	113
36	侯马之行	2018.08.02	461
37	语保人|侯马	2018.08.13	118
38	语保人 | 临猗语保调查手记	2018.08.23	166
39	语保人|屯留语保	2018.08.27	198
40	中国音韵学研究第二十届国际学术讨论会在陕西师范大学召开	2018.09.01	230
41	语保人|襄垣调查记:及时雨	2018.09.04	137
42	教师节特辑|乔全生教授与他的晋方言研究团队	2018.09.10	225
43	2018 年“中国语言资源保护工程·山西汉语方言调查”项目接受专家中期检查	2018.09.15	101

续表

序号	内　容	发布日期	阅读量
44	语保人丨襄垣“蒙古包”	2018.11.28	129
45	语保人丨襄垣方言代言人	2018.12.02	59
46	山西语保预验收后的主要工作	2018.12.24	338
47	“中国语言资源保护工程·山西汉语方言调查”项目通过专家正式验收	2018.12.26	184
48	北斗语言学	2019.01.28	107
49	春节祝福	2019.02.04	138
50	关于中国语言资源保护工程汉语方言调查 2018 年立项项目验收情况通报	2019.02.18	194
51	勇挑重担，乘势而上	2019.05.08	528
52	乔全生教授在中国音韵学研究会 2019 香港高端论坛致辞	2019.05.23	192
53	2019 年“优秀大学生夏令营”学术讲座	2019.07.25	113
54	第六届中国语言资源国际学术研讨会圆满闭幕	2019.09.26	72
55	《晋方言语音百年来的演变》	2019.11.01	152
56	文化传承丨卜光前	2019.11.03	46

“鄉音情怀”公众号以传承方言文化为核心，围绕语保工程从田野调查、音视频摄录、语保人实录等方面延展，内容均为原创，兼具知识性与趣味性，将与方言相关的内容传播至不同社会群体和不同年龄层次的人群，多次被“语宝”官方公众号进行转载，并在年轻受众范围内产生积极影响。

（三）筹建方言文化类电视节目

就目前山西方言使用的调查情况来看，对山西方言和口传文化资源的宣传力度不够，开发和利用程度严重不足，广大群众对方言和口传文化资源的认同感较低，未能将山西方言和口传文化资源的价值转化为促进山西省经济发展有效助力，因此，在省市级电视台筹建一系列方言文化类电视节目加大宣传力度是保护山西方言文化的创新路径。

现已策划了两类方言节目：一类是以寻找乡音、寄托乡情为主线的情感类人文专题节目；另一类是以学习当地民俗文化，感受方言独特魅力为目的的综艺竞技类旅游节目。打造一批以发掘和保护山西方言为切入点，弘扬和传承山西优秀传统文化为目的，开发和培养山西文化旅游为目标的优秀文化产业品牌。

（四）搭建“言途网”App

“言途网”是方言旅游在线平台，“言途网”App 属于文化产业下的“互联网+”项目，将山西省各地特有的方言文化和旅游相结合，体现出“吃喝玩乐学”一体化设计理念，设计理念如图 4.3 所示。

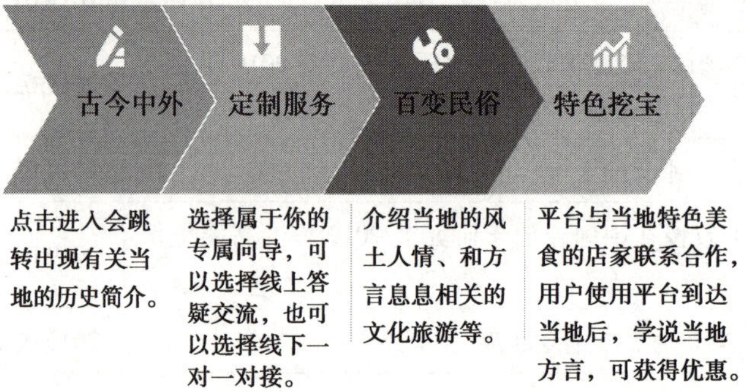
古今中外
定制服务
百变民俗
特色挖宝
点击进入会跳转出现有关当地的历史简介。
选择属于你的专属向导，可以选择线上答疑交流，也可以选择线下一对一对接。
介绍当地的风土人情、和方言息息相关的文化旅游等。
平台与当地特色美食的店家联系合作，用户使用平台到达当地后，学说当地方言，可获得优惠。

图 4.3 “言途网”App 设计理念

同时结合此 App，打造方言旅游地图，将民俗、传统文化等元素融入其中，与“鄉音情怀”公众号共同构造山西方言新媒体传播的矩阵平台。

方言一旦消亡，以它为依托的思维方式、口传文化、民俗民风都将随之消失，而且永远无法恢复。[1] 丰富多彩的汉语方言，历来是延续中国人乡土文化血脉、寄托家国情怀、维系社会和谐稳定的重要基础。因此，联动政府、媒体、专家和志愿者，“四位一体”形成合力，建构以山西特色为标榜的语言资源保护模式，成为方言传播的决策力量。

[1] 王树瑛.加强福建语言生态建设，合理开发语言资源[J].福建师范大学学报：哲学社会科学版，2017(7).

第二节
方言传播的推动力量：参与传播模式

方言作为文化资源，在文化传承和情感系连方面具有不可替代的作用。方言的活力在于使用，只有不断地使用才能保持方言的生命体征，因此如何唤起大众的语言自觉和传播意识显得尤为重要。

全媒体时代，方言传播应寻找与以往不同的新型模式，突破拉斯韦尔的5W定式和研究新媒体的创新扩散模式，在广度和深度上拓展研究思路，从单向传送的传播模式向更为平等、交互和参与的方向转移。因此，将参与式传播模式引入方言传播可形成新的推动力量。参与式传播建立在对话、互信、参与、分享等原则的基础上，把媒介和人际传播相结合，关注公众参与的过程，以促进不同利益群体之间的对话。[1] 不论是在媒介环境下，还是在大众视野中，"参与"的本质是互动的过程，实质是围绕一个基本点，调动相关机构、成员共同介入的过程，这种介入包括传播目的、规划、实施、反馈等各方面。方言的参与式传播模式则是以方言为主体，以各类媒体、精英人士和大众群体为依托，以参与为特征的方言文化生产与传播。

一、媒体近用：参与传播的切入口

媒体作为一种大众传播的载体，在传承方言文化方面，负有义不容辞的责任。近年来，技术革新带来媒介形态不断变化，参与传播的媒体形式也在日渐丰富多元，其本质特征是互动共享。除此之外，还具有以下共性特征：传播者与接受者处于双向互动传播；方言传播强调民主决策过程；观点取自于民，传播用之于民。

[1] 韩鸿.参与式传播:发展传播学的范式转换及其中国价值——一种基于媒介传播偏向的研究[J].新闻与传播研究,2010(1).

在传统媒体时代，大众往往处于被动接受信息和内容的状态，加之层层把关，能够获取到的信息相对有限，这种媒介和信息失衡给文化传播带来不可跨越的鸿沟。同时，传统媒体时代，媒体近用门槛高，无论是电视、报纸还是广播、杂志，由于电视和广播的节目制作流程专业严谨，节目时长固定有限，报纸和杂志的版面有限等客观因素，用户的反馈较难实现实时回馈。用户参与媒介的采编与管理几乎是不可能实现的。如《三晋都市报》从 2014 年开始，持续关注方言保护与传承的动态，多次发行专版，如《听到家乡话好像回到家》《纯正古老的方言难寻觅》等；《山西晚报》分别在 2015 年 3 月和 4 月发行两期专版，其中《留住晋方言》的报道受到社会各界的积极响应，呼吁更多人关注晋方言、保护晋方言；《山西日报》在 2015 年 7 月 28 日，针对山西方言的重要性，报道了《没了方言，世界寂寥》，欲唤起人们对保护和传承方言的意识。这些报道通过传统媒介报纸的传播，一方面在一定程度上对引导大众起到积极的作用；另一方面传统报业受新媒体冲击极大，市场占有率已岌岌可危，内容的送达率远不及新媒体，而且用户看到内容之后是否有反馈形成语言保护的意识不得而知，这便是反馈机制不畅通的弊端。

全媒体时代，尤其是社交化媒体迅速崛起，呈现出以短视频、微博为代表的参与式传播的特征，让用户获得了媒介近用的可能，同时用户观点态度的传播也有了媒介技术的支撑。短视频、微博、微信的兴起真正给方言传播带来颠覆性的格局变化，每一个用户都可以将自己最熟悉的方言上传，哪怕是上传一段用方言讲的民间故事或唱一曲民歌都是对方言文化的传播与保存。同理，面对方言传播的内容，用户也可以即时反馈，形成互动分享的双向传播，将以往的被动接收转变为主动获取，将过去的延迟反馈转变为实时互动。方言传播抓准媒介结构变化的脉搏，利用自媒体在信息场域中传递方言文化，形成与主流文化相辅相成的融合格局。

全媒体时代的方言传播强调自主决策过程，用户既可担任传播者，亦可充当接受者，通过自媒体全程参与方言传播的过程。基于地域文化的方言表情包的设计则是方言传播民主决策过程的典型体现，如舟山大黄鱼系列表情包，设计者任丹颖实地调研舟山地域文化和海洋文化，经过实践验证，进行用户分析、网络语境设定、语义设计和视觉表现设计，将识别度高的文化元素转化为表情包的创作，最终使《大黄鱼舟山方言篇》在微信上广泛传播。从策划、设计到完稿、上传均是设计者全程自主决策的过程。与此同时，将地域文化融入网络表情包的观点理念取自设计者，又将网正版表情包传播给其他用户，在使用表情包的过程中形成重复裂变，正可谓传播观点既取之于民，又用之于民。

二、媒介参与:建构公众的主体性

从媒体近用到媒介参与,又是参与传播的一大跨越发展标志。媒介参与体现人们对传播本质认知的变化,即从此前的以"传者中心"转向"受者能动"的过程。《参与传播实用指南》将参与划分为被动参与、协商参与、合作参与和赋权参与四个类型,其中被动参与是参与度最低的,而赋权参与是高阶参与形式。[1]参与性的体现,本质是强调受众成为主体的能动性,即用户在感知方言过程中的主体性。对于现阶段方言传播的发展来讲,今天的发展概念已经不再局限于技术、资本和管理的功效,越来越强调社会参与、民众参与和公平发展,实际上强调个人以主动的身份来参与发展的过程。[2]

纵观传媒技术的变革史,媒介的转向打通了各个群体阶层表达意见、参与决策的渠道和空间。上文所述的方言传播在两微一端、短视频等领域的应用是媒介参与的实力印证。特别是 UGC 为主的方言内容产出,以其低门槛、高输出、强效果的优势融通了方言传播的模式,将网络用户从方言信息被动接受的情境中释放,成为方言文化内容生产的主力军和新生力量,以致海量的方言文化、方言生活、方言主题的短视频通过参与传播进入大众视野,形成了多元纷繁的方言文化传播图景。部分用户通过媒介参与成为流量主和方言网红,个体的自主性和主体性得到充分体现,其自我价值和传播价值得到不断提升,这与参与传播主张的通过媒介参与确立主体性理念是相同相融的。

三、精英扩散:参与传播的突破点

方言积淀着人类的人生观、价值观和世界观,通过方言可以建构身份认同、文化认同、地域认同和民族认同,同时方言还传递着大众的传统、经验和知识。从方言的文化实践视角出发,以布尔迪厄的文化生产场域理论为依托,引入葛兰西知识分子的概念,拓展方言在文化场域的精英模式。精英知识分子将共通的文化意蕴和价值信念扩散,成为方言参与传播的突破点。

知识分子从马克思的脑力劳动者转化为葛兰西的有机知识分子,与有机知识分子对立的是传统知识分子,葛兰西在《狱中札记》中指出,传统知识分子具

---

[1] Tufte T, Mefalopulos P. *Participatory Communication: A Practical Guide* [M]. The World Bank, 2009: 14-15.

[2] 陈卫星.关于发展传播理论的范式转换[J].南京社会科学,2011(1).

有连续性和独立性。作为社会的精英阶层在自己的专业领域承担着一些重要的社会功能,并以此能够在社会的发展中继续获得连续性的存在。传统知识分子专注于自己的专业知识领域,脱离"阶级的斗争",因此具有独立性。[1] 有机知识分子则具有专业性、群众性和实践性。其中与传统知识分子区别的本质特征是有机知识分子具有文化领导权,即有机知识分子的有机性在于同人民群众和所属社会集团的紧密联系。也就是说在方言文化场域争夺文化领导权时,需要将传统知识分子转化为有机知识分子。

依据葛兰西有机知识分子的概念,将其拓展延伸至方言文化场域中,培塑方言传播的精英知识分子,包括媒介知识分子和学者知识分子。媒介知识分子是传媒现代化的产物,是知识分子"再有机化"的结果,[2]通过媒介与社会、大众发生联系,发表观点意见,传递信息思想。学者知识分子是媒介知识分子的外部补充,具体代表有人文学者、科技人员和艺术家等。选择方言传播场域的媒介知识分子代表和学者知识分子代表进行分析,如表 4.2 所示。

表 4.2　方言保护中精英知识分子代表一览表

精英知识分子	人物	简介	代表
媒介知识分子	贾樟柯	第六代电影导演	《小武》《站台》 《三峡好人》《山河故人》
	汪涵	湖南卫视著名主持人	湖南方言调查项目 "響應"计划发起者
	陈星	广东电视台著名主持人	筹建岭南方言文化博物馆
学者知识分子	乔全生	陕西师范大学教授 山西大学语言科学 研究所所长	汉语方言研究和保护的先行者 语言资源保护工程 核心专家
	曹志耘	浙江师范大学教授	中国语言资源保护工程 核心专家
	甘于恩	暨南大学汉语方言研究 中心主任	创建"语言资源快讯"公众号 方言保护新媒体达人
	阮桂君	武汉大学文学院副教授	开设《方言与中国文化》慕课 创建"方言与文化"公众号

---

[1] 安东尼奥·葛兰西.狱中札记[M].曹雷雨,姜丽,张跃,译.北京:中国社会科学出版社,2000:9.

[2] 姜华.媒介知识分子:关系、角色特征及身份重建[J].新闻大学,2009(3).

(一)媒介知识分子的方言意识觉醒

贾樟柯、汪涵和陈星作为媒介知识分子的代表,分别所属不同领域,本部分以贾樟柯和汪涵为案例进行分析,探讨媒介知识分子在方言传播中的价值。

第六代导演贾樟柯通过方言元素在电影中的运用,还原平凡人物的生活现实,开启了方言元素作为纪实美学的电影显现。贾樟柯从1995—2019年的电影共计23部,其中有11部是方言电影,见表4.3。

表4.3　贾樟柯方言电影一览表

年份	电影名称	代表方言
1995	小山回家	河南
1998	小武	山西汾阳
2000	站台	山西汾阳
2002	任逍遥	山西大同
2004	世界	山西
2006	三峡好人	四川、山西
2008	二十四城	四川、上海、东北
2013	天注定	山西
2015	山河故人	山西汾阳、上海
2016	营生	山西汾阳
2018	江湖儿女	山西大同、湖北、重庆

在时代快速变化的背景之下,贾樟柯的电影持续关注社会底层人物,这些人物被贾樟柯自定义为"非权力的拥有者",无法掌握社会的资源,被动地生活在这样一个时代里。而电影中普通话和方言的鲜明对比,意味两者的割裂分离,象征着主流社会和底层社会的疏远分割。"在电影中人的弱点、人的自然形体,甚至语言都被改变了,银幕上的人物变成没有口音的人物,没有他的家乡,没有他的文化身份",贾樟柯认为方言可作为个体的文化身份出现在日常生活中,而作品要与人交流,并不分北京人或外地人,不能用大众或小众衡量作品的受众,只

有直抵人心的语言才能引发情感共鸣。

作为方言传播的媒介知识分子，贾樟柯方言意识的觉醒与自小生长环境有关，在电影中运用方言成为他的一种独特且具有标签式的思维方式，其中汾阳、大同等山西方言成为他方言电影的语言符号基础，电影中很多词汇接近古语，能够更微妙、更准确地传递情感。贾樟柯的方言电影实现文化的时空拓展，是建立认同感的基础，用方言特质建构地域认同和身份认同，寻找到乡土情怀和现实主义的契合点，最终用方言所代表的地域文化谱写乡土中国的图景。这样方可以使得方言元素集中在电影这个特定空间中进行展示，同时实现了方言的跨地域传播，使不同地域的观众同时共享这一文化形式，从而把方言传播的时间向度极大地压缩在空间的扩展中。[1] 而方言与空间环境的既融合又对立的交织，推动着影片叙事节奏的变化，将本应本土化的方言放置到异地空间呈现，使得方言从被排斥到尴尬融合再到转变回归，这一过程也正折射着整个社会对方言的认知态度。

"普通话让你走得更远，但方言是为了不让我们忘记从哪里出发的"，汪涵作为湖南卫视的著名主持人，于 2015 年 7 月个人出资四百多万元发起"響應"计划，该计划意在保护湖南方言，针对湖南方言做调查研究，记录和保存数据并做数据库建设，这一举动在社会引起很大反响，呼吁大众关注方言、使用方言、保护方言。2016 年，汪涵作为联合创始人，与陈宇、崔永元一起在广东雷州市足荣村举办中国第一个方言电影节。电影节以保护和传播方言文化为宗旨，鼓励运用方言进行电影艺术创作，通过奖项扶持方言电影的发展，至今已连续举办三年，共计征集到方言电影 1 817 部，有效提升了方言电影的社会影响力。同年，汪涵策划并与爱奇艺联合推出《十三亿分贝》方言类节目，该节目首创"互联网+方言音乐"模式，通过直播、原创和互动直击大众需求。"明星主持+草根艺人"的组合形式，对大众群体实现传播全方位覆盖，在网络上盛行的宁乡话版《Rolling in the deep》就出自此节目。

作为方言传播的媒介知识分子，汪涵强调方言传播要广泛，方言保护要精准，广泛指范围，精准指效果。因此，通过媒介知识分子，能给大众尤其是年青一代继续学方言、听方言、说方言、用方言的浓厚兴趣，在抱有兴趣的基础上，谈传播、谈保护才更有价值意义。

---

[1] 邢彦辉.电视仪式传播与国家认同研究[D].武汉：武汉大学，2013.

（二）学者知识分子的方言保护创新

学者知识分子作为方言研究的先行者和实践者，既是方言传播的助推者，又是方言保护的夯实者。乔全生教授自1981年调查研究汉语方言，至今已39年，在语言学界已是硕果累累，但至今仍奔走于调查研究的第一线。在语保工程的四年间，作为首席专家，逢点必去，亲自听音、核音、定音，确保方言用字和读音的精准性。乔全生教授一再强调，语言保护工作就要精益求精，打造纯金工程，这不仅体现的是能力，更是对方言保护的责任和态度。

曹志耘2008年主编的《汉语方言地图集》是一部在统一的实地调查基础上反映20世纪汉语方言主要面貌的语言特征地图集。该图集分为语音、词汇、语法3卷，语音卷收图205幅，词汇卷收图203幅，语法卷收图102幅，共计510幅方言地图，每幅地图均包括930个调查点的信息。此书较为全面、科学地描述和展示了汉语方言中重要语言现象的共时差异和地理分布状况，为汉语学科和地域文化领域提供了重要基础资料。[1] 2018年，曹志耘教授在浙江师范大学创建中国方言研究院，继续全力以赴地保护方言，传播方言文化，传承历史沉淀和文化血脉。

2016年6月，甘于恩教授创建暨南大学语言资源保护暨协同研创中心，同年10月，创办“语言资源快讯”公众号，关注人数已达29 006[2]。利用公众号提升公众对语言资源的认知，线上线下互动将方言文化与新媒体融合，建立了全国性的语保志愿者团队，举办粤语文化传承活动“知粤讲堂”，研发千语街、语保伞等语言资源产品，参与岭南方言文化博物馆的筹建。充分发挥学者知识分子的作用，在方言传播过程中注重专业性和普适性的结合，尤其是利用“语言资源快讯”公众号进行优质内容的传播，其传播过程呈现以下特性：第一，启蒙性。公众号面对的是广大受众，对语言的文化特性和资源特性认识不够，因此通过公众号对多数人进行语言知识的启蒙宣传，引导他们提升保护、传承语言资源的自觉性。第二，持续性。公众号的发展与突围离不开优质内容的持续更新和推广，因此，发动力量扩大传播范围成为方言传播的重中之重。第三，专业性。针对对方言学和语言学感兴趣的专业人士，特设栏目进行精准传播，如“小知识（涨知识）”“学术探论”“学术动态”“学术前沿”，使专业读者在阅读过程中收获有用

---

[1] 刘丹青.新中国语言文字研究70年[M].北京：中国社会科学出版社，2019：155.
[2] 数据截至2019年12月30日。

信息，为深入研究提供了引导。

2015年，阮桂君通过慕课平台创建《方言与中国文化》国家精品课，该课程以“珍视方言，留下乡音，记住乡愁”为口号，欲让大众了解汉语方言的分区及发展历史，掌握方言的四大功能——交际的工具、文化的载体、情感的纽带、乡愁的归宿，正确处理方言与普通话、方言与地名、方言与民俗、方言与移民、方言与戏曲的关系。在课程中特色呈现各地方言的语音标本，各地戏曲、童谣、民间吆喝等音视频材料。此外，课程与公众号形成有效互动，最终在了解方言魅力的基础上提升传播方言和保护方言的意识。

综上所述，无论是媒介知识分子的意识觉醒，还是学者知识分子的保护创新，均通过自身优势和积极手段，为方言传播和方言保护创建新起点、搭建新平台、拓展新路径，成为方言传播过程中至关重要的突破点。

四、大众赋权：实现参与的关键点

赋权英文为“empowerment”，赋权既是参与传播理论的重要概念，也是参与传播实践的重要方法。[1] 参与赋权理论有三个取向：赋权的对象是无权群体；作为互动的社会过程的赋权与传播行为有着天然的联系；赋权是个具有强烈实践性的概念。[2] 参与式传播强调大众赋权是实现方言传播的关键点，而赋权是参与式传播的高阶体现。大众赋权体现在技术赋权和关系赋权两方面，技术赋权是通过互联网技术、数字技术和移动通信技术，将原本高门槛的传播限制放权至普通大众，即大众可通过自媒体进行积极互动与传播分享。关系赋权则是建立分享传播机制的基础，从文化传播角度看，大众作为方言共同体的一员，可以借助自身人际聚合文化资源进行精准传播。

同时要将大众赋权转向大众赋能，大众赋能将参与视为方言传播的关键点，作为实现参与的关键步骤。在互联网平台上，大众随时随地表达自己观点，参与方言文化的传播和保护，获得批判思考的能力。同时，赋能意味着在方言传播过程中发挥积极的角色。大众的自主传播有助于传播传统文化，讲好中国故事，2019年，李子柒将中国传统文化和田园生活拍成视频上传至互联网平台，引发海内外网友共同关注。一个在自媒体平台拥有千万粉丝的传播者，其传播率和

---

[1] 公丕钰.数字媒体环境下参与传播理论及实践价值的在地化探索——基于对清远市“乡村新闻官”制度的考察[J].当代传播，2019(6).

[2] 丁未.新媒体与赋权：一种实践性的社会研究[J].国际新闻界，2009(10).

影响力是积极可观的。因此，给大众赋权，让大众领略“翻过一座山，声调就转弯；走过一田垄，语音大不同”的乡音魅力，真正参与到方言传播和保护中，发挥好关键点的价值和作用。

现阶段全媒体方言传播的模式有语言资源保护模式和参与传播模式，两种模式相互联系，互为补充，为方言传播、传承和保护起到推动作用。

第五章
全媒体方言传播的省思与启示

如前文所述，方言传播演变路径经历了传统意义的方言传播、现实观照的方言传播、互联网加持的方言传播三个阶段，三个阶段既相互独立，又互相融合、共同发展，成全媒体方言传播的新逻辑、新路径和新内容。通过对方言传播的主体内容分析，省思方言传播过程中出现的不同现象和各类问题，透过方言传播的效果互动，得到传播启示即全媒体方言传播的内核价值和现实共性，建构方言传播新范式和新机制。

全媒体方言传播的新式逻辑揭示了方言文化和价值的通约性，展现了大众对传统文化和方言文化的喜爱，符合方言传播的演进趋势。这一逻辑极大地推动了方言传播政策制订、优化了方言传播方案、贡献了方言传播智慧，对于方言文化观的构建以及在各类媒介的传播有着重要的理论指导意义，为全媒体方言传播带来新的启示。

第一节
方言媒介化传播的文化省思

近年来随着媒介技术不断发展，方言传播也乘风而上，其传播由地域性传播转向空间性传播，呈现从本土化至媒介化的演变逻辑。新媒体兼具社交属性和平台属性，在互联网的加持下，不断被重构和放大，形成新型方言媒介化传播的社交媒体和视频媒体形态。社会化媒体成为大众惯性生存的移动生活场域，它颠覆了广播电视等传统媒体单向传播的信息方式，打破了常规的人际交往模式，成为大众表达价值追求、情感诉求和个体认同的主要平台。方言的媒介化传播形成与主流文化相辅相成、独具特色的文化传播现象。作为互联网传播中的文化传播新景观，方言传播呈现出增长较快的趋势，在不断增长和发展的过程中，资本的粉丝经济、注意力经济和逐利本质使得方言媒介化传播价值偏向、审美错位、内容失范等问题凸显。

一、传播主体价值偏离

互联网技术使各类媒体相继诞生并形成相互竞争的生态格局，为争夺粉丝流量，以自媒体为代表的传播平台欲通过借助方言元素进行分众精准传播。探究其传播动因并未有失，抓住大众兴趣所在进行内容分发，形成传者和大众的良性互动，也可为方言传播推进助力，但互联网中信息鱼龙混杂，方言传播主体面临资本压力，其价值偏向体现在为迎合部分大众喜好，内容选取媚俗化、低俗化，缺乏营养，没有文化价值。作为方言传播主体，必须具有正确的价值观、文化观和语言观，充分认识到语言是国家的重要资源，方言是地方文化的丰富宝藏，以传播优秀传统文化为己任，秉持具有全球视野的责任意识和担当意识。[1]　在选

[1]　汪国胜.莫让方言成为消失的历史[N].光明日报,2019-04-20.

题设定、传播内容和传播方式上树立正确观念，做严格的把关人和传播者。

方言传播主体要在传播过程中有效地维护和优化语言生态，营造方言使用的良好环境和社会氛围。[1] 同时，要有效利用所在媒介优势，挖掘方言作为语言资源的内核价值，将文化价值和经济价值相融合，激发其语言活力，将大众的注意力从琐碎的日常娱乐内容中吸引到传统文化的传播上，力争为方言提供赖以生存的媒介环境。此外，方言传播主体不仅要积极寻找方言文化中的亮点，主动吸收地方文化中的精华，实现文化增值的目的，还要将文化共通的特质凝炼出来，汇聚成方言传播的价值体系，打造优质内容联合的传播格局。方言传播价值观要充分考虑大众的需求，既不能无原则满足，也不能一味放弃，要寻找与大众沟通的最佳方案，降低传播阻力，在借助媒介与大众的双向互动中制造“同心”效应，有的放矢。

二、传播源始精准缺乏

全媒体方言传播应该建立在来源可知、内容准确的基础之上，并且这个精准应该与语言学、方言学的文化背景相一致，在大众追本溯源时有据可查。传播媒介边界的消解，带来文化传播的极大便利，但究其本源，方言的发展变化是随着社会结构变化而变化的。从严格意义来说，社会—方言—文化的变化是一个复杂的系统，它不但指正在或已经变化了的可观的物理的事实，诸如城市规模的扩大、人员的迁徙、生活水平的提高等，同时还指人们对客观上变化了的事实的主观感觉和体验，即变化同时也是一种主观意识到的现象。[2]

全媒体方言传播源始缺乏精准体现在以下两点：第一，方言传播信源不明，传播方言的第一信源，往往在自媒体上难究其源，经常会出现“据考究”“专家表明”“经学者研究”等表述，从表述看貌似权威可信，细究实则是模棱两可的敷衍，让大众误以为是准确权威的信息。第二，对于方言的语音和词汇的考究会出现偏差。方言是地方文化的重要特征，语音和词汇则是同乡人互相认同、最直接、最亲切的标志。方言的语音系统是错综复杂的，按照《中国语言地图集》汉语方言分区的第一个层次分为十大方言区，每个方言区又可再分为若干片，有的片还可分为若干小片，小片下又设有方言点。[3] 每一个方言区都有区别于其他

[1] 汪国胜.莫让方言成为消失的历史[N].光明日报,2019-04-20.

[2] 周宪.文化表征与文化研究[M].上海:上海人民出版社,2015:1.

[3] 游汝杰.汉语方言学教程[M].上海:上海教育出版社,2004:4.

方言区的显著特征，具体到每一种方言的语音系统、语音特征都相差甚远，只有了解这些方言学基本常识，才能在判断过程中避免偏差。此外，伴随着社会结构变革、人们生活方式的变化，词汇的变化不是一蹴而就的，而是从一个词到另一个词、一类词到另一类词的渐变过程。在传播地域特色词汇，尤其是代表民俗的地域特色词汇时，更应多加注意词汇产生的时代背景和演变逻辑，既与过去对比，也和现代参照，全面准确地研究之后再做细化传播。

三、传播内容娱乐过度

"人类凭借媒介来拓展传播，以求超越耳闻目睹的生物学局限……渴望回到我们昔日自然传播的故乡"。[1] 在方言借助广播、电视传播的阶段，广播、电视的媒介属性决定传播特质为单向传播，注重时间把握和空间传递，传播内容也往往受"把关人"审阅，受众个体与传播媒介是二元分裂的，并不构成直接联系，也不会构建网络传播的拟态环境。而全媒体时代，新媒体的迅速崛起，尤其是自媒体异军突起，打破传媒生态平衡，实现了传播的时空突破，打造了人人互动、人机互动和人网互动的沉浸式传播。方言传播借助新媒体传播呈现出"泛在化传播"的特征，尤其是选择网络直播为传播平台的方言传播，其传播内容涉及日常生活、个人表演、旅游美食等，而大众共同的兴趣则成为该平台流量聚合的前提。

泛在化传播，包含人和社会在内的每一个节点都与网络实时连接，是集合各种传播方式于一体的、面向所有人的个性传播。[2] 方言传播的泛娱乐化传播则通过"泛在化"特征不断发酵扩散，尤其是以网络直播为传播平台的方言传播，通过互联网技术打通前台和后台，拉近传播者和接受者的距离，消除了传播媒介和现实生活的隔阂。把方言当作物化符号进行娱乐式狂欢，每一个使用媒介的传播者都成为网络中联接的节点，他们任意穿行在方言建构的新文化景观中，并主动参与、实时共享，在无限的娱乐化内容中获得慰藉。与此同时，新媒体低门槛的特征带来了方言传播内容的草根化和繁杂化，形成部分以吐槽文化、流量文化、网红文化等泛娱乐内容为主的独特媒体景观，这给主流文化传播生态带来了严重冲击。如传播方言詈语的短视频和直播，满足了部分大众的猎奇心理，却因新媒体的裂变性特征使其扩散，给语言使用舆论环境造成消极影响。这种无秩

---

[1] 保罗·莱文森．数字麦克卢汉：信息化新纪元指南［M］．何道宽，译．北京：社会科学文献出版社，2001：73．

[2] 李沁．沉浸传播：第三媒介时代的传播范式［M］．北京：清华大学出版社，2013：119．

序、无规则的娱乐狂欢不仅无法将方言所代表的优秀传统文化发扬光大，反倒增加社会和大众对方言的误解，形成充满冲突和反面的意见表达，不利于优质方言内容的有效传播。在日益增多的方言传播大潮中，我们不仅要多关注、重视和鼓励那些来自民间、草根、大众自发的艺术创作内容，同时也要避免因为门槛过低带来的庸俗化倾向和泛娱乐化。[1]

四、传播过程监管困难

传统媒体传播方言具有合理有效的监管机制，从传播源头、传播内容、传播手段、传播过程和传播效果上均可进行有效监管，而在新媒体环境下，各种媒介形态层出不穷，传播质量也参差不齐，尤其是在监管方面难以着手。

新媒体裂变式传播的特性让方言传播实现秒级传播，而这样的裂变速度则成为方言传播的双刃剑，同时，基于微平台的方言传播，具有门槛低、草根化、流量大的特征，信息复制和传播成本极低，在一秒之内信息就有可能散布全球各地，而若想纠正错误则是难上加难。纵使现阶段信息技术不断革新，出现一系列对互联网进行监管的方法，如过滤关键字、屏蔽敏感信息等监管手段，但针对视频内容，尤其是对直播内容的把关仍无从下手。对于方言直播，技术手段无法把握传播者的心理动态、无法把控传播者的言语表达、更无法控制传播者的内容取舍，只有在信息传递完毕后才能迅速抓取，而现阶段技术对于视频内容的抓取还有待提升，这就给了少数传播者钻空子的机会，为博取流量获得利益，不断触碰文化传播的底线，不惜牺牲大众对文化传播的信赖，给方言传播造成负面影响。因此，面对方言传播在互联网上监管困难的问题，需要制订有效的防范机制。

首先，要提高方言传播者自身素质，自媒体时代，人人都有麦克风，如何用好麦克风进行文化传播，则是自媒体人自身素质所决定的。只有方言传播者的媒介素养提高、文化涵养加深，才能远离垃圾信息的传播，创作优质的精华内容。其次，对方言传播者进行后台实名化管理，互联网的虚拟性给大众带来前所未有的话语自由权，但同样也给虚假内容提供传播的臂膀。因此，对传播者进行后台实名化管理，可有效防控虚假内容的泛滥，一旦内容发布，则可究其源头，查明其人。最后，容错和纠错机制并行。互联网的繁杂多样具有广泛的包容性，在方言传播过程中允许犯错，但需要在知道问题所在之后进行纠正，传播过程中的用户参与度与互动性也远超以往，建立用户自查自纠机制，在互动、评论、转发过程中

[1] 胡智锋.短视频传播着力打造全民美育景观[N].光明日报,2020-01-01.

发现问题、举报问题和解决问题,这样才可以营造天朗气清的方言传播环境和空间。

第二节
全媒体方言传播的多维启示

方言传播和传承面临的共性困境有三方面,分别是表达困境、身份困境和意识困境。第一,方言作为地域文化的独特代表,难以像其他文化产品一样实行工业化复制,而只能用最独特、最地道、最准确的方式精打细磨地进行方言文化输出,因此,无法大规模生产的方言文化存在表达困境。第二,方言传播针对的人群面临共同的身份困境,即身份隔离。伴随城镇化、现代化的推进和城乡一体化的发展,越来越多的年轻人走出故乡去到他乡。融入改变的不仅仅是生活习惯,还有曾经随处可听的乡音。全球化进程和传统文化的冲突,直接导致原本自然化的方言交流成为各自的身份隔离,出于不同的原因和目的,因方言而形成的隔阂愈加明显,从“不敢说”到“不想说”到现在的“不会说”,这种身份困境必将长期伴随中国青年的城市生活。第三,意识困境的凸显,当前方言消逝的速度和语言抢救的速度并不成正比,上文指出的一些精英知识分子已然认识到问题严重性,率先进行方言传播和方言保护,但对于大众来说,主流文化、主流意识形态已先入为主,如何接纳方言所代表的多元文化,则成为大众的意识困境,尤其是在部分青少年群体中,方言对其而言是与互联网截然相反的陌生存在。

曹志耘教授提出“跨越鸿沟”理念,建议利用明星、网络视频、社会活动、文化创意产品四种手段,去触发社会大众的语言自觉和语言保护意识。[1] 本书则从观念、内容、机制、传播范式等方面提出全媒体方言传播的发展创新空间。

---

[1] 曹志耘. 跨越鸿沟——寻找语保最有效的方式[J].语言文字应用,2017(2).

一、树立方言传播新观念，奠定语言资源根基

方言传播需要政府、媒体、学者和社会大众合力方可有效传播，政府是“掌舵人”，媒体和学者是“领航人”，大众是“划桨人”。政府需要从宏观方面把握方向，媒体和学者需要多角度切入进行传播，而大众作为语言的使用者，成为方言传播的主体。

（一）树立方言传播新观念，需实现制度层面的现代重构

普通话作为现代汉民族共同语，是全国各民族通用的语言，为不同地域和民族的人们搭建起无障碍沟通的桥梁，普及和使用普通话也是我国一项重要的语言策略，但推广普通话并不意味着要根除、消灭方言，方言作为人类情感纽带、乡愁情结、地域符号，长久地存在于人们生活中，同时方言蕴含着文化精髓，蕴含着人类丰富的思想、生活和经验，其文化价值跨越时空，历久弥新。因此，需要从制度层面给予方言生存和发展的空间，形成与普通话互为补充的多元格局，既尊重普通话作为共同语的重大意义，也保护方言作为语言资源和文化元素的重要地位。

1.给予方言适度的媒介空间

适度媒介空间包括方言节目生产、影视制作和自媒体创作等多方面，以期创作出更多优秀的方言文化作品。给方言在媒介中留有发展空间，电视播出档设置合理的播出时间，影视作品提供上线支持，自媒体创作多平台联合，让优秀的作品可以进行跨媒介传播。

2.为方言搭建轻松的生活空间

方言的生命力在于使用，在公共场合大众一般都使用普通话，但需在适时适地的条件下为方言搭建轻松的生活空间，包括日常代际交流、邻里邻居生活聊天等。无论是针对外乡人还是本地人，轻松的生活空间应该是建立在一视同仁、相互包容的文化基础之上，不应有地域歧视和文化隔阂。

3.为方言营造和谐的舆论空间

大众在网络上发表关于方言的观点态度的集合称之为方言舆论。方言舆论空间是否和谐取决于大众对方言的认知，其认知并非为单一因素所影响，而是由诸多复杂因素共同决定的，包括政策因素、社会因素、媒介因素和个人因素等。因此，为方言营造和谐的舆论空间，需要多角度、多方面共同努力。

(二)树立方言传播新观念,需实现思想层面的创新转化

无论是媒体人还是学者,作为方言传播的“领航人”,在为方言文化作出积极贡献的同时,需在思想层面进一步创新。媒体人通过积极策划优质节目、视听影视作品,引发大众对方言的共鸣。可策划类似于《声临其境》的方言配音节目,运用融媒体平台进行分发和传播,可启用流量明星,也可让大众广泛参与,实现“明星+大众”同时空演绎,在突破节目收视率和点击率的同时,形成参与互动的良性循环。学者则可将自身专业知识转化为更为普适性的兴趣点,或者以大众喜闻乐见的形式、内容将具有文化内涵的方言内容呈现。以某一方言语音、词汇、语义等为切入点,或以某一地域为主题,进行系列内容传播,也可将方言与民俗、方言与旅游、方言与美食等相结合,通过自媒体平台上传图文、短视频等内容,为大众提供互动参与平台。

(三)树立方言传播新观念,需实现社会层面的保护传承

大众作为语言和方言的真正使用者,基数大、力量强,在方言传播、保护和传承方面,再多的专家学者和媒体人也只能是冰山一角,只能起到引领作用,决定性作用还在于大众。只有通过各种方式、各类手段将社会大众的语言自觉和保护意识激发出来,让他们真正从心底实现自我认同、身份认同和语言认同,真正在日常生活中使用方言,只有将外在力量转变为内化动力,促成大众的自觉行为,方言才能真正存活,语言资源才能有牢固的根基。

二、打造方言传播新内容,弘扬传统文化内涵

运用新媒体可视化传播方言文化是现阶段打造新内容的有效手段。新媒体将图片、音频和视频三者有机融合,可通过 HTML 技术实现 H5 创新,可通过大数据呈现方言传播过程中的人物关系图、内容词云图等,可通过艺术设计创作表情包、插图漫画、方言文创等。

方言文化的可视化传播,需要抓准方言的特征,例如在山西方言语音中,喉塞音“ʔ”是最具代表性的语音特征,在学习山西方言过程中喉塞音成为必选项,依据“ʔ”的形态进行表情包和插图的创新设计,为今后在微平台进行方言表情包传播和方言语音教学提供模型和依据。众所周知,山西美食以面食为主,将国际音标喉塞音“ʔ”与面团拟人形象相结合设计出新样式,如图 5.1 所示,又将常用的 66 个国际音标做了成套设计(详见附录)。

图 5.1 喉塞音“ʔ”拟人化设计

选取面团作为设计元素有三点考虑：第一，面食是山西美食文化的代表，提到山西就不得不赞叹山西的面食文化，光面食种类和样式就让人眼花缭乱，更不用提山西方言中对面食的称谓，如“豆面抿圪斗”“红面鱼鱼”“莜面栲栳栳”“荞面饸饹”等，山西的面食文化与山西方言紧密相关是其中的一个原因。第二，面团的可塑造性极强，山西民间的各类面塑是国家非物质文化遗产，手艺精美，形态各异，逢年过节、小孩生日、老人寿辰都离不开面塑。因此，基于面团的特性，将国际音标与其结合，便可呈现新样式。第三，将国际音标可视化表达，既要符合当地地域文化，又要符合大众审美需求，面团拟人化表达则兼具文化与娱乐双重属性。

此外，方言文化的可视化表达，还要抓准地域的需求。近年来，山西省从能源大省向旅游强省的转型成果显著，文旅深度融合成为山西省转型发展的战略任务。山西文旅融合呈现出以下问题：文物活化方式相对落后，停留于静态展示，难以对游客产生吸引力；在融合发展模式上，多复制、少创新，业态创新、内容创新、模式创新和管理创新等不足。[1] 如何将山西文旅的特色差异化突出，则可以借助方言文化类 IP 元素，深入挖掘方言文化基因、多彩民俗、生态价值、艺术灵感等 IP 元素，辅助现代科技手段，促进文化的升级利用，形成方言文化传播矩阵化、差异化的传播路径。因此，抓准地域需求，依托自创的“鄉音情怀”和“山言西语”微信公众号设计出山西方言文化类 IP 元素，代表性设计如图 5.2 所示，助力山西文旅发展的同时推广方言文化。

利用日历将方言词汇的特殊含义融入其中，以故事型、趣味型的形式导入，赋予其文化价值和收藏意义，让日历除去查看时间功能之外，还具备知识和趣味功能。糖果和笔记本则依托“晋祠三姐妹”的 IP 形象进行设计，从战国到近代，晋祠一直都是山西地区重要的礼仪祭祀场所，祠内的几十座古建筑具有中华传统文化特色。选用女性作为 IP 形象的灵感来源于晋祠仕女像，晋祠仕女像是晋祠最重要的文化遗产，也是晋祠三绝中最具有代表性的文化 IP 之一。将地域名片与方言结合，成为方言传播新内容的支撑点，还能弘扬传统文化内涵。

---

[1] 山西省人民政府.聚焦我省文旅融合转型发展[OL].http://www.shanxi.gov.cn,2019-6-13.

(a)日历设计

(b)帆布包设计

(c)糖果设计

(d)笔记本设计

图 5.2　山西方言文化类 IP 元素设计分图示例

三、建构方言传播新机制，凸显语言多元魅力

方言传播重在突出方言价值，方言价值则体现在其语言价值、文化价值、社会价值、生活价值和经济价值。依照政策建构多元并存的方言文化传播机制，有利于凸显语言魅力，此外建立“方言共同体”即“方言代言人”和“方言传承人”机制是方言传播的创新与契机。

“方言代言人”和“方言传承人”并不是其传统意义所指，而是在全媒体环境下，借助数字媒体技术对大众进行赋能，不仅要让精英知识分子参与其中，还要让大众参与其中，逐步激发方言文化活力，为探索新时代方言传播模式提供新的尝试。“方言代言人”和“方言传承人”分处两个维度，相互独立又相互补充，两者关系、作用和意义的对比阐述如图 5.3 所示。

“方言代言人”的对象选择没有特殊要求，既可以是明星、学者，也可以是社会大众，均可借助新媒体进行方言推广和传播，突出方言的社会价值、生活价值

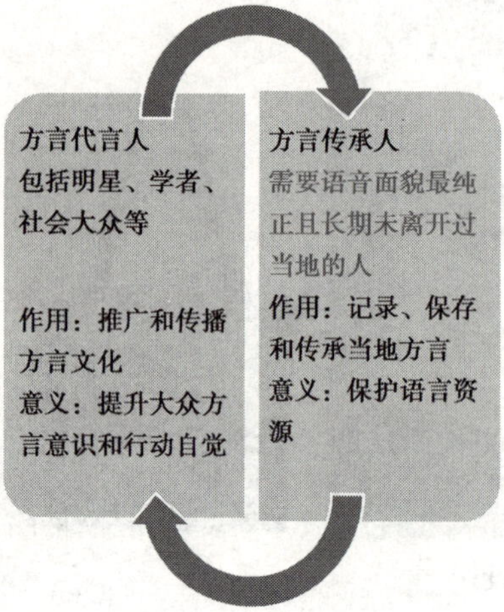

图 5.3 “方言代言人”与“方言传承人”对比图

和经济价值。可通过“方言代言人+热点事件”的方言直播形式进行推广，腾讯在世界杯期间开启方言直播，将明星主持和大众解说相结合，形成方言种类丰富、主播互动频繁、解说风趣幽默的特征，最终借助方言直播的形式不断提升传播效力。而“方言传承人”的对象选择需要语言面貌纯正且长期未离开过当地，只有保证语音面貌纯正才能在记录保存时成为有价值的语料，才能在传承时更具语言价值和文化价值。

“方言代言人”与“方言传承人”结合形成方言共同体。共同体概念由德国社会学家滕尼斯提出，指的是建立在自然情感一致基础上、紧密联系、排他的社会联系或共同生活方式。[1] 方言共同体的主要职责包括：第一，通过融媒体的形式传扬方言文化、讲好语言故事、推介方言文化类文创产品；第二，引导社会大众关注方言文化和语言资源，让更多大众了解方言，传播方言文化。主要任务包括“四传一助”，即传思想、传文化、传理念、传精髓、助语言保护。通过方言共同体建构方言传播新机制，发挥大众集体意识和共同行动的作用，整合方言传播的智慧力量，凸显语言多元魅力。

四、创建方言传播新范式，提供语言发展动力

语言作为一种重要的非物质文化要素，是推动历史发展和社会进步的重要

[1] 高传智. 共同体与“内卷化”悖论：新生代农民工城市融入中的社交媒体赋权[J].现代传播，2018(8).

力量，是文化得以发生、发展、传递的根本保证，因此应该把语言资源的开发和运用视为当前语言文字工作中的重中之重。新媒体时代，语言资源深层结构正在被重组，方言如何保持活力与生命力，要依靠新媒体进行深挖掘、重塑造和再传播，注重方言文化传播的精准性和个性化。因此，本书提出创建方言传播新范式（见图 5.4），为语言可持续发展提供新动力。

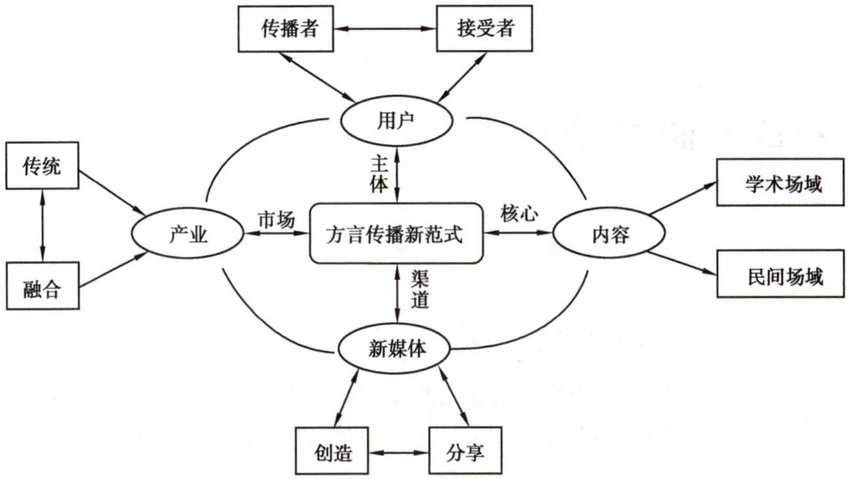

图 5.4　方言传播新范式

方言传播新范式将用户、内容、新媒体与产业构成一个完整的闭环，强调方言传播的主体是用户层，这里的用户层既包括 PGC 也包括 UGC，其区别于传统传播的根本特征是 UGC 部分。用户既可以是传播者，也可以是接受者，可以在传播过程中进行快速的角色转换。我国幅员辽阔，方言复杂悬殊，汉语方言母语使用人群约 11 亿，包括 10 个方言区，数百种不能互相通话的方言，要想让专家学者掌握所有方言显然不现实，但每一位个体用户可以将自己方言母语的语音和语义通过新媒体上传，加以审核之后建档，建立“方言地图”式展现方式，任何用户都可以通过点击获取某一地区的方言内容加以了解或补充。在“上传—审核—传播”的过程中，内容成为打通学术场域与民间场域的核心环节，更好地实现全民阅读和全民传播。而新媒体成为价值传播与分享的渠道，突破之前单一被动的局面，转变为多级传播和裂变式传播，最终抢占市场先机，实现产业生态良性循环，实现文化传播和经济利益双赢共生。

在语言可持续发展的道路上，要突出方言文化多元丰富的特色，要依靠 EP 同步、两微一端、大数据和 AR 进行创新传播，根据提出的方言传播新范式继续深挖细耕，真正实现“传播+社交+服务”模式，最大限度地激发大众的自我需求和文化认同，真正做到在新媒体环境下保护、传播和传承优秀传统文化。

第六章　研究结论

中国方言文化源远流长，方言在具有历史延续性、传承性的同时，也跟随时代变化而变化，尤其是在数字技术、互联网技术不断革新的全媒体时代，方言的原始属性也开始演变。本书提出四个想要探讨和研究的问题：第一，什么是全媒体方言传播？第二，在全媒体时代方言传播面临怎样的问题？第三，全媒体方言传播的现状是怎样的？第四，怎样为方言传播、传承和语言资源保护献策献力？本书基于这四个问题进行了调查、分析和研究，得出以下结论：

第一，本书创造性地提出全媒体方言传播并对其进行界定，即全媒体方言传播是建立在方言传播基础上，大众借助互联网技术、数字技术和移动通信技术，通过全媒体将方言进行迅速而广泛的传播，进而实现文化传承的过程。全媒体方言传播具有技术性、完备性和创新性的特点。

第二，全媒体时代方言传播既面临机遇，也面临挑战。机遇是通过全媒体可为优秀的传统方言文化正身，打破固有刻板印象和地域限制，进行多维度传播。挑战则是诸多 UGC 泛娱乐化现象严重，容易导致大众身份隔离。

第三，方言消逝的趋势不可阻挡，方言传播的现状则是在政策、困境中求生存，拓展传播空间。方言的电视节目空间被压缩向网络空间转向，形成多形态的方言节目。方言电影日趋繁茂的现象背后是对地域文化的挖掘、对方音的眷恋、对个体身份的认同。方言微平台、短视频的传播欲带“方言”突出重围，唤起大众对方言的行为自觉和保护意识。方言出版则助力传播创新，为大众和方言互动提供新路径。传播空间的拓展是现状，如何能够真正激活方言活态使用是未来展望。

第四，通过树立新观念、打造新内容、建构新机制、创造新范式来为方言传播和语言保护献策献力，首次提出方言传播的新机制和新范式，为今后方言传播提供新思路。

本书首次将方言学与传播学相结合，对全媒体视域下方言传播内容进行全面梳理和分析，对传播模式进行探究，创造性地提出全媒体方言传播的新机制和新范式，不仅拓展了方言学的研究视角和领域，还对方言与传播的融合研究进行了很好的尝试。方言学和传播学的交叉研究还有极大的空间，虽然已经竭尽全力进行全面调查、梳理、分析和探究，但本书一定还有诸多问题与不足。随着科技进步和媒介发展，大众对方言的认知愈加深入，方言传播也会呈现不同样态，因此，后期还需要继续钻研理论、参与实践，探寻方言与媒介的关系，对方言传播进行更深入的研究。

附　录

附录一
方言节目一览表

附表 1.1　浙江和山东方言节目一览表

	浙江		山东	
序号	节目名称	节目类型	节目名称	节目类型
1	《金黄道地》	民生新闻	梨园经典	戏曲节目
2	东东腔	杂志型方言节目	好戏连台	戏曲类文艺节目
3	下班万岁	娱乐脱口秀	塔斯陪你说说话	热线参与类节目
4	阿六头说新闻	新闻类日播栏目	小康即墨	报道
5	开心茶馆	综艺娱乐类日播栏目	聊城纵横	新闻杂志栏目
6	我和你说	方言新闻脱口秀	戏曲大舞台	直播栏目

续表

	浙江		山东	
序号	节目名称	节目类型	节目名称	节目类型
7	中华越剧戏迷联盟	公众号推出原创音视频	拉呱	新闻栏目
8	杭州阿六头	杭州历史人文故事	戏苑百家	地方戏
9	阿奇讲事体	民生新闻节目	有么说么新闻大社区	新闻报道
10	望黄岩	方言综合性栏目	一听可乐	广播曲艺类栏目
11	今朝多看点	民生新闻栏目	戏曲大舞台	文艺直播节目
12	新节节棒	方言新闻栏目	戏曲大舞台	擂主争霸赛
13	老白谈天	热线	沂蒙庄户戏	方言栏目剧
14	讲大道	方言说新闻栏目	赵兰书场	小说播讲
15	梨园风景	日播类戏曲节目	么敢当	新闻
16	青田人说青田	方言类脱口秀	胖嫂拉呱	新闻故事
17	师爷说新闻	方言类新闻节目	乡音乡情	广播
18	嘉宝艺苑	戏曲	乡村故事汇	快板说书
19	莲花剧场	原创性戏曲文艺栏目	梨园茶馆	访谈类节目
20	阿福讲白搭	方言节目	金牌二人组	方言脱口秀
21	天台人讲散	民生新闻栏目	嘎嘎拉呱	故事新闻
22	闲事婆·和事佬	方言新闻节目	郎闲芝麻盐	新闻脱口秀
23	百晓讲新闻	方言电视新闻	有一说一	方言类电视新闻节目
24	欢乐午间道	方言娱乐类	乡音对对碰第二	综合性娱乐节目
25	魅力温州	方言广播	片儿汤不是汤	原创室内情景喜剧
26	讲讲温州话	方言综艺	滨州米羊和青岛蛤蜊的幸福生活	脱口秀直播类新闻节目
27	浙江方言大擂台	民生综艺	芝麻酥糖锅子饼	方言民生新闻类栏目
28	台州人讲台州话	民生新闻		

附表 1.2　湖南和山西方言节目一览表

	湖南		山西	
序号	节目名称	节目类型	节目名称	节目类型
1	越策越开心	娱乐脱口秀	新老西儿谝吧	民生新闻
2	一家老小向前冲	情景喜剧	说东道西	文化访谈类
3	红胖子哈哈秀	脱口秀	剑虹说事	方言类脱口秀
4	生活口味虾	栏目剧节目	山西味儿	综艺节目
5	我来讲新闻	民生新闻	醋溜故事	方言类脱口秀
6	欲望都市	情景喜剧	老贾的发财梦	电视栏目短剧
7	故事会	民生栏目剧		
8	你晓得啵	民生娱乐		
9	孝行天下	人物栏目		
10	公共大戏台	花鼓戏		
11	智慧家庭救助队	竞赛类节目		
12	阳光的哥	栏目剧		
13	好的好的	竞赛类节目		
14	有请当事人	法律节目		
15	多彩中国话	竞赛类节目		

附表 1.3　广东和陕西方言节目一览表

	广东		陕西	
序号	节目名称	节目类型	节目名称	节目类型
1	城事特搜	新闻	百家碎戏	方言栏目剧
2	新闻日日睇	新闻评论节目	都市热线谝闲传	民生新闻
3	今日关注	新闻节目	说案	法律节目

续表

	广东		陕西	
序号	节目名称	节目类型	节目名称	节目类型
4	今日最新闻	评论性新闻栏目	秦之声	戏曲栏目
5	630 新闻	新闻资讯节目	西安乱弹	秦腔广播
6	谁语争锋	语言竞技节目	啸声雷雨	脱口秀

附表 1.4 上海、宁夏和重庆方言节目一览表

	上海		宁夏		重庆	
序号	节目名称	节目类型	节目名称	节目类型	节目名称	节目类型
1	百家心 阿庆讲故事	方言栏目剧	的哥哈喜喜	广播方言情景喜剧	生活麻辣烫	方言自制剧节目
2	新老娘舅	谈话类	哈喜喜扯磨	民生新闻	雾都夜话	栏目剧
3	新智力大冲浪	方言类综艺	李子谝吧	新闻评书		
4	我的老豆是大佬	室内情景剧				

附录二
方言电影一览表

方言电影一览表

序号	片名	年份	导演	代表方言	主演	类型	制片国家或地区	备注
1	《三毛学生意》	1958	黄佐临	杭州	文彬彬、张雁、刘侠声	喜剧	中国	最早的方言电影之一
2	《大李、小李和老李》	1962	谢晋	上海	刘侠声、范哈哈、姚德冰	喜剧	中国	最早的方言电影之一
3	《满意不满意》	1963	严恭	苏州、上海、扬州、四川	小杨天笑、方笑笑、顾月娥	剧情	中国	最早的方言电影之一
4	《抓壮丁》	1963	陈戈 沈剡	四川	吴雪、陈戈、尹文媛	喜剧	中国	最早的方言电影之一
5	《如此爹娘》	1963	张天赐	上海	杨华生、绿杨、笑嘻嘻	剧情	中国	最早的方言电影之一
6	《人到中年》	1982	王启民 孙羽	北京	潘虹、达式常、赵奎娥	剧情	中国	
7	《小小得月楼》	1983	卢萍	苏州	毛永明、陆辰生、顾芗	剧情	中国	

续表

序号	片名	年份	导演	代表方言	主演	类型	制片国家或地区	备注
8	《黄土地》	1984	陈凯歌	陕西	薛白、王学圻、谭托	剧情音乐	中国	
9	《神鞭》	1986	张子恩	天津	王亚为、徐守莉、陈宝国	动作历史古装	中国	
10	《北京,你早》	1990	张暖忻	北京	马晓晴、王全安、贾宏声	剧情爱情	中国	
11	《过年》	1991	黄健中	东北	赵丽蓉、葛优、梁天	剧情家庭	中国	
12	《傻儿师长》	1992	束一德	四川	刘德一、唐玉生、胡明克	喜剧	中国	
13	《大撒把》	1992	夏钢	北京	葛优、徐帆、张会忠	剧情喜剧爱情	中国	
14	《秋菊打官司》	1992	张艺谋	陕西	巩俐、刘佩琦、雷恪生	剧情	中国内地、中国香港	
15	《爷儿俩开歌厅》	1992	陈佩斯 丁暄	北京	陈佩斯、陈强、傅艺伟	喜剧	中国	
16	《站直啰,别趴下》	1993	黄建新	北京	达式常、冯巩、傅丽莉	喜剧	中国	
17	《杂嘴子》	1993	刘苗苗	宁夏	李磊、曹翠芬	喜剧剧情家庭	中国	
18	《找乐》	1993	宁瀛	北京	黄宗洛、黄文捷、韩善续	喜剧剧情	中国	
19	《北京杂种》	1993	张元	北京	崔健、李委、臧天朔	剧情	中国	
20	《股疯》	1994	李国立	上海、广东	潘虹、刘青云、王汝刚	剧情喜剧	中国内地、中国香港	

续表

序号	片名	年份	导演	代表方言	主演	类型	制片国家或地区	备注
21	《阳光灿烂的日子》	1994	姜文	北京	夏雨、宁静、陶虹	剧情 爱情	中国内地、中国香港	
22	《小山回家》	1995	贾樟柯	山西	王宏伟、周小敏、朱立芹	剧情	中国	未上映
23	《三喜临门》	1995	陈兴明	四川	李伯清、刘德一、沈伐	剧情	中国	
24	《红粉》	1995	李少红	上海、广东	王姬、王志文、何赛飞	剧情	中国内地、中国香港	
25	《东宫西宫》	1996	张元	北京	司汗、胡军、叶静	剧情 同性	中国	未上映
26	《有话好好说》	1997	张艺谋	陕西	姜文、李保田、瞿颖	剧情 喜剧	中国	
27	《甲方乙方》	1997	冯小刚	北京	葛优、刘蓓、何冰	喜剧	中国	
28	《长大成人》	1997	路学长	北京	朱洪茂、殷宗杰、李强	剧情	中国	未上映
29	《傻儿军长》	1998	宋学斌	四川	刘德一、雷汉、庞祖云	剧情	中国	
30	《小武》	1998	贾樟柯	山西	王宏伟、郝鸿建、左夏初	剧情	中国香港、中国内地	未上映
31	《洗澡》	1999	张杨	北京	姜武、濮存昕、朱旭	剧情 喜剧 家庭	中国	
32	《赵先生》	1999	吕乐	上海	施京明、张芝华、蒋雯丽	剧情	中国香港、中国内地	未上映
33	《没事偷着乐》	1999	杨亚洲	天津	冯巩、丁嘉丽、郑卫莉	戏剧	中国	

续表

序号	片名	年份	导演	代表方言	主演	类型	制片国家或地区	备注
34	《一个都不能少》	1999	张艺谋	河北张家口	魏敏芝、张慧科、田正达	喜剧剧情	中国	
35	《麻将棒棒手》	1999	谢洪	四川	赵亮、李伯清、刘德一	喜剧剧情	中国	
36	《爱情麻辣烫》	1999	张杨	北京	高圆圆、徐静蕾、邵兵	剧情爱情	中国	
37	《我是你爸爸》	2000	王朔	北京	冯小刚、胡小培、徐帆	喜剧剧情	中国	
38	《站台》	2000	贾樟柯	山西	王宏伟、赵涛、梁景东	剧情历史	中国内地、中国香港日本法国	
39	《鬼子来了》	2000	姜文	唐山	姜文、香川照之、袁丁	剧情历史战争	中国	
40	《上车走吧》	2000	管虎	青岛、北京	高虎、黄渤、陈宁	剧情	中国	
41	《晚安重庆》	2001	章明	重庆	李迦明、敬秋兰	剧情	中国	
42	《横竖横》	2001	王光利	上海	张宝忠、周玉华、钟陵均	剧情	中国	
43	《任逍遥》	2002	贾樟柯	山西大同	赵维威、吴琼、Qingfengzhou	剧情	中国	
44	《王首先的夏天》	2002	李继贤	山西	成泰燊、魏志林、刘世凯	剧情	中国	
45	《秘语十七小时》	2002	章明	重庆	郭晓东、张雅琳、黄志忠	剧情	中国	
46	《西施眼》	2002	管虎	(少量)诸暨	马伊俐、黄依群、杨倩倩	剧情	中国	

续表

序号	片名	年份	导演	代表方言	主演	类型	制片国家或地区	备注
47	《巴尔扎克与小裁缝》	2002	戴思杰	四川	周迅、刘烨、陈坤	传记剧情爱情	中国法国	
48	《寻枪》	2002	陆川	贵州	姜文、宁静、伍宇娟	犯罪剧情悬疑	中国	
49	《关中刀客之董二伯》	2003	黄建新	陕西	孙海英、李永贵、苗圃	动作历史古装	中国	有一个系列
50	《美丽的大脚》	2002	杨亚洲	山东	倪萍、孙海英、袁泉	剧情	中国	
51	《我和爸爸》	2003	徐静蕾	北京	叶大鹰、徐静蕾、张元	剧情	中国	
52	《香火》	2003	宁浩	山西	李强	剧情	中国	未上映
53	《二弟》	2003	王小帅	潮汕	段奕宏、舒砚、王志亮	剧情	中国香港、中国内地	
54	《傻儿司令》	2003	谢洪	四川	刘德一	喜剧剧情	中国	
55	《信天游》	2004	冯小宁	陕西	郭达、杨金锁、王军	剧情	中国	
56	《茉莉花开》	2004	侯咏	上海	章子怡、姜文、陈冲	剧情家庭爱情	中国	
57	《世界》	2004	贾樟柯	山西	赵涛、成泰燊、黄依群	剧情	中国日本法国	未上映
58	《惊蛰》	2004	王全安	陕西	余男	剧情	中国	
59	《云的南方》	2004	朱文	东北	李雪健、金子、田壮壮	剧情	中国	

续表

序号	片名	年份	导演	代表方言	主演	类型	制片国家或地区	备注
60	《桂荣戏院》	2005	晓鹏	山西	—	剧情纪录片	中国	未上映
61	《好大一对羊》	2005	刘浩	滇东北	孙云昆、蒋志昆	剧情	中国	
62	《我们俩》	2005	马俪文	北京	宫哲、金雅琴、张淑芳	剧情	中国	
63	《青红》	2005	王小帅	上海	高圆圆、李滨、姚安濂	剧情	中国	
64	《背鸭子的男孩》	2005	应亮	四川	徐鋆、刘晓培、王杰	剧情	中国	未上映
65	《日出日落》	2005	滕文骥	陕北	巍子、孙逸飞、邵兵	剧情	中国	
66	《孔雀》	2005	顾长卫	安阳	张静初、冯瓅、吕聿来	剧情家庭	中国	
67	《心急吃不了热豆腐》	2005	冯巩	河北保定	冯巩、徐帆、刘孜	喜剧	中国	
68	《红颜》	2005	李玉	四川	刘谊、黄梓城、王乙竹	剧情	中国 法国	未上映
69	《牛贵祥告状》	2006	史晨风	陕西	黄精一	剧情	中国	
70	《紫陀螺》	2006	张忠华	陕西	张智、王艺、许小周	剧情儿童	中国	未上映
71	《芳香之旅》	2006	章家瑞	云南	张静初、范伟、聂远	剧情	中国	
72	《新街口》	2006	雪村	东北	雪村、曾志伟、黄渤	剧情	中国	
73	《三峡好人》	2006	贾樟柯	湖北	赵涛、韩三明、王宏伟	剧情爱情	中国	

续表

序号	片名	年份	导演	代表方言	主演	类型	制片国家或地区	备注
74	《马背上的法庭》	2006	刘杰	云南	李保田、吕聿来、杨亚宁	剧情	中国	
75	《血战到底》	2006	王光利	四川	吴镇宇、梁静、应采儿	喜剧	中国	
76	《姨妈的后现代生活》	2006	许鞍华	上海	斯琴高娃、周润发、赵薇	喜剧 剧情 爱情	中国内地、中国香港	
77	《泥鳅也是鱼》	2006	杨亚洲	山东	倪萍、倪大红、潘虹	剧情 爱情	中国	
78	《疯狂的石头》	2006	宁浩	重庆	郭涛、刘桦、连晋	喜剧 犯罪	中国内地、中国香港	
79	《鸡犬不宁》	2006	陈大明	河南	徐帆、李易祥、王宏伟	喜剧 剧情	中国	
80	《江城夏日》	2006	王超	武汉	田沅、吴有才、黄鹤	剧情	中国 法国	未上映
81	《赖小子》	2006	韩杰	山西	白培将、郭乾、候京	剧情	中国	未上映
82	《天狗》	2006	戚健	山西	富大龙、朱媛媛、刘子枫	剧情	中国	
83	《城市的谎言》	2006	王景光	河南	车晓、肖显鹏、杨娜	剧情	中国	
84	《带蓝花花的白裙子》	2007	李勇	山西	石俊辉	剧情	中国	
85	《夏至》	2007	谭华	四川	廖健、张亢	剧情	中国	未上映
86	《警察老于》	2007	史晨风	陕西	马刚	剧情	中国	未上映
87	《清水里的刀子》	2007	王学博	宁夏	穆常贵、李成龙、穆常连	剧情 短片	中国	未上映

续表

序号	片名	年份	导演	代表方言	主演	类型	制片国家或地区	备注
88	《别拿自己不当干部》	2007	冯巩 杜民	天津	冯巩、闫妮、牛群	喜剧	中国	
89	《遥望南方的童年》	2007	易寒	江西宜春	易志兵、何伟欣、谢媛	剧情	中国	
90	《亲兄弟》	2007	陈力	湘西、东北	刘钧、林津锋、肖明	剧情	中国	
91	《盲山》	2007	李杨	陕西	黄璐、杨幼安、贺运乐	剧情 犯罪	中国	未上映
92	《另一半》	2007	应亮	四川	曾晓菲、邓纲、赵柯	喜剧 剧情	中国	未上映
93	《立春》	2007	顾长卫	山西	蒋雯丽、张瑶、李光洁	剧情	中国	
94	《十三棵泡桐》	2007	吕乐	四川	刘雅瑟、段博文、赵梦桥	剧情	中国	未上映
95	《太阳照常升起》	2007	姜文	温州	周韵、姜文	剧情 奇幻	中国	
96	《少年血》	2008	舒浩仑	上海	程振崴、宁怡		中国	未上映
97	《砸掉你的牙》	2008	孟奇	唐山	傅迦、那威、方子哥	喜剧	中国	
98	《胡同里的阳光》	2008	安战军	北京	辛柏青、颜丹晨、蒋少峰	剧情	中国 美国	
99	《好猫》	2008	应亮	四川自贡	罗亮、彭德明、刘晓培	剧情	中国	未上映
100	《樱桃》	2008	张加贝	云南	苗圃、妥国权、龙丽	剧情	中国 日本	
101	《千钧一发》	2008	高群书	东北	马国伟、潘星谊、迟强	剧情 犯罪	中国	

续表

序号	片名	年份	导演	代表方言	主演	类型	制片国家或地区	备注
102	《二十四城记》	2008	贾樟柯	上海、四川	吕丽萍、陈冲、赵涛	剧情	中国内地、中国香港日本	
103	《沉默的远山》	2008	郑克洪	湖北恩施	李红、罗德元	剧情	中国	
104	《牛郎织女》	2008	尹丽川	广东、四川	颜丙燕、吕聿来、张一	剧情	中国	
105	《李米的猜想》	2008	曹保平	云南	周迅、邓超、张涵予	犯罪剧情爱情	中国内地、中国香港	
106	《母大虫顾大嫂》	2009	刘信义	山东	吴辰君、李易祥、王洛勇	喜剧武侠古装	中国	
107	《青年》	2009	耿军	东北	李正民、费雅君、石磊	剧情	中国	未上映
108	《车费》	2009	谢恩泽	山西	张霞霞、闫白女、李伟	剧情	中国	
109	《斗牛》	2009	管虎	沂蒙	黄渤、闫妮、高虎	剧情喜剧	中国	
110	《我们天上见》	2009	蒋雯丽	蚌埠	朱旭、姚君、朱一诺	剧情家庭	中国	
111	《高兴》	2009	阿甘	陕西	郭涛、田沅、冯砾	喜剧剧情	中国	
112	《疯狂的赛车》	2009	宁浩	重庆	黄渤、戎祥、九孔	动作冒险喜剧	中国	
113	《过去未来》	2009	崔健陈果	四川	郭涛、安雅、谭维维	科幻	中国	

续表

序号	片名	年份	导演	代表方言	主演	类型	制片国家或地区	备注
114	《天那边》	2009	韩延	湘西	吴军、赵冉、刘科	剧情	中国	未上映
115	《走着瞧》	2009	李大为	陕西	文章、岳红、白静	剧情	中国	
116	《好雨时节 호우시절》	2009	许秦豪	四川	高圆圆、郑雨盛	剧情 爱情	中国 韩国	
117	《羊肉泡馍麻辣烫》	2009	蒲剑	四川	彭波、徐松林、李立宏		中国	
118	《阿美的绿豆》	2009	王颖	四川	钟燕萍、李良华、朱军	喜剧 爱情 短片	中国	未上映
119	《茶壶 the teapot》	2010	贾林	山西	何文杰、田慧思、李鑫乐		中国	
120	《毛嗑儿》	2010	魏阿挺	东北	李明、唐月娥	儿童	中国	
121	《小题大做》	2010	王万东	鄱阳	句号、杨紫、凌琳	剧情 喜剧	中国	
122	《河流和我的父亲》	2010	李珞	武汉	维克托·钱德勒、海海	剧情	中国	未上映
123	《不是闹着玩的》	2010	卢卫国	河南	李易祥、于根艺、曹随风	剧情 喜剧	中国	
124	《大城喜事》	2010	王小明	雷州	—		中国	未上映
125	《大劫难》	2010	肖风	东北	刘迈、梁思琪、孙荐玺	剧情 战争	中国	
126	《唐山大地震》	2010	冯小刚	唐山	徐帆、张静初、李晨	剧情 历史 灾难	中国内地、中国香港	

续表

序号	片名	年份	导演	代表方言	主演	类型	制片国家或地区	备注
127	《让子弹飞》	2010	姜文	四川 山西	姜文、葛优、周润发	剧情 喜剧 动作 西部	中国内地、中国香港	
128	《老驴头》	2010	李睿珺	甘肃	马新春、张敏	剧情	中国	
129	《无蝉的夏天》	2010	苗月	四川	吕聿来、田璐菡	剧情 爱情	中国	
130	《山楂树之恋》	2010	张艺谋	泉州	周冬雨、窦骁、奚美娟	剧情 爱情	中国	
131	《刺痛我》	2010	刘健	南京	何烈波、杨思明、张瑜	犯罪 动画	中国	未上映
132	《玩酷青春》	2010	孔令晨	东北	吕丽萍、郭涛、盛冠森	剧情 运动 家庭	中国	
133	《黄老老拍案》	2010	邱炯炯	四川	黄松年	惊悚 纪录片	中国	未上映
134	《黑白照片》	2010	舒浩仑	上海	汪柔、程振崴	剧情	中国	未上映
135	《米香》	2010	王洪飞 白海滨	四川 河南	陶红、孙亮、王菁华	剧情	中国 法国	
136	《光棍儿》	2010	郝杰	山西	杨振君、叶兰、梁有忠	剧情 喜剧 同性	中国	未上映
137	《团圆》	2010	王全安	上海	卢燕、凌峰、徐才根	剧情 家庭	中国	
138	《钢的琴》	2010	张猛	东北	王千源、秦海璐、张申英	剧情 喜剧	中国	

续表

序号	片名	年份	导演	代表方言	主演	类型	制片国家或地区	备注
139	《决战刹马镇》	2010	李蔚然	西北	孙红雷、林志玲、李立群	喜剧 西部 冒险	中国	
140	《钧瓷蛤蟆砚》	2010	司玉生	河南	郭达、刘小宝、陈韬	剧情 喜剧	中国	
141	《哥的传说》	2010	韩志	陕西	高海鹏、王皓、何苗	喜剧 爱情	中国	
142	《跟着幸福走》	2011	樊晓龙	内蒙古	当地群众	喜剧 历史 西部	中国	未上映
143	《背影》	2011	磐石	鄱阳	吴水美、孙华萍、徐惠君	剧情	中国	
144	《倒鸭子》	2011	顾翔	大连	包成恩、接线员	喜剧 短片	中国	未上映
145	《给你一千万》	2011	卢卫国	河南	郭达、法提麦·雅琦、燕笑峰	喜剧	中国	
146	《日照好人》	2011	杨真	山东	林永健、范雷、邵峰	剧情	中国	
147	《跟踪孔令学》	2011	张骁	东北	范伟、马伊琍、孙宁	喜剧 悬疑	中国	
148	《岁岁清明》	2011	肖风	杭州	钱佩怡、盛翔、张纹	剧情	中国	
149	《情遇成都》	2011	游晓锦 吕更新	四川	王尧、佟悦	爱情	中国	
150	《武侠》	2011	陈可辛	四川	甄子丹、金城武、汤唯	剧情 动作 悬疑 武侠	中国香港、中国内地	

续表

序号	片名	年份	导演	代表方言	主演	类型	制片国家或地区	备注
151	《大人物》	2011	谭华	四川	吴孟达、李伯清、杨乐乐	喜剧	中国	
152	《人山人海》	2011	蔡尚君	贵州	陈建斌、陶虹、吴秀波	剧情 悬疑 犯罪	中国	
153	《Hello！树先生》	2011	韩杰	东北	王宝强、谭卓、何洁	剧情	中国	
154	《最爱》	2011	顾长卫	河南	章子怡、郭富城、濮存昕	剧情 爱情	中国内地、中国香港	
155	《古宝奇缘》	2011	徐捷	陕西	梁永军、景涛	剧情 喜剧 犯罪 悬疑	中国	
156	《郎在对门唱山歌》	2011	章明	四川	杰珂、吕星辰、冯国庆	剧情 音乐	中国	未上映
157	《金陵十三钗》	2011	张艺谋	南京	克里斯蒂安·贝尔、倪妮、张歆怡	剧情 历史 战争	中国内地、中国香港	
158	《杏花》	2012	—	山西大同	大同本地人	剧情	中国	未上映
159	《唐皇游地府》	2012	李珞	武汉	李文、吴维、李巨川	剧情 喜剧	加拿大 中国	未上映
160	《小老头和电影院》	2012	李桃	四川	爷爷、高爷爷、唐爷爷	短片	中国	未上映
161	《卖猪》	2012	陈西峰	陕西	—	喜剧 动画 短片	中国	未上映
162	《金刚经》	2012	毕赣	贵州	陈永忠、谢理循	剧情 短片	中国	未上映

续表

序号	片名	年份	导演	代表方言	主演	类型	制片国家或地区	备注
163	《就是闹着玩的》	2012	卢卫国	河南	李易祥、岳云鹏、王彤	喜剧	中国	
164	《孙子从美国来》	2012	曲江涛	陕西	罗京民、丁佳明、刘天佐	剧情儿童家庭	中国	
165	《饭局也疯狂》	2012	尚敬	天津	范伟、黄渤、刘桦	剧情喜剧	中国	
166	《天津闲人》	2012	郑大圣	天津	管新成、张金元、杨淼	剧情喜剧	中国	
167	《一九四二》	2012	冯小刚	河南	张国立、张默、徐帆	剧情历史战争灾难	中国	
168	《万箭穿心》	2012	王竞	武汉	颜丙燕、陈刚、焦刚	剧情家庭	中国	
169	《白鹿原》	2012	王全安	陕西	张丰毅、张雨绮、段奕宏	剧情历史	中国	
170	《黄金大劫案》	2012	宁浩	东北	雷佳音、陶虹、程媛媛	剧情喜剧动作历史爱情战争	中国	
171	《杀生》	2012	管虎	四川	黄渤、任达华、余男	剧情悬疑	中国	
172	《美姐》	2012	郝杰	山西	叶兰、冯四、葛夏	剧情爱情家庭	中国	

续表

序号	片名	年份	导演	代表方言	主演	类型	制片国家或地区	备注
173	《杨梅洲》	2012	陈卓	湖南	李强、尹雅宁、吴冰滨	剧情 爱情 家庭	中国	
174	《告诉他们，我乘白鹤去了》	2012	李睿珺	甘肃	马新春、汤龙、王思怡	剧情	中国	
175	《风过菜花黄》	2012	刘飚	陕西	秦丽、郝柏杰、孙飞虎	剧情 爱情	中国	
176	《有人赞美聪慧，有人则不》	2012	杨瑾	山西	李书晨、王琛、卫永邵	剧情 儿童 家庭	中国 韩国	
177	《天注定》	2013	贾樟柯	山西	赵涛、姜武、王宝强	剧情	中国	
178	《老刘的婚路历程》	2013	余纪	重庆	凌淋	爱情	中国	
179	《私人订制》	2013	冯小刚	陕西	葛优、白百何、李小璐	喜剧	中国	
180	《狗十三》	2013	曹保平	陕西	张雪迎、果靖霖、智一桐	剧情 家庭	中国	
181	《锤子镰刀都休息》	2013	耿军	东北	徐刚、张志勇、薛宝鹤	剧情	中国	未上映
182	《明月的暑期日记》	2014	曾赠	益阳	陈晓轩、方嘉怡	剧情 短片	中国	
183	《不老的爸爸》	2014	汪忠	四川	刘顺钢、杜佳、刘丽辉	剧情 家庭	中国	未上映
184	《一个勺子》	2014	陈建斌	西北	陈建斌、蒋勤勤、王学兵	剧情 喜剧	中国	
185	《亲爱的》	2014	陈可辛	安徽、陕西	赵薇、黄渤、佟大为	剧情 家庭	中国	

续表

序号	片名	年份	导演	代表方言	主演	类型	制片国家或地区	备注
186	《推拿》	2014	娄烨	南京	郭晓东、秦昊、张磊	剧情	中国 法国	
187	《心花路放》	2014	宁浩	云南	黄渤、徐峥、袁泉	喜剧 爱情	中国	
188	《那片湖水》	2014	杨恒	湘西	田力、尚晓玲、姚茂盛	剧情	中国	未上映
189	《白日焰火》	2014	刁亦男	东北	廖凡、桂纶镁	剧情 犯罪 悬疑	中国	
190	《家在水草丰茂的地方》	2014	李睿珺	甘肃	汤龙、郭嵩涛、白文信	剧情 儿童	中国	
191	《戏外人生》	2014	潘欣欣	天津	储智博、王纯、黑木真二	剧情 家庭	中国	
192	《北城故事》	2015	禹尧	宁夏泾源	禹尧、禹尧丰、张鸽	剧情 短片	中国	未上映
193	《忘了去懂你》	2015	权聆	重庆	陶虹、郭晓东、王紫逸	剧情 家庭	中国	
194	《老炮儿》	2015	管虎	北京	冯小刚、许晴、张涵予	剧情 犯罪	中国	
195	《山河故人》	2015	贾樟柯	山西/上海	赵涛、张译、梁景东	剧情 家庭	中国 法国 日本	
196	《路边野餐》	2015	毕赣	贵州	陈永忠、谢理循、余世学	剧情	中国	
197	《营生》	2016	贾樟柯	汾阳	韩三明、梁景东、原文倩、贾樟柯	喜剧 短片	中国	
198	《警察“夏一笑”之快乐生活》	2016	黄明升 王新	天津、河北	黄靖芯、谷宗翰、胡珂瑜	剧情 喜剧	中国	

续表

序号	片名	年份	导演	代表方言	主演	类型	制片国家或地区	备注
199	《胖子的穿越之旅》	2016	方言	东北	王冬、赵彬、孙天一	喜剧 战争	中国	
200	《光荣的愤怒》	2016	曹保平	云南	吴刚、王砚辉、李晓波	剧情	中国	
201	《追凶者也》	2016	曹保平	云南	刘烨、张译、段博文	剧情 喜剧 犯罪	中国	
202	《清水里的刀子》	2016	王学博	宁夏	杨生仓	剧情	中国	
203	《火锅英雄》	2016	杨庆	重庆	陈坤、白百何、秦昊	剧情 犯罪	中国	
204	《罗曼蒂克消亡史》	2016	程耳	上海	葛优、章子怡、浅野忠信	剧情 动作 悬疑	中国内地、中国香港	
205	《不成问题的问题》	2016	梅峰	南京	范伟、殷桃、张超	剧情	中国 法国	
206	《提着心吊着胆》	2016	李雨禾	东北	陈玺旭、高叶、任素汐	剧情 喜剧 犯罪 悬疑	中国	
207	《塬上》	2017	乔梁	陕西	高子沣、孟海燕、王沛禄	剧情	中国	
208	《大世界》	2017	刘健	南京	朱昌龙、曹寇、杨思明	剧情 犯罪 动画	中国	
209	《天落水》	2017	杨明腾	上海	王君君、孙欣磊、辛祚宇	剧情	中国	未上映
210	《小城二月》	2017	邱阳	常州	李舒娴、孙忠伟	剧情 短片	中国 法国	

续表

序号	片名	年份	导演	代表方言	主演	类型	制片国家或地区	备注
211	《轻松+愉快》	2017	耿军	东北	徐刚、张志勇、薛宝鹤	剧情 喜剧 犯罪	中国	
212	《村戏》	2017	郑大圣	河北	李志兵、梁春柱、王春明	剧情	中国	
213	《江湖儿女》	2018	贾樟柯	山西大同	赵涛、廖凡、徐峥、梁嘉艳	爱情 犯罪	中国	
214	《宝贝儿》	2018	刘杰	南京	杨幂、郭京飞、李鸿其	剧情	中国	
215	《地球最后的夜晚》	2018	毕赣	贵州	汤唯、黄觉、张艾嘉	剧情	中国 法国	
216	《蕃薯浇米》	2018	叶谦	闽南	归亚蕾、杨贵媚、班铁翔	剧情	中国	
217	《人怕出名猪怕壮》	2018	彭建伟	四川	沈伐、岳红、方清平	喜剧	中国	
218	《无名之辈》	2018	饶晓志	贵州黔南	陈建斌、任素汐、潘斌龙	剧情 喜剧	中国	
219	《爸,我一定行的》	2018	蓝鸿春	潮汕	郑润奇、郑鹏生、张咏娴	剧情 喜剧 家庭	中国	
220	《海上浮城》	2018	阎羽茜	上海	邬君梅、杨皓宇、李梦	剧情	中国内地 美国 中国香港	
221	《过昭关》	2018	霍猛	河南	杨太义、李云虎、万众	剧情 儿童 家庭	中国	
222	《红花绿叶》	2018	刘苗苗 胡维捷	宁夏	马思琪、罗克旺、张玲	剧情 爱情	中国	

续表

序号	片名	年份	导演	代表方言	主演	类型	制片国家或地区	备注
223	《合群路》	2018	罗汉兴	贵州	高震、何凯迪、张习明	剧情 儿童 喜剧	中国	未上映
224	《阳台上》	2019	张猛	上海	周冬雨、王锵、曹瑞	剧情	中国	
225	《蜻蜓少年》	2019	陈志敏	江西宜春	胡凯翔、胡凯浩、李力持	剧情 儿童	中国	
226	《南方车站的聚会》	2019	刁亦男	武汉	胡歌、桂纶镁、廖凡	剧情 犯罪	中国 法国	
227	《平原上的夏洛克》	2019	徐磊	东北	徐朝英、张占义、宿树河	剧情 喜剧 悬疑	中国	
228	《被光带走的人》	2019	董润年	重庆	黄渤、王珞丹、谭卓、白客、黄璐	剧情 爱情 科幻	中国	
229	《山水恋人》	2019	韩志	山东	范雷、王皓、徐文彬、迟蓬	爱情	中国	
230	《受益人》	2019	宁浩	重庆	大鹏、柳岩、张子贤、张邵勃	剧情 爱情 喜剧	中国	

附录三
方言表情包一览表

附表 3.1 东北三省微信表情包一览表

序号	表情包名称	作者	赞赏
1	桃子一家东北话	大秀	39 366
2	饭桶东北话第二季	饭桶姑娘	4 112
3	神经大圣东北话	黄鲁峰	3 840
4	冷兔宝宝东北话	冷兔	3 695
5	C 酱酱东北话	C 酱酱	2 962
6	癫痫东北话篇	Tia	1 888
7	饭桶姑娘东北话	饭桶姑娘	1 681
8	小白东北话	白朗宁	1 219
9	嗷大喵东北话篇	慕容嗷嗷	1 039
10	小黑哥东北话 2	北鱼	845
11	小黑哥东北话	北鱼	477
12	东北女汉纸皇毛丫	呆呆小熊	454
13	东北大屁屁	YMCStudio	410
14	东北小妮儿的日常	三弟张	400
15	瓜小西东北话	瓜小西	360

续表

序号	表情包名称	作者	赞赏
16	小黑哥东北话 3	北鱼	313
17	东北话萌萌字	大秀	296
18	东北花泽类	东北花泽类	283
19	表情帝东北话	王欢	282
20	东北虎	上海于宝设计工作室	216
21	大话东北方言版	小忠创意	194
22	美男子学说东北话	哥叫美男子	180
23	东北话学起来	不合群、奇葩社	165
24	斯诺娃娃东北话	PoPo 少女心	155
25	大话东北	小忠创意	149
26	东北小妞恋爱啦	三弟张	143
27	相爱东北娃第二季	林子拉拉	141
28	东北大屁屁第二季	YMCStudio	135
29	相亲相爱东北娃	林子拉拉	125
30	狍小坑东北话	唐小贝	108
31	王阿姨东北话	我想静静	103
32	凹凸东北话 2	白朗宁	96
33	斯诺娃娃东北话 2	PoPo 少女心	91
34	东北话	正一道长于三姑	89
35	小崽子剧场东北话	脏小白	89
36	大盒神的东北嗑	大盒神	85
37	东北方言	秧琪	80
38	东北话聊天框	Kellen Shen	71
39	东北话第一弹	Ocean	65

续表

序号	表情包名称	作者	赞赏
40	东北大妹子	小洋人	53
41	小丧丧东北话	三哥不是三哥	48
42	东北话第二弹	Ocean	46
43	小粗眉东北话	难管小猪	44
44	大圣东北话	何士伟	42
45	书法版东北话	吴猩猩	40
46	东北小黄鸡	赵晨	38
47	地道东北话印章	Joe	37
48	跟涛哥学东北话	涛哥	36
49	东北话常用词一	小梅的无聊内心	35
50	柚子东北话	毒柚设计	35
51	凹凸东北话第一集	白朗宁	33
52	二楞的东北话	杜暖暖	33
53	唠过的东北嗑	毒柚设计	31
54	贼拉逗的东北话	豆二豆	29
55	小馒头东北话	芳坟	27
56	凹凸东北话 3	白朗宁	26
57	超级东北嗑	秧琪	26
58	凹凸东北话 4	白朗宁	24
59	东北话小丫头	清越	23
60	东北小妮儿第四弹	三弟张	21
61	东北搞笑方言	妖小白	20
62	白小梨东北方言	岩岩	19
63	呲拉呲拉东北话	贫民窟的艺术家	19

续表

序号	表情包名称	作者	赞赏
64	魔性东北话	郝完美	18
65	东北小妮吉祥话	三弟张	17
66	马大叔的东北嗑	悦景品牌设计	17
67	冰天雪地东北话	郝完美	16
68	某丸说-东北话	Mome 某美	16
69	东北方言第一弹	阳阳	15
70	东北话聊天日常	仙仙	15
71	凹凸东北话红包篇	白朗宁	13
72	我的家在东北	不张嘴岁月静好	13
73	最猛东北话	三宝	13
74	东北话日常	苏咯咯	12
75	呆呆小熊唠东北嗑 2	呆呆小熊	11
76	东北巨星	Ape	11
77	呆呆小熊唠东北嗑 4	呆呆小熊	10
78	东北话嗨起来	陈某某	10
79	东北话日常交际	乐奈语乔	10
80	呆呆小熊唠东北嗑 1	呆呆小熊	9
81	东北常用词儿二	小梅的无聊内心	8
82	东北小冤家	陈志明	8
83	唠嗑东北话	冰镇绿豆汤	8
84	滴滴的东北话	爱吃肉的狗子	7
85	东北官话东北话	甜蜜情侣工作室	7
86	呆呆小熊唠东北嗑 3	呆呆小熊	6
87	东北小妞	才熊二十七	6

续表

序号	表情包名称	作者	赞赏
88	潮方言之东北话	Wu Ha	5
89	东北话第二季	冰镇绿豆汤	5
90	东北话在线怼人	→相约2020→	5
91	东北小妞 1	松子绘制	5
92	猫导演之东北话	猫导演	4
93	东北词儿	生活吃喝玩	3
94	哼瓜哼花东北话	耳左月雨	3
95	酸菜包东北话	曹晓光	3
96	摩登小羊的东北话	天天	2
97	魔性东北话 2	郝完美	2
98	东北迷人鸡	风雨楼	1
99	嘎嘎爽的东北话 2	腾达	1
100	说东北话的花花	Allison	1
101	土味儿东北	BIDEQIANG	1
102	北大荒网络东北话	pigtruman	
103	丑橘学说东北话儿	硕硕	
104	贱嗖的东北马大叔	悦景品牌设计	
105	快乐佳族东北话	佳音英语学校	
106	棉裤钢弹之东北话	哈勃	
107	神经大圣东北话 2	黄鲁峰	
108	甜甜大圆脸东北话	甜甜	
109	想念熊东北话	闪闪星制造	
110	猪小宝东北话篇	胖胖猴	

附表 3.2 四川微信表情包一览表

序号	表情包名称	作者	赞赏
1	闷墩四川话	李舜	3 284
2	四川话怼人教科书	米罗不加米	3 252
3	四川话嗨起来	米罗不加米	3 022
4	川妹子说四川话	李小风	2 731
5	小白四川话	白朗宁	2 532
6	手墨先生四川话	叶根友	2 012
7	闷墩四川话 2	李舜	1 641
8	冷兔宝宝四川话	冷兔	1 473
9	凹凸四川话第一集	白朗宁	575
10	熊猫憨宝四川话	严珂	434
11	腊肠君四川话	小馒头	302
12	闷墩儿四川话过年	李舜	299
13	闷墩四川话 3	李舜	242
14	彼尔德四川话	郑插插	222
15	趣动四川话	艺木家	214
16	文字参上四川话	苦茶	178
17	小粑粑四川方言	蓝粑粑	157
18	混糖锅盔四川话	sexy 鼎边糊	156
19	男君说四川话	林洁夕	154
20	爆笑四川话	苦茶	140
21	手写四川话	苦茶	117
22	Ve 的四川话日常	小 V	110
23	趴趴会说四川话	Adai	109

续表

序号	表情包名称	作者	赞赏
24	激萌小白四川话	白朗宁	105
25	秃秃四川话	喵姐在奔跑	82
26	四川话摆龙门阵	吃不胖的瘦子	77
27	四川幺妹	cactus 戒子	75
28	混糖锅盔四川话 2	sexy 鼎边糊	69
29	混糖锅盔四川话 3	sexy 鼎边糊	68
30	熊川川四川话版	VOV MAKERS	65
31	凹凸四川话第二集	白朗宁	64
32	呜咪四川话	蜜柑	64
33	趣动四川话 2	艺木家	63
34	秃秃四川话第二弹	喵姐在奔跑	62
35	方脑壳四川话	璟色	52
36	会说四川话的金毛	黄卫翔	48
37	风车车四川话	小厌	46
38	四川扛把子鸡叔	BAKUMAN	43
39	爆笑四川话 2	苦茶	40
40	四川方言	昂昂	38
41	文字参上四川话 2	苦茶	36
42	四川话聊天常用语	胖胖君	34
43	四川话怼人版	吃不胖的瘦子	33
44	四川大鼻孔之阆中	韩韩的小花	25
45	说四川话的小怪兽	肖二天	24
46	小粑粑四川方言 2	蓝粑粑	22
47	胖猫的四川话日常	小小渴望	22

续表

序号	表情包名称	作者	赞赏
48	Ve 的四川话日常 2	小 V	20
49	熊猫咹咹四川话	一沐	20
50	华小颜四川话	幺蛾子	19
51	一哥经典四川话	一哥	18
52	四川话群聊天日常	胖胖君	17
53	懒拖拖四川话版	懒拖拖动漫(成都)	17
54	崽妹四川话表情包	爱吃肉的狗子	16
55	四川人说四川话	苏咯咯	15
56	四川话抢红包篇	一杯悠然	15
57	猪儿粑四川话	楽'S	14
58	手写四川话 2	苦茶	12
59	四川话	小崔	12
60	淘小枫四川话版	淘小枫	12
61	卷儿妹四川话日常	Popo 洲	11
62	姜糖面包四川话版	姜糖面包	10
63	四川言子儿	墨绘文字	10
64	猪儿粑四川话 2	楽'S	10
65	四川娃儿小方	笛哒啦	10
66	简单小文字 7 四川话	野生军团	9
67	小牙儿四川话怼人	毛毛君	9
68	四川人耍朋友专用	眯缝熊	9
69	大头菜四川话篇	墨绘文字	8
70	灵魂四川话	苦茶	8
71	趣动四川话 3	艺木家	6

续表

序号	表情包名称	作者	赞赏
72	小白四川话斗图图	白朗宁	6
73	四川方言文字版	秋痕	6
74	四川话打情骂俏	pigtruman	4
75	四川话四川方言 2	胖胖君	4
76	姜糖面包四川话版 2	姜糖面包	4
77	啵啵蛋四川话	六六	4
78	牙仔会说四川话	有脾气的年轻人	4
79	四川熊猫小可爱	鲤鱼	3
80	悠哉四川话	木木木	3
81	四川人日常对话	Ymm	3
82	斗图四川话	肥宅快乐	2
83	四川话疯车车来袭	疯车车的铲屎官	2
84	川普四川话龙门阵	pigtruman	2
85	麻辣四川话	郝完美	2
86	四川话第三季	豆豆爹	2
87	胖达四川话	苦茶	2
88	调皮蛋四川话日常	飋飏	2
89	小四川	向日葵	2
90	瓜瓜四川话	小厌	2
91	四川巴适语言 2	四川言子儿	2
92	悠哉四川话 2	木木木	1
93	团圆熊猫聊四川话	苏小妹	1
94	四川巴适语言	四川言子儿	1
95	川普 or 四川话精选	pigtruman	1

续表

序号	表情包名称	作者	赞赏
96	四川话第一季	豆豆爹	1
97	大头爱说四川话	金克丝的丝	1
98	经典四川话	粒子	
99	胖娃儿四川话	妮妮	
100	三锅的四川话	小鱼仔	
101	豆太子四川话	苦茶	
102	小幺妹说四川话	K.E.T	
103	吾里喵四川话版	飞乐鸟	
104	小奶盐说四川话	跑来跑去	
105	四川话第二季	豆豆爹	
106	会说四川话的柯基	黄卫翔	
107	阿团来四川	大铭	
108	土豆妹儿四川话	小春子	

附表 3.3 江苏微信表情包一览表

省市	序号	表情包名称	作者	赞赏
南京	1	南京大萝卜阿世篇	张英昊	348
	2	毛弟讲南京话	超强力发胶	145
	3	南京大萝卜第二弹	张英昊	107
	4	聚鸭堂南京方言 3	萝小呱	82
	5	聚鸭堂南京方言 2	萝小呱	36
	6	南京大萝卜	朕小萌	31
	7	南京话文字静态版	泥霸霸	22
	8	虎虎黑黑南京方言	who & hey	21
	9	南京话文字静态版 2	泥霸霸	15
	10	喜鸭鸭日常南京话	古灵精怪	8
	11	南京话打鸭	一页 onepage	3
	12	小金南京话篇	紫金山设计团队	3
	13	阿槑南京话	南京阿槑	
	14	阿槑南京话斗图篇	南京阿槑	
	15	我是对话框南京话	月半米小桐	
无锡	16	阿熊拜拜无锡话	№⑤	86
	17	嘎妹小笼包无锡话	嘎妹	42
	18	排骨妹的无锡话	隔壁小酥	
徐州	19	大梨哥徐州方言	柏拉图图	124
	20	徐州话文字版	水墨和弦	71
	21	邦帝徐州话	王二狗	21
	22	我是对话框徐州话	月半米小桐	9
	23	徐州社会猪	铁骨铮铮的小彤彤	5
	24	徐州方言	TYTJ	3
	25	小浩就爱徐州话	小浩	0

续表

省市	序号	表情包名称	作者	赞赏
常州	26	常州宁宁头	郑能量	422
	27	常州宁刚常州话	二撇	13
	28	欢乐常州话第一弹	我爱饭米粒	11
	29	常州话怼人	二撇	6
	30	欢乐常州话第二弹	我爱饭米粒	6
	31	小蚂蚁的常州话	常州小蚁网络科技	
	32	常州话表情包 3	常州小蚁网络科技	
	33	小蚂蚁的常州话 2	常州小蚊网络科技	
	34	常州方言第一弹	白白 BAI	
苏州	35	喵八不戒苏州话 2	猪宝宝的牛妈妈	210
	36	苏州闲蛙 2	PAVE studio	89
	37	囧爷之苏州咸话	松花团子	73
	38	囧爷之苏州话 2	松花团子	67
	39	苏州闲蛙 2	PAVE studio	64
	40	小娘鱼苏州话	TOMI CASTLE	48
	41	米宝の苏州话	松花团子	15
	42	苏州话版第一季	小哈大笨	1
	43	喵八不戒苏州话	猪宝宝的牛妈妈	
	44	苏州小娘鱼	清猪宝	
	45	苏州文化轧神仙	皮皮	
南通	46	南通方言	媛媛张	84
	47	听懂南通的声音	小微实验室	
淮安	48	俏皮淮安话	北风飘落的叶	40

续表

省市	序号	表情包名称	作者	赞赏
盐城	49	我们的盐城话	孙大饼	194
	50	我们的盐城话 5	孙大饼	90
	51	我们的盐城话 2	孙大饼	87
	52	我们的盐城话 4	孙大饼	46
	53	我们的盐城话 3	孙大饼	41
	54	盐城方言	盐城若客文化传媒	
扬州	55	扬州大小姐	松鼠在南方	212
	56	小狮弟扬州方言篇	山金 casapr	32

附表 3.4 上海微信表情包一览表

序号	表情包名称	作者	赞赏
1	囡囡上海话	琳榔头	9 776
2	彼尔德上海话	郑插插	1 569
3	囡囡上海话 2.0	琳榔头	640
4	小白上海话	白朗宁	565
5	饭泡粥吴语上海话	SIKLIKSOKLOK	203
6	小册老上海话 2	蛋饼妹纸	184
7	上海女人	方也氏画画	152
8	小册老上海话	蛋饼妹纸	147
9	Mr.ZaZa 上海话版	卡通世纪	90
10	Bonbon 大王上海话	王麦麦	79
11	上海话文字版	AOI.S	46
12	乐宝猪上海话	次元叔叔	40
13	小册老上海话 3	蛋饼妹纸	36
14	上海话文字版 2	AOI.S	33
15	上海小囡	飞侠	21

续表

序号	表情包名称	作者	赞赏
16	小蓝孩上海话	三丈	20
17	上海话日常聊天	小吉	18
18	讨好狗泰泰上海话	认真妹小优	18
19	猫咪教你上海话	雨田	17
20	饭泡粥上海话Ⅱ代	SIKLIKSOKLOK	16
21	猪小囡上海方言	吉吉大叔	14
22	Mr.ZaZa 上海话第 2 季	卡通世纪	12
23	同花顺上海话	兔神叨	12
24	阿拉上海宁	××××君	11
25	魔都沪语上海话	甜蜜情侣工作室	9
26	上海话情侣文字版	AOI.S	9
27	毛怪说上海话	爱吃肉的狗子	7
28	册伯小巨上海话	一枚小太阳	7
29	三只包子上海话篇	包子的麻麻叫兔子	6
30	上海一姐	EncorePC	6
31	上海话文字版 3	AOI.S	2
32	经典上海闲话	沃可	2
33	上海老阿姨	闹闹星	1
34	我是对话框上海话	月半米小桐	1
35	麦拉风上海话	麦拉风	
36	上海兔小布	上海市政府新闻办	
37	上海宁好朋友	SHPS	
38	上海 BOY	摄图网	
39	上海话第 1 季	豆豆爹	
40	上海闲话	文刀小仙	
41	上海囡囡职场篇	琪琪 love	

附表 3.5 浙江微信表情包一览表

省市	序号	表情包名称	作者	赞赏
杭州	1	小鱼灯杭州话	一帆动漫	129
	2	杭州桐庐方言表情包	吴莺莺	83
	3	木木槿菇凉杭州话	梦二	72
	4	小素素说杭州话	三吉大魔王	63
	5	杭州方言表情包	赵杨君	22
	6	欧子杭州话特辑	小如君 & 思思喵	20
宁波	7	宁波老话	Diminicky	215
	8	布列奇会讲宁波话	松尾香蕉	79
	9	宁波汤圆	Diminicky	74
	10	小赤佬讲宁波话	Shoo	61
	11	宁波次饭仔 1	V	23
	12	宁波阿姨	MHstudio	9
温州	13	丑猫星球温州话版	翠生生	235
	14	温州后生儿的日常	DK	184
	15	咚志了温州话	Vincent 轶	133
	16	打刀鹰温州话	Hala 邱拉仕	74
	17	后生儿的日常 2	DK	58
	18	打刀鹰温州话日常	Hala 邱拉仕	48
	19	陌陌学温州话	文陌_	42
	20	粗眉说温州话	七四千禾	34
	21	小恰丫温州话	eph	20
	22	打刀鹰温州话红包	Hala 邱拉仕	13
	23	蛙男温州话	人乐	10
	24	温州话日常用语	菜头	
绍兴	25	绍兴话小猴杰森	猫的鞋子	239
	26	豆腐哥绍兴话	咱们胖红	42
	27	猴敬凯绍兴话版	青柠酱 Qimon	
湖州	28	小爱的湖州话系列 1	湖州广播电视总台	

续表

省市	序号	表情包名称	作者	赞赏
嘉兴	29	茶茶嘉兴方言篇	yo 茶酱	93
	30	嘉兴方言日常版	砚非白	25
台州	31	台州话抢红包	小汪仔	56
丽水	32	狗宝丽水话版	一瓣西呱	128
	33	锦缎丽水话版	一瓣西呱	35
舟山	34	大黄鱼舟山方言篇	任丹颖	129
	35	舟山咸话一级	一页 onepage	19

附表 3.6　北京微信表情包一览表

序号	表情包名称	作者	赞赏
1	京腔京韵北京话	未命名工作室	1 549
2	常小亮北京话	画家常小亮	755
3	美男子学说北京话	哥叫美男子	406
4	凹凸兄弟北京话	白朗宁	310
5	老北京话	三宝	246
6	小肉丸北京话	贪吃的肉丸	120
7	小白北京话	白朗宁	86
8	常小亮北京话 2	画家常小亮	72
9	大圣北京话	何士伟	62
10	兔儿爷北京话	果味维 C	56
11	小肉丸北京话 2	贪吃的肉丸	46
12	京片子北京话	KellenShen	39
13	兔儿爷北京话第二季	果味维 C	39
14	悟空北京话	何士伟	33
15	凹凸兄弟北京话 2	白朗宁	27

续表

序号	表情包名称	作者	赞赏
16	狗撕北京话	xxl	26
17	北京二爷北京话	二爷媳妇	20
18	小肉丸北京话 3	贪吃的肉丸	20
19	北京大爷 2	倚鉴	18
20	京腔京韵老北京话	老少女	13
21	墨宝北京话篇	墨宝	11
22	跟 Meg 来说北京话	猫奴 Meg	11
23	老北京土味北京话	老少女	8
24	卡布奇诺之北京话	卡布奇诺好兄弟	7
25	在北京的兔先生	红色的张小张	4
26	北京话第二辑	卡布奇诺好兄弟	3
27	胡同院落北京话	郝完美	3
28	北京大爷	倚鉴	1
29	北京话	苏咯咯	1
30	北京丹爷	北京丹爷	
31	小肉丸北京话 4	贪吃的肉丸	
32	老北京兔爷儿	华融新媒	
33	说老北京话的球儿	老舍纪念馆	

附表 3.7 河南微信表情包一览表

序号	表情包名称	作者	赞赏
1	小白河南话	白朗宁	1 368
2	河南方言第一季	突突	1 180
3	巡山河南方言篇	I JOY 数码科技工作室	872

续表

序号	表情包名称	作者	赞赏
4	河南方言第二季	突突	515
5	河南方言第三季	突突	500
6	猫仔河南方言	一缕阳光	401
7	肚嘟说河南话	月知鸟	315
8	猪司令河南方言篇	猪司令	288
9	海鲸妹妹河南话版	QICHAO 同学	194
10	河南话纯文字表情	大山	77
11	河南话日常用语	xiaolei	64
12	肚嘟说河南话动态版	月知鸟	58
13	豫猫河南方言日常	文刀小仙	57
14	河南小仓娃	大悠	57
15	肚嘟说河南话第二话	月知鸟	56
16	河南方言第四季	突突	44
17	手写河南方言	苗条的瘦子	33
18	河南话特辑	雷晓望	27
19	河南话	张家人	24
20	河南新密话	谷笛设计	17
21	说河南话河南方言 2	YUYU	15
22	说河南话河南方言	YUYU	14
23	河南话群聊天日常	YUYU	14
24	河南新密话第二弹	谷笛设计	14
25	河南话日常聊天	YUYU	13
26	河南话聊天加强版	xiaolei	5
27	河南话河南人方言	胖胖君	4

续表

序号	表情包名称	作者	赞赏
28	河南话 Q 萌版	安然	3
29	河南新密话第三弹	谷笛设计	3
30	河南方言	鸣谦草堂主人	2

附表 3.8　陕西微信表情包一览表

序号	表情包名称	作者	赞赏
1	小小基陕西方言	陈骏基	1 143
2	陕西方言第一弹	嗨梨酱	637
3	唐妞陕西话篇	三喬先生	125
4	小白陕西话	白朗宁	112
5	阿方陕西话	画渣阿 Z	111
6	陕西方言	鹅鹅鹅	81
7	疯狂陕西话	雍不温柔	60
8	陕西方言之关中情	勺子 girl	44
9	小小俑的陕西方言	黑猫警长	38
10	MISO 陕西话	侃鬼	22
11	陕西方言篇	wu 木木大人	19
12	陕西话日常群聊天	老少女	12
13	半坡陕西话学堂	花轮	11
14	陕西楞娃第一弹	再晨	10
15	粽粽情侣陕西版	鹅鹅鹅	9
16	丑萌陕西话	向海而生	8
17	陕西话	李师爷	7
18	陕西话第一弹	艾伟	7

续表

序号	表情包名称	作者	赞赏
19	卷毛陕西话	阿尔卑微	5
20	疯狂陕西话互怼篇	雍不温柔	4
21	陕西楞娃第二弹	再晨	4
22	陕西话第二弹	李师爷	1
23	咥在陕西	MD	1
24	陕西话第三弹	李师爷	
25	布布第一弹陕西话	咏叹调	
26	旋转词陕西话	天不早了~	
27	断肠人陕西话印章	断肠人	

附表 3.9　广东微信表情包一览表

序号	表情包名称	作者	赞赏
1	彼尔德广东话	郑插插	15 000
2	彼尔德广东话续	郑插插	2 347
3	小崽子剧场广东话	脏小白	1 565
4	发发广东话 2	huahua	1 320
5	笑脸粤语广东话	三宝	1 258
6	广东小孜然	黑呆菌	1 031
7	广东青年粤语表情	面人	776
8	笑谈广东话	有爱表情	372
9	包工头 4 广东话篇	萍水相逢	302
10	广东话日常语	野生军团	199
11	广东话俚语	野生军团	93
12	花大皮广东话版	Mystie.Fok	52

续表

序号	表情包名称	作者	赞赏
13	广东话俚语 2	野生军团	30
14	广东惠州龙门粤语	老少女	28
15	粤语广东话日常	设计狗先生	20
16	四眼鸡讲广东话	闲人闲画	19
17	广东话工作用语录	YOYO.瑶瑶	16
18	日常吐槽广东话	Bbooom	14
19	广东社会人语录	宿命君	13
20	Fufu 讲广东话	Wynnie	11
21	广东社会人语录 2	宿命君	8
22	粤语广东话广州话	甜蜜情侣工作室	7
23	广东吉利话	野生军团	7
24	发发广东话	huahua	0
25	广东话粤语文字	勃艮第甘醴	1
26	广东话粤语文字 2	勃艮第甘醴	2

附表 3.10 山西微信表情包一览表

序号	表情包名称	作者	赞赏
1	陈小醋山西话篇	晋商行传媒	3 277
2	陈小醋太原日常篇	晋商行传媒	751
3	山西运城话	晋商行传媒	663
4	山西大同话	晋商行传媒	567
5	山西忻州话	晋商行传媒	540
6	山西临汾话	晋商行传媒	512
7	山西长治话	晋商行传媒	424

续表

序号	表情包名称	作者	赞赏
8	山西阳泉篇	晋商行传媒	342
9	山西晋城篇	晋商行传媒	337
10	山西晋中话	晋商行传媒	325
11	山西吕梁话	晋商行传媒	314
12	小西的太原话	Bonnie	260
13	小白山西话	白朗宁	73
14	山西朔州篇	晋商行传媒	30
15	狗小狗妮山西方言	清水小树	24
16	关爷爷山西方言篇	云长智	20
17	山西方言怼死你	设绘人	8
18	灌鱼先生在山西	朱人阿三	7
19	搞笑山西话	落落小主	6
20	山西话	老少女	4
21	灌鱼先生在山西二	朱人阿三	2
22	山西方言晋城篇	空空小子	1

附表 3.11　重庆微信表情包一览表

序号	表情包名称	作者	赞赏
1	阿花的重庆言子儿	月亮君	1 337
2	重庆话嘿嘿小夫妻	明明明	1 156
3	重庆小白	我与狸奴不出门	284
4	重庆崽重庆话	妙妙大师	163
5	小鱼鱼重庆方言版	小鱼鱼	87
6	饭巴坨重庆话 2	欢叔	74

续表

序号	表情包名称	作者	赞赏
7	娃娃窝重庆言子	娃娃窝	67
8	饭巴坨重庆话	欢叔	49
9	重庆言子来斗图	肥硕三文鱼	26
10	重庆话纯文字版	里里安	24
11	重庆话重庆方言篇	胖胖君	23
12	事物纯小萌重庆话	曾曾曾阿纯	22
13	重庆话怼人	岛岛	10
14	跳跳重庆话	呆小东工作室	8
15	重庆话雄起来	宋东建	6
16	重庆方言蹦擦擦	小許画匠	4
17	荣荣圆圆教重庆话	重庆市荣昌区旅管委	3
18	重庆话互怼	隔壁老冬	

附表 3.12 天津微信表情包一览表

序号	表情包名称	作者	赞赏
1	马小猴的天津方言	HELLO 雨旋	107
2	最哏天津话 1	神界漫画	83
3	凹凸天津话第一集	白朗宁	77
4	幽默天津话	何士伟	66
5	哏说天津话	侃鬼	37
6	天津话之二姨夫版	卧虎	20
7	最哏天津话 2	神界漫画	16
8	天津话之二他妈版	卧虎	9
9	天津话二大爷版	卧虎	9

续表

序号	表情包名称	作者	赞赏
10	介四天津话	根号 4	5
11	介四天津话第二弹	根号 4	4
12	面具萌叔天津话	高涛	
13	格格天津话系列	大明 Ving	
14	天津小栗儿	yangCC	
15	达达教你天津话	Eleven	

附表 3.13　内蒙古微信表情包一览表

序号	表情包名称	作者	赞赏
1	哪儿托小姐	张珂薄	72
2	憨胖	落落	56
3	巨虎君内蒙古方言	白球靴	53
4	小白内蒙话	白朗宁	43
5	内蒙古巴盟方言	蒙小生	36
6	枪蹦猴	大東	33
7	匪兔内蒙古西部话红包	匪兔	25
8	某丸游记-内蒙古	Mome 某美	25
9	内蒙方言聊天常用	小吉	19
10	匪兔内蒙古西部话	匪兔	

附表 3.14 山东微信表情包一览表

序号	表情包名称	作者	赞赏
1	蘑菇贱山东话	李澔喆	394
2	兔美和程吉山东话	羽毛球球侠	104
3	小白山东话	白朗宁	75
4	山东方言第一篇	张观政	67
5	山东微山方言版	没钱途的人	66
6	山东方言	肖遥	18
7	山东话日常群聊天	YUYU	16
8	山东话	胖胖君	3
9	二毛山东方言	咚咚哒	1

附表 3.15 海南微信表情包一览表

序号	表情包名称	作者	赞赏
1	椰妹儿海南话课堂	未殿下	162
2	王小開海南方言版	埃克斯文化创意	49
3	小岛町海南话篇	缓缓小朋友	38
4	海南话	Kevin-天空	19
5	宅小七一家海南话	宅小七	14
6	海南人的口头禅	骑小怪-山佳手作	4
7	小開方言海南篇	埃克斯文化创意	2
8	鸡老师教你海南话	猫惠子	2
9	海南话 2	Kevin-天空	

附表 3.16 福建微信表情包一览表

省市	序号	表情包名称	作者	赞赏
福州	1	爆吵双宝福州话	The loud lab	305
	2	鸭叔福州话	侃鬼	282
	3	嗷嗷福州话版	星辰文创	104
	4	小崽子剧场福州话	脏小白	102
	5	福州扁肉仔	由子木	41
	6	关爷爷福建方言篇	云长智	12
莆田	7	小石头福州话	皮皮	10
	8	莆田方言表情包	小狮子君	

附表 3.17 贵州微信表情包一览表

序号	表情包名称	作者	赞赏
1	闲画猫贵州方言版	龙三	81
2	贵州话群聊天方言	仙仙	20
3	贵州贵阳话	暖萌狐	15
4	手写贵州方言	一只叫七七的猫	10
5	贵州方言	心之语	6
6	贵州话第二版	小诗兄	3
7	贵州方言文字	小诗兄	
8	黔小豆贵州方言版	贵州万木映彩文化传媒	

附表 3.18 台湾微信表情包一览表

序号	表情包名称	作者	赞赏
1	台湾腔蘑菇头	蚊子动漫	4 302
2	狍小坑台湾腔	唐小贝	92

续表

序号	表情包名称	作者	赞赏
3	judy 超实用台湾腔	Benny	20
4	台湾腔聊天日常	猫十三	11
5	飞行拖拖之台湾腔	FLYING TOT	5
6	台湾话日常用语	吕大善人	4
7	珍珠奶茶台湾话	阿 Ken	4
8	小白台湾腔斗图图	白朗宁	2

附表 3.19　新疆微信表情包一览表

序号	表情包名称	作者	赞赏
1	歹猫新疆土话系列	王小猫工作室	1 075
2	哦猴新疆话	哦猴	175
3	小白新疆话	白朗宁	143
4	哦猴新疆话 2	哦猴	93
5	新疆方言	悦豆米	39
6	勺勺兔新疆话	勺兔兔	28
7	勺勺兔新疆话 2	勺兔兔	7
8	土味儿新疆	BIDEQIANG	3

附表 3.20　云南微信表情包一览表

序号	表情包名称	作者	赞赏
1	云南方言之烧饵块	虫虫	244
2	云南德宏方言篇	莜琪君	213
3	云南方言太板扎了	古月胡	31
4	云南个旧方言	空猫猫	9

续表

序号	表情包名称	作者	赞赏
5	云南方言昆明话	古月胡	8
6	云南文山方言①	暗白	1
7	云南文山方言②	暗白	1

附表 3.21　河北微信表情包一览表

序号	表情包名称	作者	赞赏
1	噶咕驴保定话版	感光动画	185
2	正定方言	乌拉拉	82
3	正定方言 2	乌拉拉	46
4	圆圆的河北沧州话	月明儿	13
5	河北话沧州方言篇	YUYU	12
6	河北南和方言	张老板的菜	4

附表 3.22　青海微信表情包一览表

序号	表情包名称	作者	赞赏
1	青海炮弹娃	青海网	255
2	炮弹娃爱青海话	真之	163
3	青海尕罕稀	青海网	135
4	吐宝兽青海话	金座地产	55
5	青海话日常群聊天	猪仔包	49
6	青海方言青海话	猪仔包	4

附表 3.23 安徽微信表情包一览表

序号	表情包名称	作者	赞赏
1	安徽蚌埠话方言	若茹初见	178
2	安徽宿州方言	艳宝	62
3	安徽话常用语	泡椒小丸子	43
4	安徽蚌埠话方言 2	若茹初见	31
5	安徽话蚌埠话方言篇	胖胖君	11
6	安徽潜山方言	鱼八一	2

附表 3.24 湖南微信表情包一览表

序号	表情包名称	作者	赞赏
1	湘妹子湖南话	李小风	856
2	湖南长沙话	KellenShen	277
3	湖南话方言日常用语	小吉	20
4	专八湖南方言	好方	16
5	萌萌的湖南话	蠢蠢的小百合	5
6	湖南方言	YUYU	2

附表 3.25 江西微信表情包一览表

序号	表情包名称	作者	赞赏
1	江西话	西门雨	36
2	打锣男孩的江西话	吴氏	18
3	钱多多江西话版	上头喵	8
4	江西方言都昌话呀	吃不完的小番茄	2

附表 3.26　湖北微信表情包一览表

序号	表情包名称	作者	赞赏
1	湖北恩施话方言	若茹初见	61
2	湖北方言表情包	二妮子和王杰子	21
3	湖北日常聊天方言	猫十三	12
4	湖北方言脚写体	徐伟	2

附表 3.27　广西微信表情包一览表

序号	表情包名称	作者	赞赏
1	广西贺州土白话	老妖	40
2	广西桂柳话	文二	9

附表 3.28　甘肃微信表情包一览表

序号	表情包名称	作者	赞赏
1	甘肃方言语录	亿源草	3
2	甘肃方言第二弹	亿源草	3

附表 3.29　香港微信表情包一览表

序号	表情包名称	作者	赞赏
1	香港粤语广东话	仙仙	12

附录四
方言短视频一览表

附表 B站方言短视频一览表[1]

序号	视频名称	播放数	点赞数	收藏数	硬币数	分享数	弹幕数
1	小猪佩奇重庆话版	651.6	8	16.6	10.1	23.7	2.9
2	学习了摸仙堡的方言	627.6	21.2	147 995	10.9	6.3	0.6
3	这就是目前世界上最沙雕的FPS游戏	364.5	6.2	2.7	6.1	0.34	1.3
4	各国方言大比拼,遇到中国方言的时候,瞬间被秒成渣	364.3	2	4.1	0.2	0.6	1.5
5	游戏喷子线下见面会	354.2	10.4	4.4	4.2	4.2	0.3
6	【B站全明星方言合唱】一话一世界	345.9	16.9	24.4	25.8	5.8	8.9
7	史上最最欠揍的电话推销员	327.9	36.3	9.8	20.5	2.1	2.4
8	中国方言十级学者撒贝宁与何×同台唠嗑,场面一度无法控制	322.5	3	2.9	0.9	0.6	1.9
9	papi的办公室玩耍——粤语音调说普通话	316.6	3.9	1.2	2.5	1.1	1.3

[1] 数量单位为万。

续表

序号	视频名称	播放数	点赞数	收藏数	硬币数	分享数	弹幕数
10	哪里的话最好听？中国南北36种方言大比拼	289.5	5.8	11.9	6	2.4	27.9
11	自从这群歪果仁被中国方言虐到怀疑人生以后……	285.1	1.9	1.3	2.1	0.6	4.4
12	四川方言版小埋你方不方！?	269.7	1.1	5.8	9.1	5.1	8
13	如果动物成精后开口说四川话会发生什么?!	259.8	8.3	5.3	5.2	3.9	0.6
14	【前方高能】电影 VS 现实，配上方言简直笑哭	258.1	24.7	8.5	17.5	0.7	0.4
15	【26 地方言】Let it go	253.3	3	8.2	2.7	1.5	9.2
16	《紫禁之巅》重庆话版 第二弹之就在雨中尬舞吧	250.8	8.9	6.6	7.7	7.2	0.7
17	【前方高能】史上最奇葩劫匪，不抢钱只抢工作，还拿了个全场最佳	245.3	25.9	10.5	23.6	0.7	0.3
18	【游乐王子 & 占星魔仙】摸仙堡方言口胡后续篇	229.5	5.3	6.1	2.6	5.8	0.4
19	【前方高能】电影 VS 现实（第二弹），配上方言简直笑哭	202.8	17.6	5.3	10.4	0.5	0.2
20	【前方高能】不要问我的酒量，手指大海的方向	193.7	17	7.6	14.7	2.2	0.4
21	【前方高能】外国人少系列，因为有独特的作死技巧	177.1	9.4	3.9	4.8	1	0.4
22	【前方高能】在作死的边缘疯狂试探！外国人少系列	168.7	7.4	2.9	3.3	0.8	0.2
23	大型方言现场，影视剧里那些笑死人不偿命的飚方言情节	129.7	0.9	0.7	0.5	0.3	0.1
24	【前方高能】智商低就不要学人家当杀手	129.3	3.9	0.6	0.7	0.2	0.08

续表

序号	视频名称	播放数	点赞数	收藏数	硬币数	分享数	弹幕数
25	撒老师的十级方言合集，能让汪涵都笑喷，这水平也没谁了	123.8	0.9	0.8	0.3	0.3	0.1
26	北方人过年最全攻略重磅来袭！网友惊呼：这就是我家！	115.9	7.3	1.5	6.6	3.6	2.4
27	重庆话动物配音第十弹，反正记不清了就是第十弹！	112.3	10.9	6.5	2.1	1.3	0.1
28	【前方高能】朋友不相信我能看见鬼，只好和鬼打一架了	111.2	6.7	1	1	0.2	0.1
29	真生气了！李子柒在抖音上秒删视频，方言抱怨！抖音你们够了！	105.8	0.5	0.1	0.02	0.04	0.06
30	【黑人兄弟】我一般不会笑，除非忍不住	101.1	9.3	2.2	5.2	0.9	0.9
31	大学期末考试是一种怎样的体验？老师：我讲过的全是范围	100.9	14.1	1.2	2.3	3.5	1.4
32	【黑人兄弟】警匪对峙，自由美利坚，枪战每一天	90.7	6.3	0.7	1.7	0.2	0.1
33	【前方高能】史上最贱鹦鹉，几句话拆散一对情侣	89.8	5.9	0.9	1.9	0.3	0.1
34	救救字幕君！你听过 UP 主们说方言吗？他们说了什么呀？	86.7	1.3	0.8	0.5	0.3	3.7
35	【黑人兄弟】彩六反恐，谈判破裂准备攻坚	83.9	2.1	0.3	0.3	0.06	0.03
36	【配音】11 种方言对比小樱变身羞耻高能你听过吗？	83.9	3.7	3.3	2.7	2.5	2.5
37	肥瞳 丨 四川话唠嗑 GRWM 画个温柔妆 给妈妈打电话	81.9	2.8	0.4	2.3	0.2	1.6

续表

序号	视频名称	播放数	点赞数	收藏数	硬币数	分享数	弹幕数
38	【方言配音】假如海绵宝宝说的是四川话 第一期	81.5	2.4	1.2	1.7	0.9	0.3
39	【黑人兄弟】地狱厨房，无限反转的沙雕剧情	80.5	7.8	0.8	2.9	0.1	0.3
40	《回家的诱惑》重庆话版，更sao～～～	77.5	1.8	0.9	0.8	1.6	0.2
41	你的妈妈出去旅游是这样的吗？网友：画面过于真实，想转给我妈！	77.5	4.7	0.7	4.2	1.3	1
42	如果用重庆散装英语来给你当翻译是个啥子感觉	77.5	2.7	1.5	1.5	2.3	0.2
43	浙江人真真真真不容易	72.3	3.1	0.9	0.9	0.6	1
44	【黑人兄弟】我是个警察，两分钟打空四个弹夹，skr～然后我被开除了！	68.8	5.3	1.2	2.9	0.09	0.08
45	【盘点】东北话和台湾腔吵架 东北话PK台湾腔 哪个是地表最强方言	67.6	0.3	0.3	0.05	0.3	0.2
46	像极了！中文日语韩语对比！闭上眼以为在听方言？	67.2	1.2	0.7	0.1	0.1	0.1
47	【阿杰729】方言乱炖，杰大真skr语言天才	63.9	2.1	4.4	0.6	0.5	1.1
48	四川话的烤面筋你听过没～	59.9	1.6	1.7	3.1	0.6	0.4
49	山东综艺真的土么？反正我看哭了！	59.4	2.3	0.7	1.6	0.6	1.2
50	台星大飙大陆祖籍方言 第7弹！！！	58.2	0.3	0.2	0.03	0.01	0.07
51	看完这个视频，我终于知道女人为什么喜欢逛街了！	57.1	1.7	0.2	0.9	0.8	0.5

续表

序号	视频名称	播放数	点赞数	收藏数	硬币数	分享数	弹幕数
52	这位妹妹已被逮捕—偷心盗贼浙江话版	56.7	0.6	0.09	0.2	0.03	0.009
53	方丈我觉得你楞个就有点过分了哈	55.7	1.6	0.2	0.3	0.2	0.08
54	你们开学没得唉	54.5	2.5	0.4	0.7	0.4	0.07
55	夫妻感情不合对孩子影响到底有多大？看完后我和孩子都哭了	54.2	6.3	1.4	6.7	1.2	2.1
56	这就是北方的撕吧文化，看之前多吃两碗饭便于和他们一起使劲！	53.5	1.9	0.3	0.8	0.5	0.2
57	【黑人兄弟】杀手迷之笑点，杠精的最高境界就是杠死自己！	52.2	3.3	0.9	2.2	0.03	0.06
58	外国人和四川人 PK 普通话，究竟谁能赢？	51.8	2.7	0.2	0.6	0.1	0.6
59	【全程高能】奇葩医院专治“强迫症”“选择困难症”！你见过吗？	50.4	5.2	1.1	3.2	0.2	0.09
60	春节防七大姑八大姨追问攻略重磅来袭！赶快背下这个春节稳了	49.1	2.1	0.3	0.8	0.7	0.08
61	重庆话版《亲爱的，热爱的》	49	1.7	0.4	0.4	0.6	0.1
62	【Lolita】方言吐槽那些自认为穿 lo 裙就高人一等的十级 lo 娘	48.9	2.9	1.1	2.1	0.2	0.7
63	带妈妈出去吃饭是一种怎样的体验？Oh no！我到底是吃什么长大的？	47.9	1.8	0.2	0.6	0.2	0.6
64	东北魔性防火录音走红，网友：特别有效，特别洗脑	47.7	1.2	0.7	0.2	0.6	0.08

续表

序号	视频名称	播放数	点赞数	收藏数	硬币数	分享数	弹幕数
65	黑人兄弟 戏精本精大闹电影院	47.6	4.9	0.6	1.9	0.04	0.1
66	为了教妈妈用手机,我差点得了心脏病！赶快来看看吧！	47.2	1.9	0.2	0.8	0.4	0.8
67	长辈发现你有对象是一种怎么样的体验请这样的亲戚别再来我家	46.9	3.3	0.4	1.8	1	1.3
68	让人窒息的 KTV 杀手！唱成这样还敢进 KTV,网友小心被老板打	46.1	0.4	0.1	0.03	0.06	0.08
69	大型方言现场,影视剧里那些笑死人不偿命的飚方言情节全程高能	45.9	0.4	0.3	0.2	0.05	0.3
70	你越板 老子越兴奋我给你说	45.3	1.6	0.5	0.7	0.4	0.1
71	黑人兄弟 假如我年少有为不自卑,老婆肯定一大堆！撩妹诀窍	44.9	0.6	0.1	0.1	0.05	0.02
72	【全程高能】最暴躁服务员,曾志伟都被整哭了！	44.6	0.9	0.1	0.1	0.05	0.05
73	我是大连老湿王博文,我的每部作品只有一个愿望,希望你能够喜欢	44.3	5.5	0.7	5.3	0.05	0.8
74	你永远也猜不到的深井冰结局	44.1	1.2	0.5	0.4	0.4	0.07
75	【重庆娃 Rap】娃儿都要尊严	43.4	1.4	1.1	0.9	0.6	0.2
76	四个人用家乡方言聊天,并假装对方都听懂了??	42.5	0.8	0.2	0.1	0.05	0.2
77	我想问你的妈妈过完年也会这样吗？这张嘴简直是吃了跳跳糖	42.5	2.4	0.2	1.4	0.3	0.4

续表

序号	视频名称	播放数	点赞数	收藏数	硬币数	分享数	弹幕数
78	港星大飙内地祖籍方言	41.3	0.1	0.1	0.01	0.009	0.1
79	当你用欧叔的声线给皮卡丘大侦探预告配音,竟然没有一丝的违和感！甚至还是方言?	41.2	3.2	1.6	3	0.4	0.1
80	如果这些女 UP 主都说四川话?	41.1	1.9	0.4	0.9	0.07	0.1
81	我就想发条朋友圈,怎么就这么难难难难难难难!	40.8	2	0.2	0.8	0.1	0.1
82	一个人在外读大学是一种什么样的体验？看完后,我真的想家了!	40	1.6	0.4	1.4	0.7	0.9
83	上大学后你妈妈是这样和别人吐槽你的吗？看来考到外省是对的!	39.7	1	0.09	0.4	0.2	0.2
84	兄弟伙之间打掩护一定要有暗号	39.6	1.5	4.5	0.6	0.6	0.07
85	【黑人兄弟】美女晕倒的非正确处理方式,上来就要人工呼吸!	39.4	1.6	0.1	0.3	0.03	0.03
86	我是路痴,请对我说前后左右,不要说东西南北!	39.2	2.2	0.4	0.9	0.5	0.5
87	【前方高能】史上最奇葩职业,挨骂也能赚钱！我上我也行	39	4.1	0.4	0.9	0.03	0.06
88	【泠鸢 yousa】泠鸢直播讲方言,观众听得一脸懵!	38.9	1	0.3	0.2	0.01	0.02
89	你妈妈平时买菜也是这样的吗？在她的眼里所有人都能成为她的朋友!	38.9	0.9	0.08	0.3	0.1	0.1
90	动物配音第好几弹	38.8	0.9	0.2	0.3	0.2	0.04

续表

序号	视频名称	播放数	点赞数	收藏数	硬币数	分享数	弹幕数
91	大型方言现场,影视剧里那些笑死人不偿命的飙方言情节全程高能	38.8	0.1	0.1	0.034	0.07	0.1
92	给卓别林默剧配上重庆话以后 哈哈哈哈哈哈哈	38.1	1.1	0.3	0.4	0.2	0.9
93	港星大飙内地祖籍方言第二弹!	37.4	0.08	0.1	0.01	0.02	0.1
94	外国人听中国湖南方言廖佳琳翻唱《Rolling in the deep》疯狂吐槽:我把它给我的同学看,他自杀了,哈哈	37.2	0.3	0.2	0.06	0.07	0.06
95	飞机延误是一种什么样的体验?这简直就是坐飞机前的必备流程!	37.2	1.3	0.1	0.7	0.1	0.3
96	【方言配音】你可见过如此接地气的复联?	36.7	2.1	1.4	1.4	0.6	0.2
97	如果你和兄弟伙说话同步,是个啥子画面	36.5	1.1	0.4	0.3	0.3	0.06
98	口音逐渐失控了,台湾的那个太搞笑了	36.2	0.5	0.2	0.04	0.2	0.02
99	放假在家时你的妈妈是这样对你的吗?简直不能再逼真了!	35.7	2.3	0.2	0.9	0.7	0.9
100	【粤配手书】POP 子和 PIPI 美的日常 非官方第 13 集	35.5	1.7	1.8	3.4	0.5	0.8
101	【通灵妃】声优们万万没想到自己竟接了这样一部动画……	38.8	0.1	0.1	0.03	0.07	0.1
102	武汉地铁语音播报已逆天,这是要称霸全国的节奏啊!	35.1	0.07	0.05	0.01	0.06	0.03

续表

序号	视频名称	播放数	点赞数	收藏数	硬币数	分享数	弹幕数
103	港星大飙内地祖籍方言 第三弹	34.6	0.07	0.1	0.01	0.01	0.07
104	《麻辣普通话精湛解说抗日神剧》第五弹（一定看到最后，最后那个潸然泪下的画面，才是真正的抗战）	34.2	2.4	0.5	1.5	0.2	0.4
105	高考结束后，你的妈妈是否和你说过这些话？同一个假期，同一个妈！	33.4	1.1	0.3	0.7	0.5	0.7
106	【六道】如果花老师会说四川话?!	32.9	1.7	0.4	0.6	0.1	0.1
107	【方言十级】那些笑死人不偿命的大型方言对飚现场！快来看看有没有你的家乡话？	32.7	0.1	0.2	0.03	0.03	0.1
108	俩上海人一常熟人全程用方言玩游戏会咋样？【明日之后】	32.6	0.5	0.2	0.5	0.05	0.08

附录五
乡音情怀微信公众号内容统计一览表

附表 5.1 语保内容一览表

序号	内容	发布日期	阅读量
1	乡音的方向,家的方向	2016.11.17	231
2	“中国语言资源保护工程·山西汉语方言调查”项目顺利通过预验收	2017.01.01	145
3	“中国语言资源重大语言文化保护工程·山西汉语方言调查”顺利验收	2017.01.23	473
4	守住乡音	2017.03.07	139
5	乡音,最美妙的音符	2017.04.17	144
6	2017 年山西语保工程启动暨培训会顺利召开	2017.04.22	283
7	语言保护丨蒋文华	2017.05.21	424
8	语言保护丨高晓慧	2017.05.28	387
9	语言保护丨徐东雪	2017.06.04	315
10	语保丨出发工作前的专业培训	2017.06.16	390
11	开启偏关点方言摄录之旅	2017.07.13	348
12	我们就是来偏关的那群人	2017.07.17	849
13	语言保护 丨 郭晓瑞	2017.07.24	305
14	河曲方言	2017.07.27	1 056

续表

序号	内容	发布日期	阅读量
15	方言保护，任重道远	2017.08.03	414
16	我们在河曲县摄录方言，也 get 了一大波风情	2017.08.06	683
17	田野记丨繁峙方言	2017.08.09	141
18	语保之乐，吾心之鉴	2017.08.12	311
19	摄录篇丨繁峙之行	2017.08.13	429
20	语言保护丨马启红	2017.08.17	258
21	语保人丨刘洋	2017.09.17	146
22	宿舍方言	2017.09.21	111
23	“中国语言资源保护工程·山西汉语方言调查”项目顺利通过国家中期检查	2017.10.09	124
24	我们是谁	2017.11.02	74
25	摄录篇丨邀你同行	2017.11.06	182
26	“2017·中国语言资源保护工程·山西汉语方言调查”项目顺利通过预验收	2017.11.20	298
27	汾阳方言	2018.05.29	226
28	山西语保验收告捷——守初心，新出发！	2018.02.13	302
29	教育部办公厅关于部署中国语言资源保护工程 2018 年度汉语方言调查工作的通知	2018.04.03	32
30	网络热词	2018.04.27	68
31	中国语言资源集(分省)编写出版试点工作启动会在上海召开	2018.05.25	47
32	交口方言调查	2018.06.01	676
33	乔全生教授在山西大学 2018 届本科生毕业典礼上的讲话	2018.06.28	5 208

续表

序号	内容	发布日期	阅读量
34	山西大学与韩国国立全北大学联合举办“廿一世纪东丝绸之路 中原汉文化与方言研究之新探”国际学术研讨会	2018.06.30	149
35	馈赠	2018.07.29	113
36	侯马之行	2018.08.02	461
37	语保人丨侯马	2018.08.13	118
38	语保人丨临猗语保调查手记	2018.08.23	166
39	语保人丨屯留语保	2018.08.27	198
40	中国音韵学研究第二十届国际学术讨论会在陕西师范大学召开	2018.09.01	230
41	语保人丨襄垣调查记:及时雨	2018.09.04	137
42	教师节特辑丨乔全生教授与他的晋方言研究团队	2018.09.10	225
43	2018年“中国语言资源保护工程·山西汉语方言调查”项目接受专家中期检查	2018.09.15	101
44	语保人丨襄垣“蒙古包”	2018.11.28	129
45	语保人丨襄垣方言代言人	2018.12.02	59
46	山西语保预验收后的主要工作	2018.12.24	338
47	“中国语言资源保护工程·山西汉语方言调查”项目通过专家正式验收	2018.12.26	184
48	北斗语言学	2019.01.28	107
49	春节祝福	2019.02.04	138
50	关于中国语言资源保护工程汉语方言调查2018年立项项目验收情况通报	2019.02.18	194
51	勇挑重担,乘势而上	2019.05.08	528
52	乔全生教授在中国音韵学研究会2019香港高端论坛致辞	2019.05.23	192

续表

序号	内容	发布日期	阅读量
53	2019年“优秀大学生夏令营”学术讲座	2019.07.25	113
54	第六届中国语言资源国际学术研讨会圆满闭幕	2019.09.26	72
55	《晋方言语音百年来的演变》	2019.11.01	152
56	卜光前	2019.11.03	46

附表 5.2 方言词科普视频一览表

序号	方言词	发布日期	阅读量
1	摸青羊	2019.11.27	17
2	川耗子	2019.11.20	25
3	解手	2019.11.06	43
4	迷毛	2019.10.16	34
5	打乡谈	2019.10.09	26
6	唠嗑	2019.06.27	25
7	专门	2019.06.19	34
8	倒插插	2019.06.12	29
9	旮旯(下)	2019.06.05	29
10	旮旯(上)	2019.05.29	25
11	囫囵	2019.05.22	45
12	山西方言中的膝盖文化(下)	2019.05.17	52
13	山西方言中的膝盖文化(上)	2019.05.09	39
14	人称类	2019.04.24	22
15	衣物类	2019.04.17	22
16	动作类	2019.04.10	32
17	著秸	2019.04.03	31

续表

序号	方言词	发布日期	阅读量
18	恶	2019.03.27	25
19	胡阑	2019.03.20	29
20	旮旯	2019.03.13	43
21	火箸	2019.03.06	36
22	刁蹬	2019.02.28	36
23	夜来	2019.01.30	63
24	可可	2018.12.05	53
25	头口	2018.11.29	23
26	停分	2018.11.23	29
27	嘴尖	2018.11.14	38
28	圪料	2018.11.07	58
29	赚人	2018.10.31	40
30	年时	2018.10.17	38
31	和和饭	2018.09.26	70
32	恶水	2018.09.19	89
33	头	2018.09.15	76
34	谝	2018.08.29	249

附表 5.3 方言歌曲一览表

序号	内容	发布日期	阅读量
1	闲花白	2019.10.17	90
2	梦遣看花人	2019.08.28	133
3	风流当歌	2019.07.09	66
4	千秋岁引	2019.06.18	250
5	蜀道难	2019.05.14	22
6	大碗宽面	2019.04.23	28
7	且行且歌	2019.04.16	43
8	瞎子	2019.04.09	27
9	白马村游记——村口迎佛	2019.04.02	37
10	白马村游记——灯花	2019.03.24	17
11	白马村游记——竹马	2019.03.12	45
12	白马村游记——榕树	2019.03.09	102
13	乘风凉	2019.02.26	89
14	无忧歌	2018.11.09	38
15	牵丝戏	2018.06.26	142
16	河南人	2018.06.19	70
17	别君叹	2018.05.30	108
18	黄河船夫曲	2018.05.23	42
19	过早歌	2018.05.09	41
20	茉莉花	2018.04.24	115
21	桃花红,杏花白	2018.04.18	51
22	久久不见久久见	2018.04.10	383
23	外婆谣	2018.04.08	26

续表

序号	内容	发布日期	阅读量
24	长恨歌	2018.03.27	170
25	西安人的歌	2018.03.20	152
26	广东十年爱情故事	2018.03.14	80
27	自由的飞	2018.03.06	49
28	无字的情批	2018.02.20	124
29	水中间	2017.12.25	231
30	末代客的最后一场戏	2017.12.10	271
31	命运	2017.12.03	78
32	叫阮的名	2017.11.26	244
33	长沙策长沙	2017.11.19	183
34	欢喜侬	2017.11.12	97
35	姑苏城	2017.10.14	87
36	高古楼	2017.06.17	255
37	秦淮八艳	2017.06.02	132
38	走远了	2017.05.11	243
39	西安爱情故事	2017.05.03	265

附表 5.4　方言电台内容一览表

序号	内容	发布日期	阅读量
1	人生有无数种可能	2019.06.02	19
2	因为纪念而有意义	2019.05.19	58
3	岁月流转,唯有母爱从未变	2019.05.12	84
4	哪怕世事暗淡,也要做自己的光	2019.05.04	15
5	在梦里,看见童年的光影	2019.04.21	43

续表

序号	内容	发布日期	阅读量
6	一生温暖纯良,可自由是什么	2019.04.06	31
7	一场别离,万般滋味	2019.03.26	14
8	炽热不减,爱如少年	2019.03.16	15
9	乡愁是诗,乡音亦是诗	2019.03.02	36
10	摄千人之态,录万家之语	2018.12.31	181
11	当我们一起走过	2018.12.15	25
12	冬夜	2018.12.09	24
13	触动心弦的那句歌词	2018.11.25	78
14	没有一个人是一座孤岛	2018.11.10	40
15	至心爱的你	2018.10.21	56
16	未来来得好快,别慌	2018.10.13	30
17	我们的思念是圆的	2018.09.22	40
18	勇敢的心,迎接自由的风	2018.09.16	61
19	牛郎与织女	2018.08.17	253
20	城南旧事	2018.08.04	43
21	你看,时光已从指缝中溜走	2018.07.07	141
22	跨越自己寻找真实,不要停下	2018.07.01	51
23	如果没有水源,不如等待下雨	2018.06.23	30
24	把生活过成诗	2018.06.16	25
25	我们去寻找一盏灯	2018.06.09	53
26	再不疯狂我们就老了	2018.06.02	33
27	生活,一半是回忆,一半是继续	2018.05.19	29
28	方言小程序	2018.05.17	96
29	遇见	2018.05.13	23

续表

序号	内容	发布日期	阅读量
30	除了这一生,我们又没有别的时间	2018.04.28	445
31	一个人也要过得快乐	2018.04.14	83
32	把所有的春天都揉进一个清晨	2018.04.02	104
33	对未来美丽的期许	2018.03.09	43
34	藏在心中最深的秘密	2018.02.15	32
35	我还是很喜欢你	2018.02.03	79
36	没有离家的人,不懂归家的意义	2018.01.21	193
37	春夏秋冬的你	2017.12.31	73
38	生命的延续	2017.12.09	70
39	不一样的乡音不一样的情怀	2017.12.09	80
40	北京方言故事	2017.10.01	43
41	长沙	2017.06.24	148
42	给父亲的一封信	2017.06.18	129
43	天津话	2017.06.10	131
44	山西地道小吃背后的民俗文化揭露	2017.06.03	473
45	有一种怀念它叫作曾经来过	2017.05.19	654
46	母亲节快乐	2017.05.14	125
47	方言读诗	2017.05.07	140
48	你在城市里打拼了多久	2017.05.06	271
49	别样乡音	2017.04.09	342
50	这就是乡音	2017.03.24	34

附表 5.5 绘乡情内容一览表

序号	内容	发布日期	阅读量
1	福州评话	2019.11.25	26
2	神池道情	2019.11.13	41
3	南阳方言	2019.11.04	28
4	忻定民歌	2019.10.28	182
5	临川方言	2019.10.14	106
6	各地方言现状	2019.09.24	56
7	国漫配音	2019.09.04	102
8	熊猫漫话蓉城	2019.06.14	20
9	箸	2019.05.24	17
10	晋商丝绸之路(甘肃篇)	2019.04.26	22
11	谷雨	2019.04.22	16
12	篮子里的野菜,吃的是一种情怀	2019.04.12	18
13	酒文化	2019.03.29	72
14	茶语悠悠(三)	2019.03.22	13
15	茶语悠悠(二)	2019.03.15	11
16	茶语悠悠(一)	2019.03.10	12
17	火锅	2019.03.01	54
18	方言古诗	2018.11.02	167
19	《秦淮景》	2018.10.26	125
20	绢头、小辮儿、姑娘伢	2018.10.18	53
21	满语	2018.10.12	33
22	百年南京	2018.10.07	204
23	成都旅游	2018.10.01	291

续表

序号	内容	发布日期	阅读量
24	广东	2018.09.20	52
25	国漫与方言	2018.09.17	55
26	外祖母	2018.07.19	97
27	老城里的端午	2018.06.18	40
28	汉语史上古方言	2018.06.07	68
29	微雨江南	2018.05.31	56
30	方言在电影中的艺术地位	2018.05.28	92
31	醉长安	2018.05.10	39
32	吴楚东南坼	2018.04.19	69
33	川蜀古韵	2018.04.12	52
34	清明节	2018.04.05	57
35	龙城旧语	2018.03.29	61
36	军旅中的方言	2018.03.23	95
37	总有几句方言说起来贼拉带劲	2018.03.15	152
38	千年别君叹	2018.03.08	169
39	舌尖上的元宵节	2018.03.01	123
40	春节	2018.02.22	45
41	蒸蒸日上年年“糕”	2018.02.16	102
42	掸去旧尘迎新年	2018.02.08	100
43	腊月忙	2018.02.02	50
44	生动谚语（三）	2018.01.25	73
45	皮影百戏	2018.01.18	80
46	国学中的方言	2017.12.22	123
47	生动谚语（二）	2017.12.07	66

续表

序号	内容	发布日期	阅读量
48	晋语特色	2017.12.01	170
49	北人尚炕	2017.11.23	77
50	听说你早就想要一份这样的方言砍价宝典	2017.11.10	71
51	舌尖上的方言	2017.10.19	136
52	方言表情包	2017.10.13	279
53	中秋特辑	2017.09.28	154
54	贵州方言	2017.08.01	270
55	晋西北边陲——偏关挖宝记	2017.07.25	228
56	多样山西	2017.07.18	59
57	山西方言服饰篇	2017.06.22	168
58	你知道这些动物用山西方言怎么说吗	2017.06.15	133
59	生动谚语	2017.06.08	191
60	方言里的浓浓端午情	2017.05.29	159

附表 5.6 乡音直通车内容一览表

序号	内容	发布日期	阅读量
1	方言祝福祖国	2019.10.01	110
2	六一儿童节	2019.06.01	61
3	沁园春	2018.12.27	329
4	乡音直通车,一直在路上	2018.12.12	26
5	四川熊猫	2018.11.22	108
6	暑假学车	2018.08.08	57
7	《扶摇》	2018.07.25	93

续表

序号	内容	发布日期	阅读量
8	南北差异	2018.07.04	58
9	武汉方言	2018.06.22	118
10	《朗读者》	2018.06.13	23
11	普通话让你走更远,方言让你记住家	2018.06.12	39
12	山西好风光	2018.05.22	257
13	汶川十年	2018.05.12	26
14	对十八岁的自己说	2018.04.25	39
15	重庆话和成都话	2018.04.20	110
16	来自内蒙古的小猪佩奇	2018.04.04	117
17	诗词中的深情回忆	2018.03.16	281
18	属于你的开学季	2018.03.07	47
19	方言过年歌谣	2018.02.21	73
20	方言拜年	2018.02.16	107
21	方言表白	2018.02.14	107
22	来自晋城的小猪佩奇	2018.02.07	114
23	会说方言的小猪佩奇	2018.02.01	98
24	欢迎来到王者荣耀	2018.01.24	79
25	方言配音	2018.01.13	114
26	贺新年	2018.01.01	276
27	疯狂动物城	2017.12.19	129
28	带你回味不一样的粤语文化	2017.11.27	83
29	南腔北调	2017.10.30	171
30	只属于刘美丽的喊麦	2017.10.29	85
31	一人我饮酒醉	2017.09.26	88

续表

序号	内容	发布日期	阅读量
32	忻州戏曲	2017.09.21	160
33	乡音直通车	2017.07.29	79
34	“乡音直通车”三期	2017.07.08	92
35	江南细语	2017.06.29	86
36	“乡音直通车”二期	2017.06.20	129
37	豪情东北	2017.06.07	58
38	乡音直通车	2017.05.16	97

附录六
山西语言资源保护工程成果

笔者作为摄录团队负责人全程参与山西语保工程,2015 至 2018 年共带队摄录太谷县、平遥县、平顺县、小店区、乡宁县、寿阳县、定襄县、忻府区、宁武县、神池县、河曲县、繁峙县、偏关县、保德县、岢岚县、侯马市、交口县,共 17 个县市区。

摄录成员有:马钊、李亚娟、刘特、李佳华、刘壮、刘梅丽、张长江、高晓慧、高茜、徐冬雪、孙青、申皓、苏梦洁、高昕晨、刘奥衍、马悦、杨卓麒。

彩图 6.1—6.10 是参与语言保护工程调查和摄录的工作实录。

附录七
口述史（一）

为调查方言在微平台的传播现状，采访了两位精英知识分子，分别是暨南大学甘于恩教授和武汉大学阮桂君副教授。

一、甘于恩教授采访

1.采访时间：2018 年 9 月 13 日

2.采访途径：微信文字、微信语音

3.采访人：周怡帆

4.被访者：甘于恩

5.采访内容：

周：[1]您创办了“语言资源快讯”微信公众号，创办动因是什么？

甘：2016 年 6 月，暨南大学语言资源保护暨协同研创中心（简称“语言资源中心”）成立。语言资源中心成立后，注册公众号“语言资源快讯”，创办动因就是提升公众对语言资源的认知，反映南方语言资源的保护、传承、研究及教学等状况，以广东复杂的语言资源为重心，所以“立足广东，突出特色”是公众号运作的中心思路。

周：运行机制是怎样的？分别有哪些板块？

甘：以自我原创为主，同时建立了全国性的语保志愿者团队，联合广东、福建、广西、江西 28 个高校（实训基地）共同协作的机制。公号有三个基本板块：音视频板块、推文板块和论文板块。音视频板块用于科普，利用形象直观的语言素材传播语言资源的保护理念；推文板块呈现大众化特征，介绍与语言资源内容

[1] 为行文简洁，采访以姓氏代表全名。

相关的知识;论文板块呈现专业化特征,面向学术达人推送专业研究成果。

周:您认为创建公众号对方言保护有什么意义或作用?

甘:“语言资源快讯”与其他公众号的基本作用是相似的。那就是传播信息、宣导理念、整合资源、开展远程教学。但作为提倡语言资源保护的公众号,其作用也有特殊的一面。归纳起来有如下几点:启蒙特性,我们要对多数人进行语言知识的启蒙宣传,引导他们提升语言资源保护、传承的自觉性;持续特性,社会对它的接受度还比较低,如果没有较大的推广力度,就不可能在众多的公众号中突围而出,欲取得好的传播效果就很难;专业特性,专业性体现在某些特设的栏目,比如“小知识(涨知识)”“学术探论”“学术动态”“学术前沿”,使专业读者在阅读过程中收获有用信息,为深入研究提供了引导。

周:您认为在微信公众号上进行方言传播需要注意哪些问题?

甘:注重导向:“语言资源快讯”要体现严谨的学术机构的社会责任感,提倡优雅、通俗、平等的语言风格,推崇正面的教化导向,因此必须注意避免采用过于庸俗、恶俗、低级趣味的作品。讲求表达效果:现在语保有种倾向,就是打“悲情牌”,在某种场合也许可以起到一定效果,但这种手法如果滥用,会起到负面效果。夯实学术:语言资源类的公众号,要长期运作,必须依靠厚实的学术底蕴,力避流俗。

二、阮桂君副教授采访

1.采访时间:2018 年 9 月 13 日、2019 年 12 月 30 日

2.采访途径:微信文字、微信语音

3.采访人:周怡帆

4.被访者:阮桂君

5.采访内容:

周:您是什么时候开始关注方言保护与传播的?关注的原因是什么?

阮:2006 年开始关注方言传播传承,在吴语国际学术研讨会上,曹志耘教授提交了一篇论文,专门讲建立中国方言博物馆的事情。我那个时候也观察到了这个问题,当时在做自己家乡的方言材料的整理,我发现很多代际之间方言的损耗非常大。我当时就在想,可能两代三代以后,这种方言的使用可能会越来越贫乏了,所以当时也就产生了能否有一种方法把我们现有的方言保存下来的想法,也思考怎么样能够让年轻人认识到方言本身的一个重要性。当时在吴语国际会议上面刚好听到曹先生的发言,当时我认为自己作为学生能与专家想法不谋而

合,非常高兴。所以从那个时候开始,我就对语言文化的保存、传播、宣传等事情开始上心。

周:您创办了“方言与文化”微信公众号,创办动因是什么?

阮:公众号是2015年年底开始做的,做方言公众号也是出于一时兴起,当时正值公众号的这个形式如火如荼地展开,我觉得这个方式应该比较好,平时我也经常会思考有关方言与文化、方言的保存保护等方面的问题。有这么一个东西能够传播自己的想法该有多好,后来就大着胆子把它弄起来了。

做起来之后,才发现原来这个东西并不简单,当时我最开始的时候是每天更新的。所以就觉得非常累,每天都要准备第二天的稿子,全部亲自写,坚持了一段时间以后,我发现这样做不行,所以后来就在我的学生当中组建了一个团队,然后由这些学生和我一起来共同维护这个公众号的运营。

周:公众号运行模式是怎样的?有哪些特色板块?

阮:我们运营的方式是请了四个本科生,请他们帮我做后台的编辑工作,另外组稿和执行主编由研究生负责,他们的任务主要就是去组稿,把那些稿件内容弄出来。每一期的稿件都是我自己把关、自己终审。下个星期要做什么,一般都是我先把框架定好,学生再在这个框架的基础上往下做。一周三次推文。我经常也亲自写一点,我觉得通过这种方式的确还是起到一定的效果。

截至目前,我们公众号的关注人数马上就要到一万人了,还差个两三百人。公众号没有任何资金来源,任何方面都没有支持,就我自己一个人在搞,然后我的几个学生相当于帮忙,他们也都是以志愿者的方式在做。依靠的是我们的理念相同,后续内容上能做相应的改革。

我觉得我们这个公众号,虽然关注的人数并不像大号那样是成千上万的,但是我们的优势就是关注这个公众号的人,绝大部分都是在校的本科生、研究生或者博士。它的这个后台粉丝的质量还是非常好的。目前推出的这个栏目,开始时每天推一篇。每天都是一个话题,星期一专门介绍方言学者,星期二介绍方言词语,星期三介绍有关方言的资讯,星期四推送与方言相关的好玩的视频和音频,星期五讲方言笑话,星期六是方言与民风民俗,星期日为机动日,灵活处理。

后来我们发现这样有问题,我们人数毕竟有限,所以就把它缩小了一下,一个星期推三次。星期二的板块主要是推方言词语,我们主要是从《本草纲目》里面选择词语选用的条目。星期四是方言视频的转发,有些是原创的视频,我们自己拍的,有些是网上转载的。星期六是方言观点争鸣,这部分内容主要是我在撰写。我写一些对方言的看法,比如说怎么培养方言学人才,方言的传播与传承应该通过什么样的方式，方言教科书是不是应该进课堂，方言文化节目是不是应该在电视台上面播出，应该怎么展出等，这些都是我这几年来的一些想法，虽然比较粗糙，但是分享给关心这个事业的人，我觉得还是很有意义的。虽然每天发推文花去很长时间，但是我觉得这个工作应该会坚持下去。

周：您是否关注当地的方言节目，比如《经视呤天会》《谈笑欢乐送》《阿星笑长开讲》等，您认为方言节目的开办对方言保护和传播有何意义？在当前普通话为主的传播环境下，方言节目如何抢占话语空间，二者之间是否有冲突？如何避免与政策冲突？

阮：我当然关注地方性的方言节目，我不仅关注武汉的，还关注其他省市的方言节目。我也参与过方言节目，比如《话说大武汉》这个节目，以前阿新的《呤天》我也专门到电视台去跟他们合作过。

关于电视节目，我觉得方言文化的传播，电视是必不可少的一个途径。广播和电视都应该联合起来。现在因为国家相关的法律规定，有些时间段不能播出。但是，我觉得作为一个地方台一定要有方言节目的播出。这个播出起到一个引领的作用，而且很多方言词语是可以在节目里进行讨论的，而且还可以证词，是非常有价值的。

为了避免推广普通话跟方言的冲突，我觉得地方性的电视台，首先可以考虑错开国家规定的那个不能播出的时间段，在另外一些稍微晚一点或者提前一点的时间段播出。另外，在节目内容的选取上，我们有一部分可以借鉴其他各地的经验，比如说讲新闻，可以从介绍当地的风土人情等角度切入，也可以借助方言与传统文化相关的切入点，审批起来会比较方便，传统文化正是现在我们国家重点去推的，而且传统文化、非物质文化文化遗产的很多方面与方言文化紧密相关，在这方面其实大有文章可做。

周：在慕课看到了您的国家精品课，是什么样的契机使您开设了这门课程？

阮：这门课是2009年开始就给武大本科生开的通识课。2015年是慕课年，武汉大学本科生院大力推动这个事情，我也想把方言文化的理念推向更多的受众，所以就上线尝试了。

周：您认为在方言保护或者传播方面还可以利用什么手段和方法？

阮：在当今自媒体这么发达的情况下，我觉得通过视频传播或者音频传播，是我们现在方言保护非常重要的一个途径。当然在这方面，我们要提高质量，现在网上有很多关于方言的视频、音视的材料，质量参差不齐，有些内容甚至比较低俗。因此在这方面我们还是需要有一个规范。比如先制定出语音规范和视频、音频的上传规范,然后再制定一些最基本的要求,有一些方言学者来参与,把他们方言调查的内容通过群众喜闻乐见的方式,推到这个互联网上面去。文字方面可以通过微博、博客、公众号,音频方面可以通过长篇小说、连播等推出;好玩的儿童节目、童谣等,在语音方面完全是做得到的。在视频方面,也可以通过方言漫画、方言电影等其他方面的创作。

附录八
口述史（二）

1.采访时间:2018 年 7 月 3 日

2.采访途径:实地调研采访

3.采访地点:山西省太原市晋商行文化传媒有限公司（小店区晋阳街南二巷西）

4.采访人:周怡帆

5.被访者:董伟伟

6.采访内容:陈小醋方言表情包调研

2018 年 7 月 3 日,到山西晋商行文化传媒有限公司实地调研方言文创类产品“陈小醋”系列,采访相关负责人董伟伟先生。

周:陈小醋的创作灵感是什么?

董:想打造一款跟山西文化密切相关的文创产品,寻找之后确立为以山西陈醋为原型进行设计。理念就是立足山西文化,打造山西本土最具代表性的动漫形象,以醋瓶子为原型,大力宣传山西文化。

周:陈小醋的形象是怎样的?

董:山西陈醋姓“陈”,衣着来源于太原后生喜欢穿的白色二股筋和标配的“小花园布鞋”,形成最原始的设计模型。后续又延伸成为陈小醋家族(如附图 8.1 所示)。

附图 8.1　陈小醋家族系列

周:与方言相关的内容和产品有哪些?传播效果最好的是哪个?

董:与方言相关的产品有很多,比如覆盖山西十二个地市的方言表情包,小醋谝山西方言漫画、方言动画、方言周边产品等(如附图 8.2 所示)。

(a)陈小醋方言表情包代表

(b)陈小醋漫画代表

(c)陈小醋动画代表

(d)陈小醋周边产品代表

附图 8.2　陈小醋方言相关内容和产品分图示例

就传播效果来看的话,方言表情包覆盖范围最广、影响力最强,在此基础上延伸的陈小醋 IP 创作引发了大众关注。

周:其实贵公司已经在为山西文化的传播作出积极贡献,请问今后在方言传播方面是否还有其他策划?

董:作为一家传媒公司,传播优秀传统文化是不可推卸的责任,因此,我们一直致力于挖掘传统文化内涵进行有趣有温度的传播,今后想借助短视频和直播对方言文化再次传播,例如制作方言小短剧、进行方言直播等,都在我们的计划内。进而将陈小醋的 IP 推向更宽广的领域,与山西文旅相结合碰撞出新的火花。

附录九
国际音标的动漫设计

基于前期对方言文创的调查研究，将专业知识转化为普适内容更适合传播，因此将具有代表性的国际音标进行面团化拟人设计，如下所示。

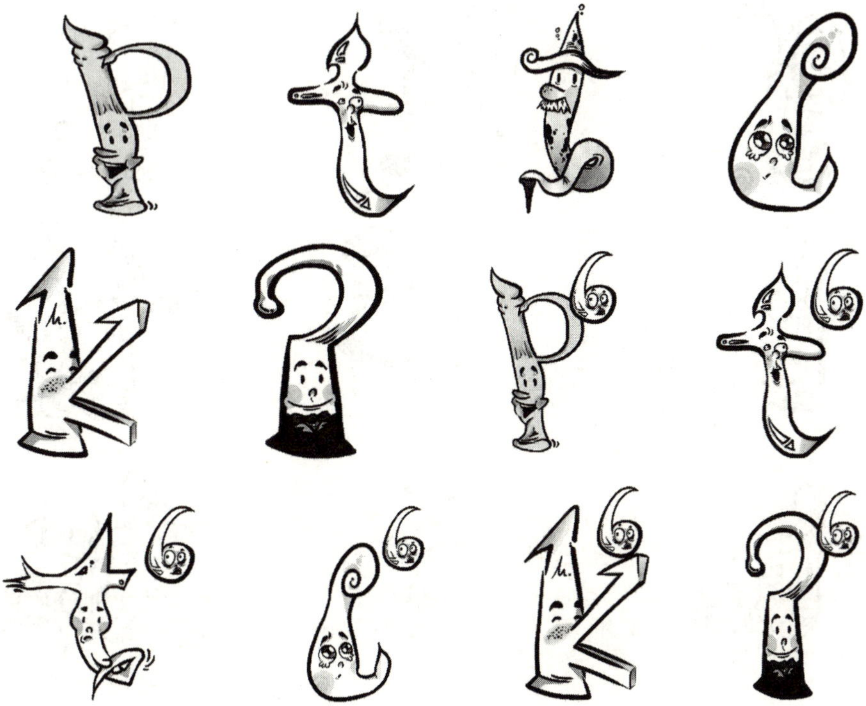

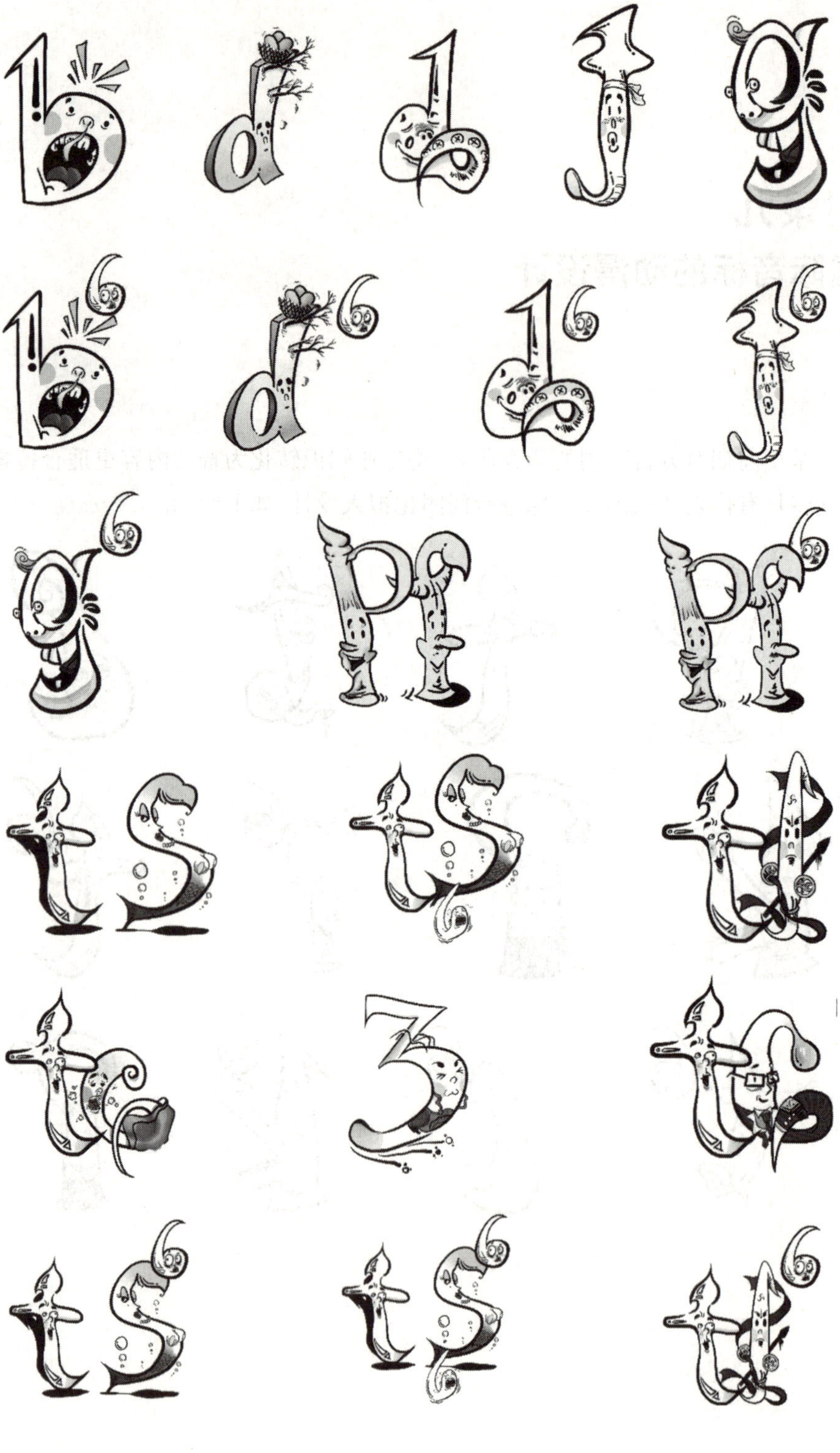

附录十
言途网 App 设计

言途网方言文化旅游平台是一个有价值、有意义、有盈利空间项目，将方言保护、文化旅游与互联网结合起来，形成文化旅游新模式，是发展山西省文化旅游的新思路，也是顺应时代特色的必然举措。

具体板块包括古今中外、百变民俗、定制服务、特色挖宝等。

一、古今中外——搜集整理了各地的历史信息和文化古迹，是对山西各地历史遗迹的历史渊源、文化内涵的全面介绍。我们希望达到的效果是游客从中能发现这些景点的可观赏性，比如吉县的人祖山，也希望大家能多了解、关注家乡文化。这个板块体现的主要是对山西历史遗迹的宣传和推广，也给游客提供当地旅游资源的选择。

二、百变民俗——该板块收录了山西省各县自古流传的风俗习惯、传说故事以及歌谣俗语。俗话说入乡随俗，旅游的意义可以是观赏风景、陶冶性情，也可以是增长见识、感受各地的风土人情。基于此，我们不仅介绍各地风俗，还提供现场体验风俗的途径。如我们提供在线报名预约、现场学做隰县面塑和剪纸的方式，游客线上提交一定定金后，系统提供地点和乘车路线，到了当地，学做完成后可拿当走自己的作品当纪念品，需支付给工匠一定的教学费。也可以购买当地工匠所做的成品，工匠卖出自己作品的收入需给平台提成。

在我们的实地考察中发现隰县特色美食糁粉的制作过程也很有意思，当地人用去皮荞麦加上冷水拌湿，在铁锅中搓成糊状，再加水稀释，过滤然后用文火熬煮，搅拌成糊状用冷碗盛装。这道美食有泻火的功效，有健康价值。在这个板块，用户提交的定金和买走的工艺品的提成，是我们方言文化旅游的重要组成部分，也是软件的盈利点所在。而当地的传说、民谣我们则以演出的形式呈现给游客，比如隰县评说，传说、故事都用当地方言，因为这些土生土长的故事，用方言才能更好地诠释其中的情感和韵味。游客观赏同样需交定金来完成线上预约，到场后再支付门票价钱，其中预约定金为软件盈利，门票价钱用来组织演出的费用。

三、定制服务——定制服务即平台录用人品端正、热情活泼的当地人做私人导游，游客可选择私人导游在线解答，也可以预约导游进行线下实地的陪玩、陪吃。游客可以选择住在私人导游的家中，即我们的民宿服务。民宿由平台和导游共同出资装修，打造富有当地特色的民居（如陕北窑洞），导游负责日常的清洁和打理。用户在线上支付民宿住宿费，其中平台会抽取二成，作为盈利。打造这个板块的原因在于，很多外地游客在本地因为不熟悉，可能会受到一些黑心商家的不公正对待，也可能会面临一些迷路、水土不服的困扰，而我们聘请当地人制作的这样一款私人定制导游服务会很好地解决这些问题，导游会带领游客去当地最受欢迎的购物、吃饭、游玩地点进行消费，还会提醒吃穿住行上的注意事项，为用户打造舒心、便利的出行。在这个板块，用户获得私人导游的服务，需向平台支付一定费用，其中平台会抽取百分之二十，导游赚取百分之八十。这是我们的平台的又一个盈利点。

四、特色挖宝——特色挖宝是我们平台思考将保护方言和旅行融合在一起而作出的一个创新，它的运作模式为平台与当地特色美食的店家联系合作，用户使用我们平台的到达当地后，学说一句当地方言，学会之后则可在该店享受优惠，具体优惠程度可与店家商量后确定。我们平台的运作模式是，在特色挖宝板块呈现合作店家的店面介绍，用户选择喜欢的店并点击该店获得一张优惠卡，优惠卡上带有一句当地的方言俗语或句子，由店家教游客说出，参与过此次活动的游客在结账时就可享受优惠。这个板块里，我们与店家的合作模式是，我们在平台上推广他们的店，用户很可能会为享受而去该店用餐，相当于为店家做广告，可向他们收取一些版面费，这是我们平台的又一个盈利点。同时用户学说方言享受优惠的活动则体现我们保护方言的初衷。App 设计图如下。

●●●●● 中国移动 12:00 AM

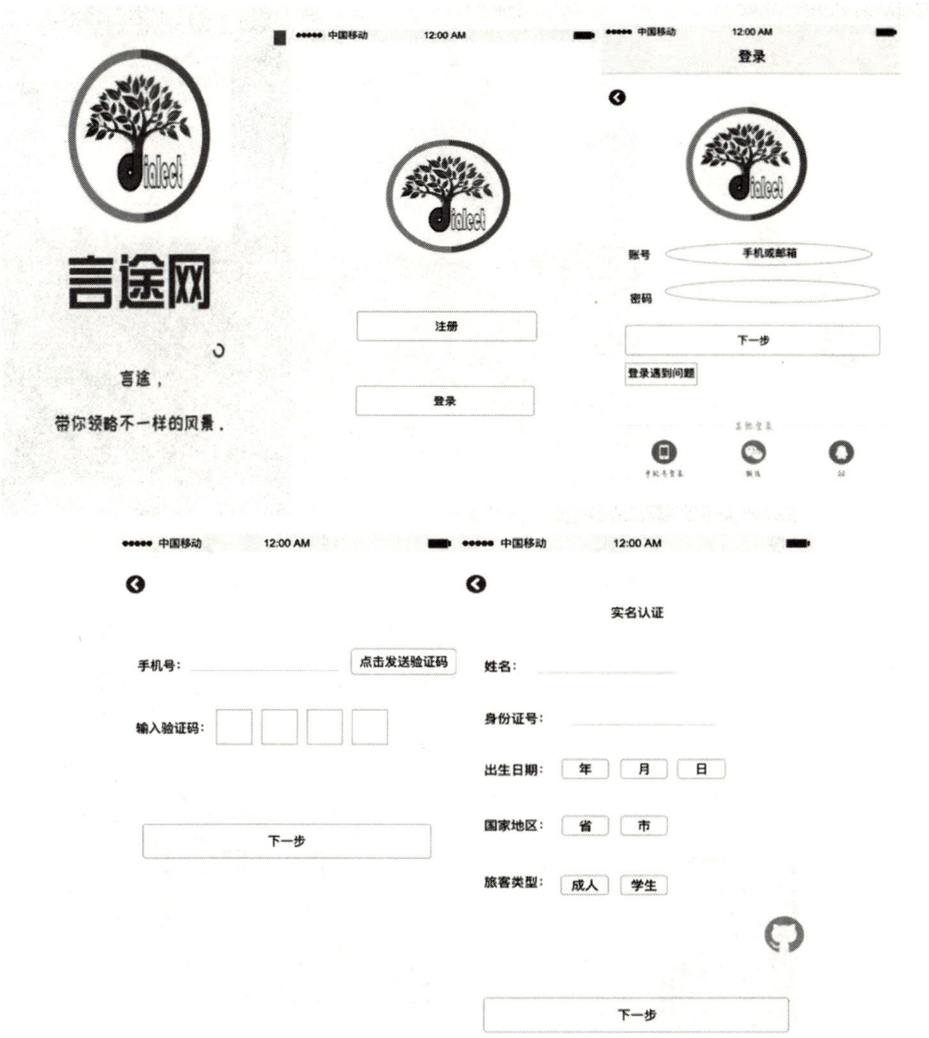

言途网

言途，

带你领略不一样的风景．

●●●●● 中国移动 12:00 AM

注册

登录

●●●●● 中国移动 12:00 AM

登录

账号 手机或邮箱

密码

下一步

登录遇到问题

其他登录

手机号登录 微信 QQ

●●●●● 中国移动 12:00 AM

手机号： 点击发送验证码

输入验证码：

下一步

●●●●● 中国移动 12:00 AM

实名认证

姓名：

身份证号：

出生日期： 年 月 日

国家地区： 省 市

旅客类型： 成人 学生

下一步

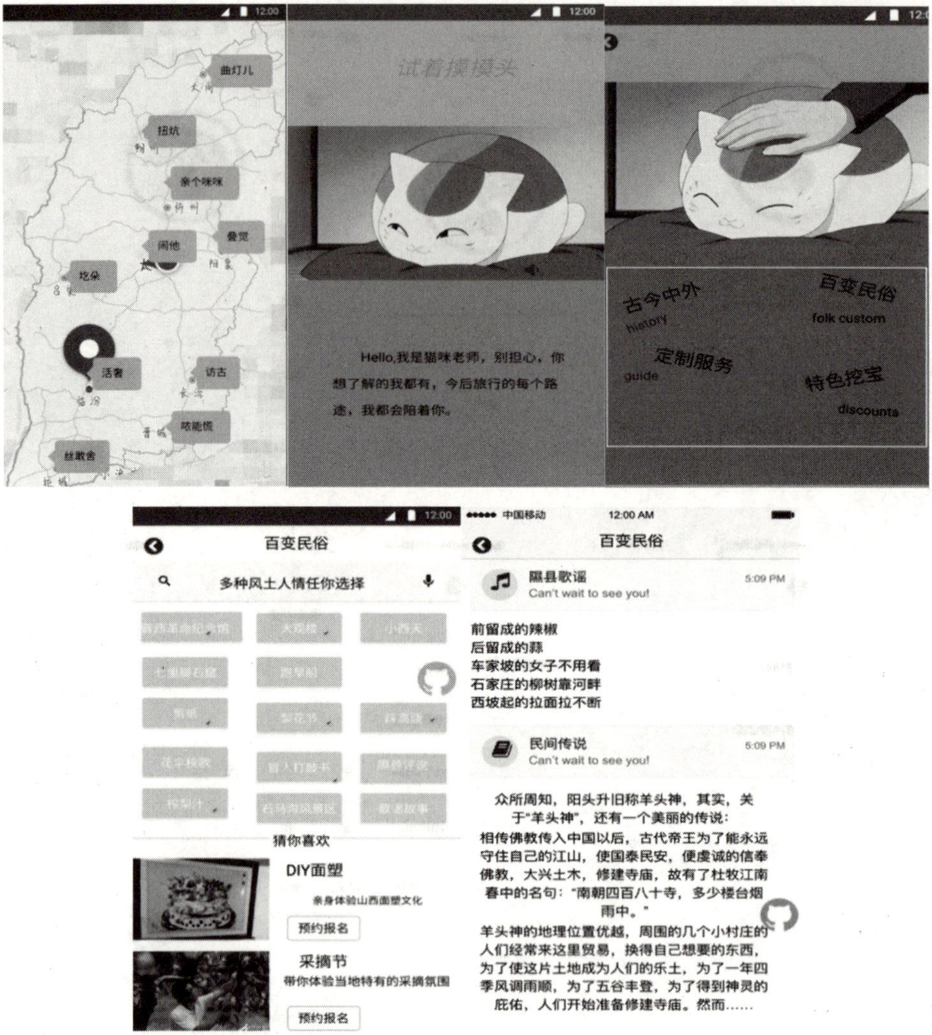
曲灯儿
扭坑
亲个咪咪
闹他
叠觉
圪朵
活着
访古
咭能慌
丝散舍
试着摸摸头
Hello,我是猫咪老师，别担心，你想了解的我都有，今后旅行的每个路途，我都会陪着你。
古今中外
history
百变民俗
folk custom
定制服务
guide
特色挖宝
discounts
百变民俗
多种风土人情任你选择
猜你喜欢
DIY面塑
亲身体验山西面塑文化
预约报名
采摘节
带你体验当地特有的采摘氛围
预约报名
中国移动
12:00 AM
百变民俗
隰县歌谣
Can't wait to see you!
5:09 PM
前留成的辣椒
后留成的蒜
车家坡的女子不用看
石家庄的柳树靠河畔
西坡起的拉面拉不断
民间传说
Can't wait to see you!
5:09 PM
众所周知，阳头升旧称羊头神，其实，关于"羊头神"，还有一个美丽的传说：
相传佛教传入中国以后，古代帝王为了能永远守住自己的江山，使国泰民安，便虔诚的信奉佛教，大兴土木，修建寺庙，故有了杜牧江南春中的名句："南朝四百八十寺，多少楼台烟雨中。"
羊头神的地理位置优越，周围的几个小村庄的人们经常来这里贸易，换得自己想要的东西，为了使这片土地成为人们的乐土，为了一年四季风调雨顺，为了五谷丰登，为了得到神灵的庇佑，人们开始准备修建寺庙。然而……

参考文献

一、专著类

[1] 阿芒·马特拉.文化多元性与全球化[M].缪咏华,廖润珮,译.台北:城邦文化事业股份有限公司,2011.

[2] 安东尼奥·葛兰西.狱中札记[M].曹雷雨,姜丽,张跃,译.北京:中国社会科学出版社,2000.

[3] 安介生.山西移民史[M].太原:山西人民出版社,1999.

[4] 边燕杰.社会网络与地位获得[M].北京:社会科学文献出版社,2012.

[5] 曾一果.媒介文化理论概论[M].北京:中国人民大学出版社,2015.

[6] 陈立中.湖南方言与文化[M].北京:中国国际广播出版社,2014.

[7] 陈龙.传媒文化研究[M].北京:中国人民大学出版社,2009.

[8] 陈也.2008 年浙江发展报告(文化卷)[M].杭州:杭州出版社,2008.

[9] 陈原.语言与社会生活——社会与语言学札记[M].北京:生活·读书·新知三联书店,1980.

[10] 崔保国,徐立军,丁迈.中国传媒产业发展报告(2019)[M].北京:社会科学文献出版社,2019.

[11] 丁如筠,等.出版词典[M].上海:上海辞书出版社,1992.

[12] 段有文.走西口移民运动中的蒙汉民族民俗融合研究[M].北京:商务印书馆,2013.

[13] 费孝通.乡土中国[M].修订本.上海:上海世纪出版集团,2013.

[14] 甘于恩,刘倩.七彩方言——方言与文化趣谈[M].广州:华南理工大学出版社,2006.
[15] 葛剑雄.中国移民史(第一卷)[M].福州:福建人民出版社,1997.
[16] 葛剑雄.中国移民史(第二卷)[M].福州:福建人民出版社,1997.
[17] 葛剑雄,曹树基.中国移民史(第五卷)[M].福州:福建人民出版社,1997.
[18] 葛剑雄,曹树基.中国移民史(第六卷)[M].福州:福建人民出版社,1997.
[19] 葛兰西.狱中札记[M].北京:中国社会科学出版社,2000.
[20] 郭庆光.传播学教程[M].北京:中国人民大学出版社,2011.
[21] 国家语言文字工作委员会组.中国语言生活状况报告 2017[M].北京:商务印书馆,2017.
[22] 贺宏志,陈鹏.语言产业引论[M].北京:语文出版社,2013.
[23] 胡智锋,等.电视文化新论[M].北京:中国社会科学出版社,2015.
[24] 胡壮麟.语言学教程[M].北京:北京大学出版社,2013.
[25] 李沁.沉浸传播:第三媒介时代的传播范式[M].北京:清华大学出版社,2013.
[26] 李宇明.中国语言规划三论[M].北京:商务印书馆,2015.
[27] 刘丹青.新中国语言文字研究 70 年[M].北京:中国社会科学出版社,2019.
[28] 刘海龙.大众传播理论:范式与流派[M].北京:中国人民大学出版社,2008.
[29] 鲁国尧.鲁国尧语言学论文集[M].南京:江苏教育出版社,2003.
[30] 鲁枢元.超越语言:文学语言学刍议[M].北京:中国社会科学院出版社,1990.
[31] 陆地靳戈.中国网络视频史[M].北京:中国广播影视出版社,2017.
[32] 陆扬,王毅.大众文化与传媒[M].上海:上海三联书店,2000.
[33] 陆扬,王毅.文化研究导论[M].修订版.上海:复旦大学出版社,2015.
[34] 罗伯特・考克尔.电影的形式与文化[M].郭青春,译.北京:北京大学出版社,2004.
[35] E.M.罗杰斯.传播学史:一种传记式的方法[M].殷晓蓉.译.上海:上海译文出版社,2012.
[36] 马歇尔・麦克卢汉.理解媒介:论人的延伸[M].何道宽.译.北京:商务印书馆,2001.
[37] 曼纽尔・卡斯特.认同的力量[M].夏铸九,王志弘,译.北京:社会科学文献出版社,2003.

［38］梅宁华，宋建武.中国媒体融合发展报告 2015［M］.北京：社会科学文献出版社，2015.
［39］梅宁华，宋建武.中国媒体融合发展报告 2016［M］.北京：社会科学文献出版社，2016.
［40］彭兰.社会化媒体：理论与实践解析［M］.北京：中国人民大学出版社，2015.
［41］齐沪扬.传播语言学［M］.郑州：河南人民出版社，2000.
［42］乔全生.洪洞方言研究［M］.北京：中央文献出版社，1999.
［43］乔全生.晋方言语法研究［M］.北京：商务印书馆，2000.
［44］乔全生.晋方言语音史研究［M］.北京：中华书局，2008.
［45］乔全生.山西方言重点研究丛书［M］.太原：山西人民出版社，1999-2019.
［46］乔全生，周怡帆.山西方言资源保护实现路径探索（第二辑）［M］.北京：语文出版社，2019.
［47］萨利科科 · S.穆夫温.语言演化生态学［M］.郭嘉，胡蓉，译.北京：商务印书馆，2012.
［48］邵培仁，杨丽萍.媒介地理学：媒介作为文化图景的研究［M］.北京：中国传媒大学出版社，2010.
［49］盛银花，汪国胜.湖北方言文化传播研究（第一辑）［M］.武汉：华中科技大学出版社，2018.
［50］隋岩.媒介文化与传播［M］.北京：中国广播影视出版社，2015.
［51］孙玉卿.山西方言民俗研究 · 晋北方言与民俗卷［M］.北京：九州出版社，2012.
［52］唐绪军.中国新媒体发展报告（2019）［M］.北京：社会科学文献出版社，2019.
［53］陶东风.文化研究年度报告 2010［M］.北京：社会科学文献出版社，2011.
［54］陶东风.文化研究年度报告 2011［M］.北京：社会科学文献出版社，2012.
［55］陶东风.文化研究年度报告 2012［M］.北京：社会科学文献出版社，2013.
［56］陶东风.文化研究年度报告 2013［M］.北京：社会科学文献出版社，2015.
［57］陶东风.文化研究年度报告 2014［M］.北京：社会科学文献出版社，2016.
［58］陶东风.文化研究年度报告 2015［M］.北京：社会科学文献出版社，2017.
［59］腾讯传媒研究院.众媒时代［M］.北京：中信出版社，2016.
［60］王丽滨.晋中方言与文化研究［M］.北京：中国书籍出版社，2017.
［61］王世凯，杨立英.东北方言与文化［M］.北京：中国国际广播出版社，2014.

［62］吴松弟.中国移民史(第三卷)［M］.福州:福建人民出版社,1997.
［63］吴松弟.中国移民史(第四卷)［M］.福州:福建人民出版社,1997.
［64］武桂杰.霍尔与文化研究［M］.北京:中央编译出版社,2008.
［65］辛斌.批评语言学:理论与应用［M］.上海:上海外语教育出版社,2005.
［66］许鲜明.语言资源的保护与传承［M］.北京:民族出版社,2016.
［67］杨志刚,杜学文.聚焦山西电影［M］.北京:中国电影出版社,2005.
［68］叶朗.美学原理［M］.北京:北京大学出版社,2014.
［69］易中天.大话方言［M］.上海:上海文艺出版社,2018.
［70］游汝杰.中国文化语言学引论［M］.修订版.上海:上海辞书出版社,2003.
［71］游汝杰.汉语方言学教程［M］.上海:上海教育出版社,2004.
［72］游汝杰,邹嘉彦.社会语言学教程［M］.3版.上海:复旦大学出版社,2017.
［73］袁行霈,陈进玉.中国地域文化通览(山西卷)［M］.北京:中华书局,2013.
［74］詹伯慧,张振兴.汉语方言学大词典［M］.广州:广东教育出版社,2017.
［75］詹姆斯·W.凯瑞.作为文化的传播［M］.丁未,译.北京:华夏出版社,2005.
［76］张青.洪洞大槐树移民志［M］.太原:山西古籍出版社,2000.
［77］张树铮.方言历史探索［M］.呼和浩特:内蒙古人民出版社,1999.
［78］张意.文化与符号权力——布尔迪厄的文化社会学导论［M］.北京:中国社会科学出版社,2005.
［79］赵静蓉.文化记忆与身份认同［M］.北京:生活·读书·新知三联书店,2015.
［80］赵毅衡.符号学［M］.南京:南京大学出版社,2012.
［81］赵世举.语言与国家［M］.北京:商务印书馆、党建读物出版社,2015.
［82］赵勇.法兰克福学派内外:知识分子与大众文化［M］.北京:北京大学出版社,2016.
［83］郑晓云.文化认同论［M］.北京:中国社会科学出版社,1992.
［84］周逵.融合与重构［M］.北京:中国传媒大学出版社,2017.
［85］周宪.文化研究关键词［M］.北京:北京师范大学出版社,2007.
［86］周宪.文化表征与文化研究［M］.上海:上海人民出版社,2015.
［87］周振鹤,游汝杰.方言与中国文化［M］.上海:上海人民出版社,2015.

二、年鉴类

[1] 重庆广播影视年鉴编委会.重庆广播影视年鉴 2014[M].重庆:重庆广播影视年鉴社,2014.

[2] 重庆广播影视年鉴编委会.重庆广播影视年鉴 2015[M].重庆:重庆广播影视年鉴社,2015.

[3] 湖南广播电视年鉴编委会.湖南广播电视年鉴 2012[M].长沙:湖南人民出版社,2014.

[4] 湖南广播电视年鉴编委会.湖南广播电视年鉴 2013[M].长沙:湖南人民出版社,2015.

[5] 湖南广播电视年鉴编委会.湖南广播电视年鉴 2014[M].长沙:湖南人民出版社,2017.

[6] 湖南广播电视年鉴编委会.湖南广播电视年鉴 2015[M].长沙:湖南人民出版社,2018.

[7] 湖南广播电视年鉴编委会.湖南广播电视年鉴 2016[M].长沙:湖南人民出版社,2019.

[8] 胡瑞庭.浙江广播电影电视年鉴 2016[M].北京:中国广播影视出版社,2018.

[9] 山东广播电视年鉴编委会.山东广播电视年鉴 2002[M].北京:中国广播电视出版社,2002.

[10] 山东广播电视年鉴编委会.山东广播电视年鉴 2004[M].北京:中国广播电视出版社,2004.

[11] 山东广播电视年鉴编委会.山东广播电视年鉴 2005[M].北京:中国广播电视出版社,2005.

[12] 山东广播电视年鉴编委会.山东广播电视年鉴 2006[M].北京:中国广播电视出版社,2006.

[13] 山东广播电视年鉴编委会.山东广播电视年鉴 2008[M].北京:中国广播电视出版社,2008.

[14] 山东广播电视年鉴编委会.山东广播电视年鉴 2009[M].北京:中国广播电视出版社,2009.

[15] 山东广播电视年鉴编委会.山东广播电视年鉴 2010[M].北京:中国广播电视出版社,2010.

[16] 山东广播电视年鉴编委会.山东广播电视年鉴 2012[M].北京:中国广播电

视出版社,2012.
[17] 山东广播电视年鉴编委会.山东广播电视年鉴 2013[M].北京:中国广播电视出版社,2013.
[18] 山东广播电视年鉴编委会.山东广播电视年鉴 2014[M].北京:中国广播电视出版社,2014.
[19] 山东广播电视年鉴编委会.山东广播电视年鉴 2015[M].北京:中国广播电视出版社,2015.
[20] 山东广播电视年鉴编委会.山东广播电视年鉴 2016[M].北京:中国广播电视出版社,2016.
[21] 山东广播电视年鉴编委会.山东广播电视年鉴 2017[M].北京:中国广播电视出版社,2017.
[22] 山西广播影视年鉴编委会.山西广播影视年鉴 2006[M].临汾:山西广播影视年鉴社,2006.
[23] 山西广播影视年鉴编委会.山西广播影视年鉴 2008[M].临汾:山西广播影视年鉴社,2008.
[24] 山西广播影视年鉴编委会.山西广播影视年鉴 2009[M].临汾:山西广播影视年鉴社,2009.
[25] 山西广播影视年鉴编委会.山西广播影视年鉴 2010[M].临汾:山西广播影视年鉴社,2010.
[26] 山西广播影视年鉴编委会.山西广播影视年鉴 2012[M].临汾:山西广播影视年鉴社,2012.
[27] 山西广播影视年鉴编委会.山西广播影视年鉴 2014[M].临汾:山西广播影视年鉴社,2014.
[28] 山西广播影视年鉴编委会.山西广播影视年鉴 2016[M].临汾:山西广播影视年鉴社,2016.
[29] 王兰柱,中国电视收视年鉴编写委员会.中国电视收视年鉴 2011[M].北京:中国传媒大学出版社,2011.
[30] 王兰柱,中国电视收视年鉴编写委员会.中国电视收视年鉴 2012[M].北京:中国传媒大学出版社,2012.
[31] 万里波,江西广播电影电视年鉴编辑编委会.江西广播电影电视年鉴 2012[M].北京:中国传媒大学出版社,2013.
[32] 中国广播电视年鉴编辑部.中国广播电视年鉴 2004[M].北京:中国广播电

视年鉴社,2004.
[33] 中国广播电视年鉴编辑部.中国广播电视年鉴 2006[M].北京:中国广播电视年鉴社,2006.
[34] 中国广播电视年鉴编辑部.中国广播电视年鉴 2008[M].北京:中国广播电视年鉴社,2008.
[35] 中国广播电视年鉴编辑部.中国广播电视年鉴 2009[M].北京:中国广播电视年鉴社,2009.
[36] 中国广播电视年鉴编辑部.中国广播电视年鉴 2010[M].北京:中国广播电视年鉴社,2010.
[37] 中国广播电视年鉴编辑部.中国广播电视年鉴 2012[M].北京:中国广播电视年鉴社,2012.
[38] 中国广播电视年鉴编辑部.中国广播电视年鉴 2014[M].北京:中国广播电视年鉴社,2014.
[39] 中国广播电视年鉴编辑部.中国广播电视年鉴 2015[M].北京:中国广播电视年鉴社,2015.
[40] 中国广播电视年鉴编辑部.中国广播电视年鉴 2016 [M].北京:中国广播电视年鉴社,2016.
[41] 中国广播电视年鉴编辑部.中国广播电视年鉴 2017 [M].北京:中国广播电视年鉴社,2017.
[42] 中国广播电视大记事[M].北京:北京广播学院出版社,1986.

三、论文类

[1] 才让卓玛.当前我国大众传媒方言传播现象解析[D].北京:中国传媒大学,2006.
[2] 蔡爱娟.语言学视角下的方言电视节目探析[J].新闻传播,2016(3).
[3] 蔡敏.四川方言电视节目探索[J].当代电视,2004(11).
[4] 曹彬.太原莲花乐调查与研究[D].临汾:山西师范大学,2010.
[5] 曹菁温.方言广播《你听我说》节目研究[D].呼和浩特:内蒙古师范大学,2019.
[6] 曹峻盛,顾珊,杨文轩.生态语言学视阈下高校方言现状和创新的保护措施[J].现代交际,2019(12).
[7] 曹霞.社会嵌入视域下的电视传播关系构建研究[D].武汉:华中科技大

学,2017.
[8] 曹志耘.论语言保存[J].语言教学与研究,2009(1).
[9] 曹志耘.方言濒危、文化碎片和方言学者的使命[J].中国语言学报,2014(7).
[10] 曹志耘.中国语言资源保护工程的定位、目标与任务[J].语言文字应用,2015(4).
[11] 曹志耘.跨越鸿沟——寻找语保最有效的方式[J].语言文字应用,2017(2).
[12] 曹志耘.中国语保的理念及其实践[J].语言文字应用,2019(4).
[13] 柴国珍.山西戏曲剧种文化地理研究[D].西安:陕西师范大学,2008.
[14] 陈昌凤,虞鑫.智能时代的信息价值观研究:技术属性、媒介语境与价值范畴[J].编辑之友,2019(6).
[15] 陈山青,李健.贾樟柯电影中的方言符号[J].湖南工业大学学报(社会科学版),2019(6).
[16] 陈思梦.葛兰西有机知识分子理论探究[D].武汉:华中科技大学,2019.
[17] 陈素白,邵舒.点赞行为的代际差异研究[J].现代传播,2018(10).
[18] 陈卫星.关于发展传播理论的范式转换[J].南京社会科学,2011(1).
[19] 陈晓青.方言电视新闻节目《今日生活》"烟火味"萦绕的融合之路[J].当代电视,2019(9).
[20] 陈旭光.网络流行体研究:意义生产与记忆实践[D].武汉:华中科技大学,2017.
[21] 陈旭光.逻辑转向与权力共生:从网络流行体看青年网民的集体记忆实践[J].新闻与传播评论,2018(3).
[22] 陈颖.1990 年代以来方言电影研究[D].南京:南京大学,2012.
[23] 陈章太,戴庆厦,陆俭明,等."中国语言学七十年"多人谈[J].语言战略研究,2019(4).
[24] 陈芝,姚喜双.新闻播音的文化传承研究[J].现代传播(中国传媒大学学报),2017(6).
[25] 陈志桐.媒介融合背景下有声语言传播的创新策略[J].传播力研究,2019(19).
[26] 邓敏.新型垂直媒体的资源构成、行为模式与创新路径[J].现代传播(中国传媒大学学报),2018 (10).

[27] 邓倩.互联网时代传播赋权研究[D].武汉:武汉大学,2014.
[28] 刁莉,金靖壹.大城小事中的移民与方言[J].群言,2017(11).
[29] 丁石庆.中国语言资源保护工程语料资源的质量、价值和效用——以少数民族语言材料为例[J].暨南学报(哲学社会科学版),2018(10).
[30] 丁未.新媒体与赋权:一种实践性的社会研究[J].国际新闻界,2009(10).
[31] 丁玉珍.1990 年代以来国产电影的方言叙事功能研究[D].济南:山东师范大学,2010:11.
[32] 方兴东,钟祥铭,彭筱军.全球互联网 50 年:发展阶段与演进逻辑[J].新闻记者,2019(7).
[33] 方艳.城镇化进程中农民工方言传播与身份认同研究[J].新闻大学,2015(2).
[34] 方艳,蔡雨歌,付扬眉.社会建构论视域下的方言传播[J].湖北第二师范学院学报,2015(10).
[35] 方艳.语言传播视角下的人际关系建构——以城镇化进程中新移民语言传播为例[J].新闻与写作,2016(3).
[36] 冯婷.新媒体环境下的海口方言传播价值研究[J].传播力研究,2019 (19).
[37] 付晓光,马梁英.去粗取精 蓄势发力——2016 年度网络综艺节目发展综述[J].电视研究,2017(3).
[38] 付欣晴.论保护和开发非主流语言文化——方言影视作品热引发的思考[J].江西社会科学,2013(1).
[39] 甘伟斌.建构集体记忆 搭建乡愁载体:方言谈话节目的生存支点——以《泉州第一炮》栏目为例[J].当代电视,2019(5).
[40] 高超,黄玖立,李坤望.方言、移民史与区域间贸易[J].管理世界,2019(2).
[41] 高贵武,刘娟.新媒体环境下的主持传播格局演变[J].国际新闻界,2016(3).
[42] 高红波."互联网+电视":中国电视融媒体产业的场域空间[J].现代传播,2018(9).
[43] 高天航.以《米味之花》为例,谈谈如何利用方言更立体、多层次地展现电影中的人物[J].传播力研究,2019(13).
[44] 高燕.晋剧艺术研究[D].临汾:山西师范大学,2017.
[45] 葛剑雄.移民与文化传播——以绍兴为例[J].绍兴文理学院学报(哲学社会科学),2010 (4).

[46] 耿焰.地域方言权：从习惯权利到宪法权利[J].政法论坛,2017(1).
[47] 公丕钰.数字媒体环境下参与传播理论及实践价值的在地化探索——基于对清远市“乡村新闻官”制度的考察[J].当代传播,2019(6).
[48] 郭栋.多元文化视域下的粉丝志传播与治理[J].编辑之友,2019(7).
[49] 郭龙生.中国现代化进程中的语言生活、语言规划和语言保护[J].中国人民大学学报,2008(4).
[50] 郭熙.七十年来的中国语言生活[J].语言战略研究,2019(4).
[51] 郭贞彦.《山河故人》与山西方言[J].中国电影评论,2016(8).
[52] 韩鸿.参与式传播:发展传播学的范式转换及其中国价值——一种基于媒介传播偏向的研究[J].新闻与传播研究,2010(1).
[53] 韩素梅.第三空间视域下的传媒与城市[D].兰州:兰州大学,2015.
[54] 何海巍.香港电影与岭南地域文化传播研究[J].当代电影,2019(8).
[55] 贺菊玲.电影《白鹿原》的方言俗语与人物性格[J].西安工业大学学报,2013(5).
[56] 胡敏.网络宗族文化传播特点与影响[J].编辑之友,2019(3).
[57] 黄广芳,梁璐茜.地域方言对谐音网络流行语形成的影响[J].湖北工业大学学报,2017(6).
[58] 黄行.中国语言资源多样性及其创新与保护规划[J].语言学研究,2017(1).
[59] 黄骏,邓飙.全球地方感在媒介方言传播中的考察[J].学习与实践,2017(2).
[60] 黄骏.流动的乡音:社会化媒体下方言短视频的传播模式[J].文化与传播,2018(3).
[61] 黄骏.社会化媒体时代的移动场景与新型方言交往——以方言短视频为例[J].现代视听,2018(7).
[62] 贾毅,曾严彬.新中国成立70年来视频媒体“三屏演义”的逻辑和规律[J].编辑之友,2019(9).
[63] 姜华.媒介知识分子:关系、角色特征及身份重建[J].新闻大学,2009(3).
[64] 姜明秀.汉语詈骂语研究[D].长春:吉林大学,2007.
[65] 蒋建国.微信群:议题、身份与控制[J].探索与争鸣,2015(11).
[66] 蒋文华,乔全生.方言研究在文化生态保护中的重要意义——以山西民歌、山曲、说唱等为例[J].河北师范大学学报,2019(2).

[67] 蒋文华.三十年来山西忻州方言语音的变化[J].汉语学报,2019(2).
[68] 金丹元,徐文明.1990 年代以来中国电影“方言化”现象解析[J].戏剧艺术,2008(4).
[69] 康帆.AR 技术支持的幼儿教育传播效果研究[D].武汉:武汉大学,2014.
[70] 雷红波.上海新移民的语言社会学调查[D].上海:复旦大学,2008.
[71] 雷霞.民间与官方的博弈:“非遗”文化中的仪式传播——基于西和乞巧节个案[J].新闻与传播研究,2018 (6).
[72] 李宝贵,施雅利. 2000—2018 年中国语言资源研究的文献计量分析[J].语言战略研究,2019(3).
[73] 李宝贵.习近平关于语言传播的重要论述及其对汉语国际传播的启示研究[J].东北师大学报(哲学社会科学版),2019(4).
[74] 李彪.社交网络时代舆情预警的挑战、模式及趋势研究[J].编辑之友,2018(11).
[75] 李彩霞.当代媒体知识分子的文化实践——以《舌尖上的中国 1》为例[J].山西大学学报,2014(4).
[76] 李彩霞,李霞飞.从“用户”到“数字劳工”:社交媒体用户的传播政治经济学研究[J].新闻学与传播学,2019(2).
[77] 李昌文.全媒体时代的传播语言研究[J].现代传播,2012(12).
[78] 李德顺.媒体融合时代的舆论形成问题研究[D].上海:复旦大学,2013.
[79] 李德团,雷晓艳.大数据出版:内涵及其实践运用[J].编辑之友,2016(4).
[80] 李娟.文化自信视角下的传统文化经典大众传播[J].当代电视,2019(9).
[81] 李林,詹秦川.方言影视创作:语言·文化·生活[J].电影评介,2008(11).
[82] 李倩,李丽.文化遗产保护“共生模式”研究——以江西婺源为例[J].江西社会科学,2018 (7).
[83] 李庆林.论汉字的媒介特性与汉语文化的新机遇——由麦克卢汉“声觉空间”理论引发的思考[J].现代传播,2018(12).
[84] 李荣.山西省方言志叢書序[J].方言,1991(2) .
[85] 李荣启.语言文化遗产的性质、现状与保护[J].中国文化研究,2018(2).
[86] 李生信.宁夏生态移民居住方式对方言变化的影响[J].北方民族大学学报(哲学社会科学版),2018(1).
[87] 李思思,钱颖.新中国语言文字政策与社会发展互动关系研究梳理[J].鄂州大学学报,2015(4).

[88] 李拓.方言电视节目对观众地方身份认同感影响研究——以山东广播电视台齐鲁频道《拉呱》为例[J].河北科技师范学院学报(社会科学版),2017(3).

[89] 李霞.戏剧叙事节奏研究[D].临汾:山西师范大学,2018.

[90] 李杨,熊莹.传统与创新之间:苏绣的传承、保护与产业发展研究[J].民族艺术研究,2017(4).

[91] 李宇明.探索语言传播规律[J].国际汉语教学动态与研究,2007(3).

[92] 李宇明.中国语言资源保护的理念与实践[OL].2018-9-20,http://jw.beijing.gov.cn.

[93] 李宇明.中国的语言资源理念[N].人民政协报,2019-01-14.

[94] 梁璐茜.社会语言学框架下方言对谐音网络流行语形成的影响[D].武汉:湖北工业大学,2018.

[95] 梁湘毅,毛勇,李家新.新闻故事栏目《咵天》的传播效能解析[J].中国广播电视学刊,2016(8).

[96] 林佳庆,李涓子,张鹏.中国语言资源采录展示平台的关键技术及其应用[J].语言文字应用,2019(4).

[97] 林若野.电视方言节目对区域文化的保护及存在的问题[J].新闻世界,2015(6).

[98] 林小木.网络表情包新闻配图研究[J].编辑之友,2019(11).

[99] 刘春.影视媒介视域下的西口文化传播研究[D].呼和浩特:内蒙古师范大学,2017.

[100] 刘丹青.语言资源保护与差异化语文政策[J].语言战略研究,2018(8).

[101] 刘佳佳.中国当代电影中的方言元素[D].开封:河南大学,2015.

[102] 刘嘉.全媒体时代传统文化的传播创新[J].传媒,2019(5).

[103] 刘洁琪.现代传媒对传统戏曲的文化影响探究[J].编辑之友,2018(8).

[104] 刘俊.传媒艺术视觉符号的文化批判[J].中外文化与文论,2017(1).

[105] 刘立华.隐喻:从语言学到文化哲学[D].哈尔滨:黑龙江大学,2017.

[106] 刘楠,周小普.融媒时代扶贫传播:基于乡村价值的行动者网络[J].中国出版,2019(19).

[107] 刘文文.中国新时期影视剧中的信用文化传播研究[D].济南:山东大学,2015.

[108] 刘洋.语言、饮食与文化认同[D].上海:上海大学,2015.

[109] 刘忠和."走西口"历史研究[D].呼和浩特:内蒙古大学,2008.
[110] 刘子维.浅谈方言的跨区域传播[J].戏剧之家(上半月),2014(2).
[111] 鲁冰.河南方言与中原文化保护传承[J].中国高校社会科学,2018(6).
[112] 鲁国尧."再接再捷"——读《晋方言语音百年来的演变》[J].汉语学报,2019(2).
[113] 鲁国尧.语言学和接受学[J].汉语学报,2011(4).
[114] 鲁晓鹏. 21世纪汉语电影中的方言和现代性[J].上海大学学报,2006(4).
[115] 罗茜.网络表情的文化传播——"武汉方言"表情包设计[J].大众文艺,2017(24).
[116] 罗秋雨.移民与现代重庆方言的形成[J].重庆文理学院学报(社会科学版),2014 (4).
[117] 吕建华.网络环境中我国方言传播的特点与路径[J].今传媒,2017 (9).
[118] 马启俊.中国语言资源保护背景下的汉语方言俗语活态保护与开发应用[J].安徽理工大学学报(社会科学版),2018 (6).
[119] 毛浩箔.方言传播中的文化构件与身份认同——以"重庆言子儿"为例[D].合肥:安徽大学,2015.
[120] 聂森,何明.数字化背景下的傩文化保护范式研究[J].民族艺术研究,2017 (5).
[121] 庞慧敏,王雅琪.从"认知盈余"审视网络直播[J].传媒,2017(4).
[122] 庞慧敏,张倩.国家认同的电视话语建构——以文化综艺节目为例[J].新闻战线,2018(10).
[123] 庞慧敏,王馨誉.网络时代乡村文化传播的重建与策略[J].传媒,2018(12).
[124] 彭兰."连接"的演进——互联网进化的基本逻辑[J].国际新闻界,2013(12).
[125] 彭兰.智能时代的新内容革命[J].国际新闻界,2018(6).
[126] 乔竞仪.地域文化视角下的张艺谋和贾樟柯电影创作研究[D].西安:西安建筑科技大学,2013.
[127] 乔全生,孙玉卿.试论方言研究与民俗研究的互动关系[J].山西大学学报,2001(10).
[128] 乔全生.晋语与官话非同步发展(一)[J].方言,2003(2).

[129] 乔全生.现代晋方言与唐五代西北方言的亲缘关系[J].中国语文,2004(3).
[130] 乔全生.晋方言研究综述[J].山西大学学报(哲学社会科学版),2005(1).
[131] 乔全生.晋方言古全浊声母的演变[J].山西大学学报(哲学社会科学版),2005(3).
[132] 乔全生.晋方言向外的几次扩散[J].语文研究,2008(1).
[133] 乔全生,高国庆.高本汉对中国音韵学传播的重大影响[J].现代传播,2013(6).
[134] 乔全生.历史层次与方言史研究[J].汉语学报,2014(2).
[135] 乔全生,李小萍.古老山西方言,语言演化的“活化石”[N].光明日报,2016-4-3.
[136] 乔全生,周怡帆.论晋语语音研究在汉语音韵学中的重要价值.山西大学学报(哲学社会科学版),2017(6).
[137] 乔全生.关于地名读音的依据及思考[J].山西师大学报(社会科学版),2019 (1).
[138] 乔全生,王鹤.山西洪洞大槐树移民的方言学实证[J].中国语言文学研究,2019(2).
[139] 钦媛.中国地方戏曲伦理功能研究[D].武汉:湖北大学,2017.
[140] 秦璇.从艺术资源到产业品牌:民间艺术的传承创新[D].武汉:华中师范大学,2016.
[141] 邱戈.大众传播的文化断裂论当代中国媒介的身份危机[D].杭州:浙江大学,2006.
[142] 邱瑞贤.“微博元年”中国式爆炸增长启示录[N].广州日报,2010-8-5.
[143] 瞿霭堂,劲松.论文化和语言[J].语言文化研究辑刊,2016(1).
[144] 曲春景,张天一.网络时代文化的断裂性和连续性:“B 站”传统题材作品的“爆款”现象研究[J].现代传播(中国传媒大学学报),2018 (9).
[145] 曲海泓,郑赛莹.对中国东北电视方言类节目的文艺学解读[J].学习与探索,2011(1).
[146] 曲转.晋商文化的影像传播研究[D].西安:陕西师范大学,2013.
[147] 申启武,王灿.新中国成立 70 年来广播电视新闻节目形态演变与发展的理论思考[J].编辑之友,2019(9).
[148] 申田.试论媒体语言传播对国家形象的建构[J].新闻战线,2019(4).

[149] 沈阳,冯杰.两微一端重大事件信息扩散模式对比研究[J].现代传播(中国传媒大学学报),2019 (2).
[150] 石琳.语言生态视域下的方言文化保护与传承[J].中华文化论坛,2017(9).
[151] 石涎蔚.知识分子观:从马克思、葛兰西到萨义德[J].社会科学论坛,2019(5).
[152] 石长顺,吴龙胜.审美、叙事与娱乐话语:中国文化电视 60 年[J].现代传播(中国传媒大学学报),2019 (1).
[153] 宋芹.全媒体时代的传播秩序与生态建构初探[J].当代电视,2019(10).
[154] 宋振文.电视传媒生存与价值追求的悖逆[J].求索,2008(2).
[155] 宋志盛,毛旭初.电视小人书《太原老故事》的创新价值[J].中国广播电视学刊,2015(10).
[156] 苏涛,彭兰. “智媒”时代的消融与重塑[J].国际新闻界,2018(1).
[157] 苏涛,彭兰.反思与展望:赛博格时代的传播图景——2018 年新媒体研究综述[J].国际新闻界,2019(1).
[158] 粟孟林.改革开放以来中国传媒制度的演进逻辑及其启示[J].湖南师范大学社会科学学报,2018(4).
[159] 隋岩.媒介文化研究的三个路径[J].新闻大学,2015(4).
[160] 隋岩,张丽萍.传媒消费主义带来的价值嬗变与文化反思[J].现代传播,2015(6).
[161] 隋岩.大众文化观与大众传播观的并行应和[J].社会科学,2015(9).
[162] 隋岩,徐晨.叙事重构时代[J].现代传播,2016(4).
[163] 孙宏吉,路金辉.贾樟柯电影中方言的意义与价值分析[J].当代电影,2016(6).
[164] 孙宏吉,路金辉.纪实叙事隐喻反思——贾樟柯电影中的媒介声音解读[J].当代电影,2017(6).
[165] 孙蕾.重返部落化:新媒体时代离乡青年对方言共同体的延续与再定义[J].现代传播,2018(7).
[166] 孙铭欣.全媒体时代我国电视剧海外传播的创新路径[J].编辑之友,2018(3).
[167] 孙小花.山西方言语音历史层次研究[D].上海:上海师范大学,2006.
[168] 孙玉冰.贾樟柯电影与山西民俗文化[D].温州:温州大学,2018.

[169] 索邦里.方言在影视剧中的美学特征[J].河池学院学报,2008(4).
[170] 谭旭东.新中国成立70年来童书出版主题、形态与传播方式的演变[J].编辑之友,2019(9).
[171] 田立新.中国语言资源保护工程的缘起及意义[J].语言文字应用,2015(4).
[172] 田立新,易军.中国语言资源保护工程的建设成效及深化发[J].语言文字应用,2019(4).
[173] 汪国胜,赵爱武.从地域文化看武汉方言[J].汉语学报,2016(4).
[174] 田小标.语言学视域下葛兰西文化霸权思想研究[D].西安:西安外国语大学,2018.
[175] 涂丹.全球文化保护视野下的武汉市非物质文化遗产传承保护与开发利用研究[D].武汉:华中师范大学,2017.
[176] 万佳佳.从社会语言学角度分析网络语言传播的新环境[J].传媒论坛,2019(19).
[177] 汪啓明.古代語言接觸與融合的發生學思考——以古蜀方言和移民爲中心[J].文献语言学,2015(1).
[178] 王春.当涂方言与民歌的共生关系研究[J].长春师范大学学报,2019(5).
[179] 王春玲.中国语言资源保护研究[J].贵州社会科学,2018(12).
[180] 王方.数字时代艺术媒介化研究[D].南京:南京艺术学院,2017.
[181] 王光艳.湖北当代纪录片研究[D].武汉:华中师范大学,2016.
[182] 王红丽.新时期以来中国电影山西元素银幕展现的文化阐释[D].重庆:西南大学,2013.
[183] 王洪君.抢救方言与抢救地方风俗文化——《中国方言民俗图典系列》(第一辑)读后[J].语言战略研究,2019(3).
[184] 王辉.语言传播的理论探索[J].语言文字应用,2019(2).
[185] 王金玲.新时期以来小说创作中的方言现象研究[D].开封:河南大学,2017.
[186] 王君玲.网络表达研究[D].武汉:武汉大学,2009.
[187] 王俊清.真实美学视域下《山河故人》地域文化韵味略论[J].电影文学,2019(6).
[188] 王莉宁.中国语言资源保护工程的实施策略与方法[J].语言文字应用,2015(4).

[189] 王莉宁.中国语保国际化的途径和经验[J].语言文字应用,2019(4).
[190] 王莉宁.为保护世界语言多样性贡献中国智慧[N].语言文字报,2019-04-24.
[191] 王敏.生态文明建设中的方言生态位研究[D].金华:浙江师范大学,2014.
[192] 王培.方言类电视节目的生存与发展[J].现代传播,2006(3).
[193] 王萍.论空间维度下语言景观的历史变迁[J].求索,2013(6).
[194] 王树瑛.加强福建语言生态建设,合理开发语言资源[J].福建师范大学学报(哲学社会科学版),2017(7).
[195] 王婷.意义生成与语境建构:"语域"视阈下传统文化类节目研究[J].现代传播(中国传媒大学学报),2019 (1).
[196] 王巍,高传智.语言出版业:概念、特征及数字技术环境下的发展策略探析[J].语言文字应用,2014(3).
[197] 王潇苹.中国内地方言网络剧研究[D].南京:南京艺术学院,2017.
[198] 王旭.定襄民间音乐与定襄民俗礼仪研究[D].太原:山西大学,2013.
[199] 王妍,李霞.互动新闻的前世、今生与未来:媒介变迁与互动新闻演进研究[J].现代传播(中国传媒大学学报),2019 (9).
[200] 文思.四川方言在新时期的保护和传播问题[J].北方文学,2018(26).
[201] 翁菲菲.当今传播语境中闽南语的特殊价值[J].当代电视,2019(7).
[202] 吴豪.娱乐类短视频内容研究——以"三江锅"系列视频为例[J].视听,2019(7).
[203] 吴亮.新媒体时代方言电影的发展与问题[J].电影文学,2017(9).
[204] 吴玫,郭镇之.全球化与中国寻求文化身份:以方言电视节目为例[J].新闻大学,2008(3).
[205] 武立波.制度:文化研究的重要维度[D].哈尔滨:黑龙江大学,2017.
[206] 夏璠.方言作为电影表现形式元素的探讨[J].电影评介,2010(8).
[207] 肖宜悦.三晋地域文化与晋剧研究[D].北京:中国艺术研究院,2016.
[208] 谢萌.语言意义的生成与存在机制探索[D].哈尔滨:黑龙江大学,2015.
[209] 邢向东.论方言调查研究对非物质文化遗产保护和研究的价值[J].安康学院学报,2013 (5).
[210] 邢向东.陕北方言的文化传承[N].光明日报,2016-10-30(7).
[211] 邢向东.以构式为视角论晋语方言四字格[J].方言,2019 (2).
[212] 邢彦辉.电视仪式传播与国家认同研究[D].武汉:武汉大学,2013.

[213] 徐丛丛,峻冰.中国特色全媒体出版的文化与传播探析[J].编辑之友,2014(12).
[214] 徐锦雯.海南方言歌曲现状分析和研究[D].海口:海南大学,2018.
[215] 徐小婷.全媒体时代汉语称谓词语的发展及其社会舆情视角探析[J].现代传播,2016 (4).
[216] 徐瑶.电视方言节目对地域文化的传承[J].当代电视,2015(11).
[217] 徐玉卉."方言"与贾樟柯的纪实美学[J].名作欣赏,2019(29).
[218] 严三九.沉浸、隐喻与群体强化——网络直播的新景观与文化反思[J].学术界,2019(11).
[219] 杨玲.媒介、受众与权力:詹金斯的"融合文化"理论[J].山西大学学报(哲学社会科学版),2011 (4).
[220] 杨永忠.方言与移民的互动关系[J].宁波广播电视大学学报,2009(3).
[221] 杨喆.文化传播视野下广东文化的传承与嬗变研究[D].武汉:武汉大学,2014.
[222] 姚喜双.创新传播平台弘扬优秀文化[J].教育传媒研究,2017(3).
[223] 易前良.平台中心化:网络传播形态变迁中的权力聚集——兼论互联网赋权研究的"平台"视角[J].现代传播(中国传媒大学学报),2019 (9).
[224] 尤丽娜、詹秦川.方言影视:文化盛宴与民俗狂欢[J].电影评介,2008(10).
[225] 余秀才,黄鹏程.全媒体语境下新媒体发展的四个维度[J].编辑之友,2012(8).
[226] 余跃龙.从晋方言常用词看山西中西部交界方言的归属[J].汉语学报,2019(1).
[227] 喻国明.官话体系的进步与表达的多样化[J].当代传播,2011(2).
[228] 喻国明,马慧.互联网时代的新权力范式:"关系赋权"——"连接一切"场景下的社会关系的重组权力格局的变迁[J].国际新闻界,2016(10).
[229] 张春娟.晋商、移民与戏曲[D].上海:上海戏剧学院,2013.
[230] 张大鹏.国产方言电影的审美特征分析[J].电影文学,2015(12).
[231] 张海峰.忻州方言历史词汇研究[D].武汉:华中师范大学,2016.
[232] 张洁.山西民歌的多元化发展研究[D].临汾:山西师范大学,2015.
[233] 张晶,谷疏博.文化记忆、崇高仪式与游戏表意:论原创文化类节目的美育功能[J].现代传播,2018(9).

[234] 张娟.语言生态视野下的方言电视节目价值研究[D].云南:云南师范大学,2013.
[235] 张琦.方言的趣味性在 IP 形象上的应用研究[J]语言艺术与体育研究,2018(11).
[236] 张祺.草根媒介:社会转型中的抗拒性身份建构——对贵州西部方言苗语影像的案例研究[D].北京:中国社会科学院研究生院,2012.
[237] 张庆园,程雯卿.回归事实与价值二分法:反思自媒体时代的后真相及其原理[J].新闻与传播研究,2018 (9).
[238] 张雯.影视作品中方言的魅力[J].新闻世界,2012(5).
[239] 张向真.民国时期方言类著作出版原因及启示[J].编辑之友,2019(3).
[240] 张晓苏.论当代影视剧作品方言幽默机制之构建[J].求索,2012(4).
[241] 张志强,杨阳.新中国成立 70 年来出版形态变迁[J].编辑之友,2019(9).
[242] 赵娅军.传统文化参与中国电视文化身份建构的路径研究[D].临汾:山西师范大学,2016.
[243] 赵志倩,胡昱遥.山河犹在,故人难寻,文化难承——评析贾樟柯《山河故人》[J].戏剧之家,2019(5).
[244] 郑满宁.短视频时代 Vlog 的价值、困境与创新[J].中国出版,2019(19).
[245] 仲呈祥.关于中华优秀传统文化实现创造性转化与创新性发展的思考[J].文化软实力研究,2017(2).
[246] 周美伶.语言资源的旅游开发初探[D].武汉:华中师范大学,2016.
[247] 周庆生.语言与认同国内研究综述[J].语言战略研究,2016 (1).
[248] 周庆生.语言保护论纲[J].新疆师范大学学报(哲学社会科学版),2016(2).
[249] 周颖. 贾樟柯电影中的方言[D].福州:福建师范大学,2018.
[250] 周怡帆.电影《老炮儿》中方言元素的语言功能解读[J].当代电视,2016(12).
[251] 周怡帆.基于微平台的方言传播创新探究[J].中国出版,2018(12).
[252] 周怡帆,乔全生.方言类电视节目的演进历程与文化思考:活态生存和价值共生[J].现代传播,2019(6).
[253] 周振鹤.中国历代移民大势及其对汉语方言地理的影响[J].国外人文地理,1988(1).
[254] 周子恒.全民阅读背景下阅读类微信公众号应用现状及传播策略研究

[J].编辑之友,2019(8).
[255] 朱腾.语言生态视野下的方言电视节目传播价值研究[D].昆明:云南师范大学,2016.
[256] 庄梅茜.方言节目与大陆新时期的地方媒体政治:以《百晓讲新闻》为例[J].传播与社会学刊,2016(7).
[257] 宗晨亮.乡音宛在:自媒体环境中的方言传播与地方认同研究——以新浪微博账号“上海头条播报”为例[D].上海:上海交通大学,2017.
[258] 关于实施中华优秀传统文化传承发展工程的意见把语言作为资源来认识[R]. 新华社, 2017-1-25.
[259] 中国互联网络发展状况统计报告[R].中国互联网络信息中心,2019.8.30.
[260] 腾讯研究院.“从相加到相融”——互联网时代的电影发展研究报告[R],2019.11.20.
[261] Burridge James. Unifying models of dialect spread and extinction using surface tension dynamics[J]. PubMed,2018(5).
[262] Muhammad Salman Ahmad. 论一带一路中语言和组织文化对知识传播的影响[D].合肥:中国科学技术大学,2019.

后　记

每一个人从出生就开始了与语言的缘分，不会说话时在听爸爸妈妈的不断输入，开始牙牙学语时要无数次地尝试，不断地调整口腔、舌位和气流才能发声，然后惊喜于发出的每一个音节。开始识字时，语言便有了载体，掌握文字背后的意义便为我们打开探索世界奥秘的大门。开始学习古诗词，通读文言文时，我们仿若听到“泠泠七弦上，静听松风寒”，看到“挂流三百丈，喷壑数十里”，闻到“迟日江山丽，春风花草香”。直到我们开始接触不同的语言，听到不同地域的方言，才发现原来语言像阳光一样，是既神秘又寻常的存在。因为有了阳光普照，大地才勃勃生机，莺飞草绿，江水奔流，花开果熟，万物才能生生不息。语言亦然，因为有了语言的存在，人类的情感得以表达，思想得以传播，文化才得以延续。

在众多语言中，地方方言则是细腻与广博的特殊存在，细腻在于它是每个人心底最深处的呢喃，广博在于它是传统文化留存的活态载体。“80后”出生的我，从小生活在五台山脚下的忻州市，至今与家人交流都是用忻州话，感觉不用家乡话就不会跟爸妈交流一样。还记得在成都上大学的时候，我们宿舍四个人来自不同的地方，每当我用忻州话给爸妈打电话，她们总是好奇我在说什么，也会猜测我说的这个词是什么意思。在成都待久了，回了老家大家又说我说话一股成都味儿。说来也奇怪，到现在文字聊天时句尾还是会打上“撒”“哈”等字，我想这便是成都给我留下的烙印吧。从忻州到成都，再从成都到太原，我辗转的三所城市不仅仅是自然气候、饮食习惯、生活氛围不同，更多的是地方方言所携带的地域基因、文化基因和情感基因的不同。真正地了解方言是2015年师从乔全生教授读博之后，对方言的认知从情感层面转向知识层面再到精神层面。

本书《全媒体视域下方言传播研究》是在博士论文基础上修改而成的，将方言学和传播学相结合是一次新的尝试。2015年有幸跟随乔全生教授加入中国语言资源保护工程的队列，连续四年的调查和摄录让我感到方言不再是我印象中的随处不在，也不再是想象中的理所应当，每一个行走在田间地头的“语保人”成为各地方言的见证者和记录者，而我更想成为传播者。传播方言所讲述的中国故事、传播方言所承载的文化自信、传播方言所带来的情感共鸣，这也是我想把传播与方言相结合的初衷。

在做博士论文研究的过程中，我搜集了大量方言传播的资料，这些内容大多都是以方言为对象进行传播获得高阅读量从而引发大众共鸣。从方言学的角度来讲，这些资料的价值在于研究传播的方言内容是否经得起考究，其传播的语音、词汇或语法是否符合规范。从传播学的角度来讲，这些资料的价值则在于怎样的方言内容，通过什么样的渠道传播能够更多地引起大众的共鸣。在分析研究这些资料的过程中，一直在思考如何能够将方言与传播结合起来寻求到一个平衡点，让全媒体视域下方言传播成为实现优秀传统文化传承的路径。因此，我系统地研究了方言节目传播、方言电影传播、方言微平台传播、方言短视频传播和方言出版的相关内容。其中方言微平台和方言短视频的传播颇具新媒体时代传播特色且具有可借鉴之处。根据内容分析探索出两种方言传播的模式即语言资源保护模式和参与传播模式，这两种模式是从不同层面切入并发挥效用。语言资源保护模式是以传播为目的进行语言资源的挖掘、保护与传承，参与传播模式则是以传播为手段进行方言文化的植入、推广与延续。不同的传播模式具有不同的传播效果，同时为拓宽语言资源的传播渠道起到不同的作用。在做理论研究的过程中，我发现要想真正做好传播自己必须成为亲历者。因此，我带领山西传媒学院和山西大学的学生创办“鄉音情怀”公众号，成为真正的传播者。除了运营微信公众号之外还开通微博，设计方言文化元素，实现其可视化传播，最终形成语言文化的矩阵化传播。将方言学与传播学相结合，将理论与实践相统一，创建方言传播新机制和新范式也算是本书的突破与创新之处。

五年的博士生涯画上了句号，《全媒体视域下方言传播研究》一书也将付梓，其中艰辛唯有自知。感谢我的恩师乔全生先生，先生之风，山高水长；虽不能至，心向往之。学生对先生的景仰和敬佩之情溢于言表。先生严谨细致的治学态度，孜孜不倦的学术追求，豁达宽厚的为人之道都是我学习的榜样。求学过程中，每一次迷茫都有先生指点，每一次挫败都有先生鼓励，每一次进步都有先生肯定。在学校课堂上，在田野调查中，在语保摄录时，在日常生活中……都有先生传道授业解惑的身影。花甲之年的先生,科研工作十分繁忙,常出差在外,即便如此,在差旅间隙还要给我修改论文,发邮件以及电话沟通,没有先生耐心的教导和帮助,就没有今天的我。师恩似海,无以为报,唯有秉承先生“坚守、探索、创新、超越”的精神,在日后的学习生活中砥砺前行。

感谢我的师母贾秀英教授。师母的谆谆教诲常现耳畔,鼓励鞭策历历在目,师母像一块温润的玉,时刻温暖着我。在我最艰难的时刻,是师母的鼓励和支持让我没有放弃;在我最害怕的时候,也是师母告诉我可以,叫我心安。每一次耐心的教导、每一次畅快的交流、每一个温暖的拥抱,学生都铭记于心。

感谢山西大学的各位老师及同门,五年的博士学习能与大家一起共度实乃荣幸。感谢山西传媒学院的领导和同事,读博期间,学院领导和同事给予我莫大的支持和帮助,大家对我学业的关心成为我不竭的动力。感谢我可爱的学生们,他们不畏酷暑连续跟随我语保摄录,经常熬至深夜,摄录、剪辑、扛机子、搭架子、熨背景布等,无所不能,他们是我完成学业的助力军。

感谢在文章撰写和语保摄录过程中的每一位受访者。无论是专家学者、知名艺术家还是普通老百姓,是你们无私的奉献才有我论文中数据和观点的支撑。

最后,我要特别感谢我的家人。养儿方知父母恩,我的父母将最无私的爱都给了我,只要是我所愿,他们竭尽全力满足,绝不迟疑。父母在的每一天,我理所应当地享受着当孩子的幸福,却慢慢发现,他们双鬓白发不断增多,也成为需要照顾的人。我的公婆,为了我能够顺利完成学业,主动承担起照看孩子的重任,给我腾出更多的学习时间。我的先生是我读博期间最大的精神支柱,摄录过的每一个方言点都是他开车接送,无论严寒酷暑,风雨无阻;每一个熬夜的日子都有他的陪伴,儿子出生一百天后,我继续论文的撰写,先生为了让我休息好,白天要忙工作,晚上要看孩子,还要承受我不时崩溃的情绪,随叫随到,时刻安慰。感谢我的儿子,孩子爽朗的笑声持续为我充电,孩子的存在让我努力成为更好的自己,告诉他,人生中每一次成长都是对自己的不断突破,仰望星空,脚踏实地。

书稿完成之际,思绪万千,感慨万分。这部由博士论文修改而成的书稿,或许还有诸多不足之处有待日后不断完善,但我仍然希望通过这部书能够让大家重新认识方言,认识方言承载的传统文化,认识方言传播的最美中国故事。

是为后记。

周怡帆
2020 年 8 月
于山西传媒学院

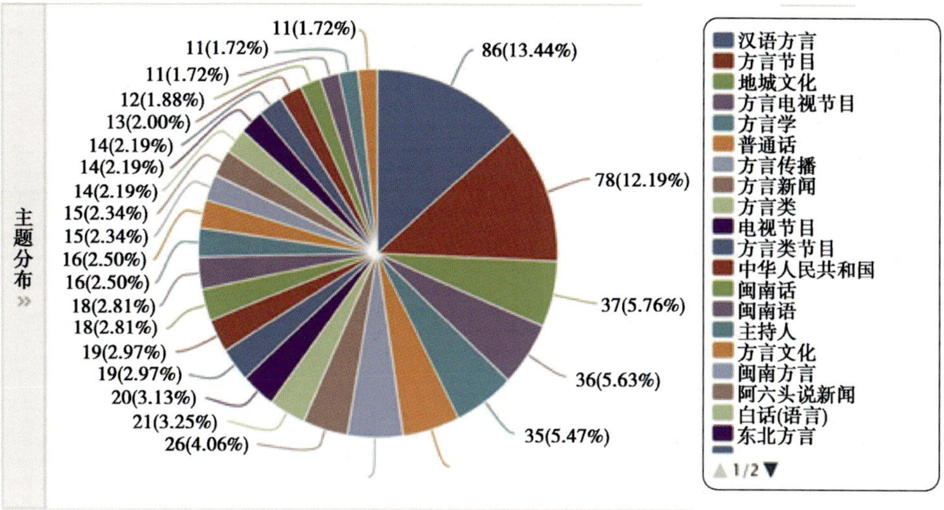

图 1.3　“方言传播”知网全文检索主题分布图

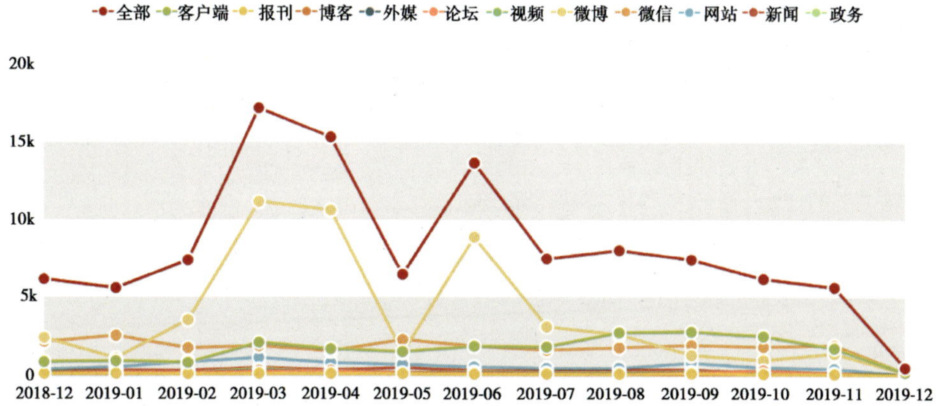

图 3.2　方言传播各平台数据

图 3.7　王子涛置顶微博引爆点示意图

附图 5.1　鄉音情怀微信公众号二维码
（所有内容均可扫描二维码阅读）

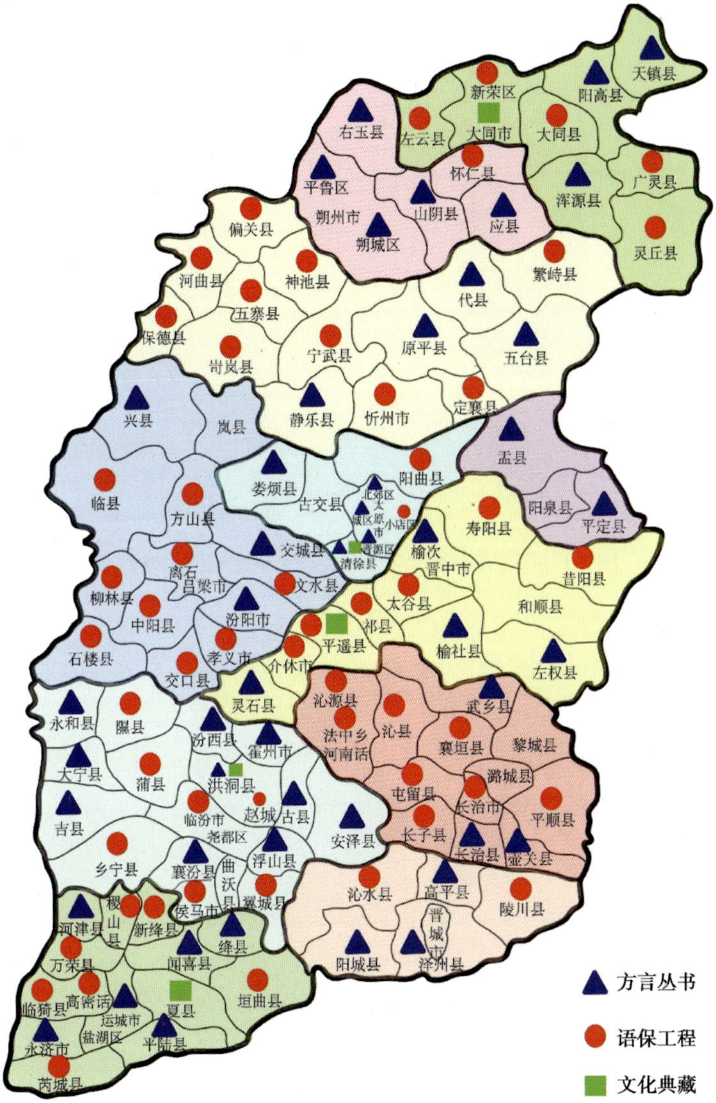

附图　山西语言资源保护工程成果图

图 6.1 2015 年跟随乔全生教授赴平顺调查摄录方言
左一：乔全生　左二：方言老男

图 6.2　2016 年摄录道情国家非物质文化传承人黄凤兰

图 6.3　2016 年田立新司长赴山西验收语保工程
左一：师帅　左二：田立新　右一：乔全生

图 6.4　2017 年赴北京语言大学参加南山会讲[1]
此次会讲主题为如何走向全民语保

---

[1] “会讲”是中国古老的学术研讨方式，主讲者就特定主题发表见解，其间听讲者可向主讲者提问，通过思辨讨论完善学术观点，提高知识修养。历史上最为著名的会讲是宋代朱熹和张栻在岳麓书院开展的“朱张会讲”。

图 6.5　2017 年河曲县方言摄录过程
左一：青年男子发音人　右一：周怡帆

图 6.6　2017 年偏关县方言剪辑过程
左一：李佳华　右一：周怡帆

图 6.7　2018 年侯马县深夜定音过程
左一：乔全生　左二：王晓婷　左三：周怡帆
右二：郭艳花　右一：刘梅丽

图 6.8　2018 年保德县调查采访民歌艺术家杨仲青[1]
左一：周怡帆　左二：李小萍　右一：杨仲青

[1] 杨仲青，走西口民歌原唱。

图 6.9　2018 年忻府区摄录国家级非物质文化遗产北路梆子

2018.12.14

图 6.10　2018 年山西省语言资源保护工程一期工程顺利结项合影